国家社会科学基金教育学一般课题"教育中的正性情绪传递研究"
（课题批准号：BBA150046）成果

教育中的
情绪传递

马惠霞◎著

科学出版社

北 京

内 容 简 介

情绪是影响人心身健康的核心因素。学生核心素养培养是我国教育、心理界的重要研究课题，而情绪则是核心素养的重要及基础成分。教师的情绪会影响学生对学习的兴趣、态度、情绪等，进而影响其学习成绩，最终影响学生的人格和心身健康发展。

本书根据情绪动力学和人际情绪调节理论，首先以情绪的时间维度为线索，采用情绪回忆法、日记法、即时评定法和观察法，考察了教师对学生的有意识的情绪传递及其效应；其次，通过访谈了解了日常教育教学中教师对学生情绪的调节策略以及表扬、批评等调节策略产生的效应；最后介绍了相关领域中的情绪传递研究。

本书可为教育管理者、大中小学教师、大学生及相关研究人员提供研究基础，也可供广大对情绪感兴趣的人员阅读与参考。

图书在版编目（CIP）数据

教育中的情绪传递 / 马惠霞著. —北京：科学出版社，2023.6
ISBN 978-7-03-074429-6

Ⅰ.①教… Ⅱ.①马… Ⅲ.①教师-情绪-自我控制-研究 Ⅳ.①G451.6

中国版本图书馆CIP数据核字（2022）第255317号

责任编辑：孙文影 高丽丽 / 责任校对：王晓茜
责任印制：李 彤 / 封面设计：润一文化

科 学 出 版 社 出版
北京东黄城根北街 16 号
邮政编码：100717
http://www.sciencep.com

北京建宏印刷有限公司 印刷
科学出版社发行 各地新华书店经销

*

2023 年 6 月第 一 版 开本：720×1000 1/16
2023 年 6 月第一次印刷 印张：16
字数：296 000
定价：99.00 元
（如有印装质量问题，我社负责调换）

序

PREFACE

在人的基本心理过程研究中，情绪是一个具有强烈吸引力但又有较大难度的主题。教育领域涉及众多人群，但主要是教师与学生。在这两类人群中，一直以来，研究者重视的是学生，近二三十年来才逐渐关注教师。教育领域中的情绪研究也遵循了这样的规律。

教师作为最古老的职业之一，在职业发展的长久历史中一直存在，而每个人的一生中都师从过若干名教师，教师对每一个人而言都扮演着举足轻重的角色，对个人身心的发展起着至关重要的作用。在与学生的朝夕相处中，无论课上还是课下，教师的一句话、一个动作甚至微小的情绪变化，都可能会影响学生的情绪，甚至影响到学生一生的发展。所以，对教师情绪和学生情绪的研究是重要和必要的。

马惠霞教授撰写的《教育中的情绪传递》，是以她的研究课题"教育中的正性情绪传递研究"为引领，总结了2015年以来几乎所有的研究成果而著成。该书以学生为中心，研究了教师对学生的情绪传递，这是教育领域中以师生情绪的相互作用为研究主题，并且主要研究实境下的动态的状态性情绪的大胆尝试。同时，其研究视角是学生的视角，这很重要，因为学生情绪的产生与变化，虽然受到自身、同学同伴、家长甚至社会因素的影响，但影响最大的仍然是教师。另外，虽然该书中的研究实际上只截取了情绪传递环中的一部分，但我相信有了开始就会有后续更好、更全面的研究来把这个环补全，甚至透彻研究若干个环而构成的动态循环，那就更好了。

目前，无论国内还是国外，对情绪感染和传递的研究大都集中在管理领域，尤其是服务行业的管理这类人员交互活动较强的行业，还有一些研究关注组织中的领导者对团队成员的情绪感染，以及属于管理心理学领域的亲密关系双方的情绪感染。其他还有一些关注的是突发事件中的负性情绪感染等社会学领域的研究。希望该书的出版可以为教育领域中的情绪传递研究起到好的基石和启发的作用。

是为序。

白学军

2021 年 9 月

前　言

情绪，是人心理花园中最芬芳的一簇玫瑰。

因为有情绪，人的心理有了温度的体现：可热情似火，可冷酷如冰，当然也可似水平静。情绪既可以促使人乐于从事一种活动（包括工作或学习），又可以让人远离之，还可以使人停下来不活动。情绪不仅可以在一个人身上有所体现，还可以感染或传递他人和群体，甚至在情绪发出和感受的双方之间不断流转，产生能量，促进或阻碍他人或群体的活动，影响活动的效率。

情绪传递是发生在情绪发出者和接收者之间的、包含积极和消极情绪的沟通与流转。教育中的情绪传递包含师生、生生、师师以及上下级之间的多种关系，也包含积极和消极的情绪传递。在我们研究的"教育中的正性情绪传递"中，情绪发出者主要指教师，而情绪接收者指学生，其关系为师生关系。正性情绪传递中的"正性"指的是正能量。也就是说，教师传递给学生的情绪不仅包含积极情绪（也称正性情绪），也包含对学生的学习、健康成长有着积极推动作用的消极情绪。

在本课题"教育中的正性情绪传递研究"获批之前，已有许多关于情绪感染的研究。也就是说，情绪感染先于情绪传递受到研究者的关注，而且到目前为止，情绪感染的研究也更多且更成熟。因此，我们在教育中研究情绪传递，仍以情绪感染的理论和研究为基础。同时，教育中情绪传递的师生双方是一个互动群体中的两种角色，实际上两种角色之间的情绪是相互感染、相互传递的，师生之间的情绪是一种人际情绪。那么，与情绪调节相对应，在教育领域中的人际情绪调节就变成了主要是教师对学生的情绪调节，其情绪调节策略也往往与一般的人际情绪调节策略有很多相似之处。另外，近年来，在国外渐渐兴盛的情绪动力学给了我们很好的启示。情绪动力学是一个宽泛的概念，涉及"一种或多种情绪成分（体验的、生理的、行为的）跨时间起伏变化的轨迹、类型和规律，变化的内容过程和后续的结果等"[1]若要全面考察情绪的性质、原因、结果等，就必须将情绪的时间特性作为其中的一个维度。

---

[1] Kuppens, P., & Verduyn, P. (2015). Looking at emotion regulation through the window of emotion dynamics. *Psychological Inquiry, 26* (1), 72-79.

　　以情绪感染理论、人际情绪调节策略理论以及情绪动力学理论为依据，笔者开展了相应的研究。从已开展的几项研究可以看出，教师的情绪表达，无论是有意识的还是无意识的，都会被学生觉察到，即使时隔很久，学生也牢牢记着当时发生的情绪事件、教师及自己的情绪反应。有的学生在回忆时仍然有身临其境的感受；每一天的每一名学生，都有与教师有关的情绪事件发生，当情绪事件发生时，会有教师情绪、当事学生情绪，还有被感染或传递之后的非当事学生情绪。教师对学生的情绪感染与传递甚至可以说随处随时可见。课堂是师生情绪产生、发展、沟通、流转的主要场所，教师作为教学活动的引领者，其情绪对学生有着至关重要的影响，学生的情绪会随着课堂活动的进行和与教师的交流而不断起伏变化。甚至可以说，教师对学生的情绪传递贯穿了教育教学的整个过程。教师在工作中时刻携带着情绪信息，因而也就有意或无意地传递着情绪，而学生也在有意或无意中受到教师的情绪的感染。因此，本书将视角锁定在师生情绪流转循环中的一部分，即教师对学生情绪的传递，只将教师作为情绪信息的发出者，将学生作为情绪信息的接收者。本书研究涉及的主体有教师和学生，探讨的情境有课堂和校园日常活动场所，涉及的情绪包括教师的情绪、学生的情绪，特别是师生之间的情绪。

　　本书分三部分。第一部分为概论，包括第一至第三章，主要分析了情绪感染与教育中的师生情绪传递的异同，特别是确定了本书研究的内容与重点；介绍了关于师生情绪传递的理论基础，即情绪感染、人际情绪调节和情绪动力学理论；也阐述了关于学生情绪研究的基础，即情绪具有动机作用，它可以促进学生的学习、使其快乐成长。

　　第二部分为以学生为中心的师生情绪传递研究，包括第四至第七章。该部分为本书的主体部分，也是实证研究的主要内容。首先，笔者简单地阐述了师生的情绪与情绪互动。随后，笔者根据情绪感染、人际情绪调节和情绪动力学理论，以情绪的时间维度，即年、天、小时、分钟为线索，采用情绪回忆法、日记法、即时评定法和观察法，考察了教师对学生有意识的情绪传递及其效应；并介绍了以一对一的形式访谈中小学教师在日常教育教学中调节学生情绪的策略以及某些具体的调节策略（如表扬和批评）产生的情绪效应等，即具体探讨了教师对学生的情绪传递过程与效应。

　　第三部分为教育领域外的情绪传递，包括第八章内容。由于情绪感染与传递研究最初并非起源于教育领域，或者可以说现在研究较为兴盛的仍然不是教育领域，因此这一部分介绍了教育外的情绪传递研究，主要是组织管理、社会学领域以及亲密关系中的情绪传递研究，供读者参考和借鉴。

　　本书的特点如下。

第一，新颖。受情绪动力学的最新研究进展的启示，本书以情绪发生的时间为线索，考察了教师在年、天、小时、分钟的时间维度上对学生的情绪传递。

第二，积极。情绪对学生的学习活动既可以产生促进作用，也可以产生阻碍作用。本书研究注重情绪的积极作用，旨在传递情绪（包括积极和消极情绪）的正能量。

第三，实践性强。本书中的内容有理论基础、理论思考，但更多的是实证研究，而这些实证研究均为教育情境中的研究，可能对于教育管理者制定管理措施，对教师教学、师生交往和研究者开展教育教学研究，以及对具有一定研究能力的研究生做研究等，均具有一定的借鉴意义。

第四，研究视角独特。以往的研究，要么采用教师视角，要么采用学生视角，多为单一群体视角、单向视角，研究大多停留在静态心理层面。本书呈现的研究是从学生视角出发考察教师对学生的情绪传递，力求在活动（如课堂教学）中对师生的情绪互动进行研究。

目　　录
CONTENTS

第三部分　教育外的情绪传递研究

第一部分

概　论

　　情绪传递是发生在情绪发出者和接收者之间的、包含积极和消极情绪的沟通与流转。教育中的情绪传递包含师生、生生、师师以及上下级之间的多种关系，包含积极的和消极的情绪传递。在本书所指的"教育中的情绪传递"中，情绪发出者主要为教师，而情绪接收者指学生，其关系为师生关系；教师传递给学生的情绪不仅有积极情绪，也含有对学生的学习、健康成长有着积极推动作用的消极情绪，强调的是情绪传递的积极性，即具有正性、正能量的含义。

　　本书以学生为中心，研究教师对学生的情绪传递，即师生情绪传递，目的是为教育教学服务，为学生服务，为促进学生学业成绩提高、养成良好行为习惯、心身健康服务。本部分包括情绪传递的概述性内容，情绪传递有关的基本理论，学生情绪对其认知、行为影响的基础研究。

第一章 情绪感染与教育中的情绪传递

在人的基本心理过程研究中，情绪是一个具有强烈吸引力但又有较大研究难度的主题。教育领域涉及众多人群，但主要是教师与学生。在这两个人群中，先前研究者更多重视的是学生，近二三十年来才逐渐关注教师。教育领域中的情绪研究也遵循了这样的规律。例如，教育心理学作为一门课程，大部分内容探讨的是学生心理，但与本书有关的比较明显的变化有两个：第一，学生的情绪研究部分从动机中独立出来，若以"章"的形式论，大约经历了动机—情绪与动机—情绪这样的三个阶段（当然，在这一过程中，学生情绪研究的内容也逐渐丰富起来）；第二，教师心理研究受到关注，教育心理学的课程内容中一般会增加教师心理相关内容。本书则突破课程的限制，关注教师与学生的情绪互动，特别是教师对学生的情绪传递。

本章将就情绪传递的概念、机制、研究方法，以及情绪传递研究的发展历程与目前的进展进行阐述。

第一节 情绪传递的概念

在日常生活中，我们常常会有这样的经历：在看到亲人伤心时，自己也会感到伤心；看到朋友高兴得手舞足蹈时，自己也会感到特别高兴，不由自主地手舞足蹈；当看到一个非常紧张的人在台上演讲时，我们也会不知不觉地紧张，有一种暗暗替他捏把汗的感觉。这是一种无意识地模仿他人情绪表达，使自己的表情、声音以及姿势等与他人趋于一致的现象。

一、情绪感染的概念

"contagion"（感染）一词来源于拉丁文"contagio"。[1]对于情绪感染最早的讨

---

[1] Vijayalakshmi, V., & Bhattacharyya, S. (2012). Emotional contagion and its relevance to individual behavior and organizational processes: A position paper. *Journal of Business and Psychology*, 27 (3), 363-374.

论可追溯到公元前 400 多年古希腊希波克拉底时代，当时人们发现一位女性的癔病症状可以快速地传递给周边的其他女性。[1]情绪感染的具体概念最早由麦独孤（McDougall）提出，其认为情绪感染是指通过基本的共鸣反应产生的对情绪的直接感应。[2]1993 年，哈特菲尔德（Hatfield）等提出，情绪感染是指社会互动过程中情绪输出者对接收者情绪的激发和诱导，从而使两者情绪趋同的现象。[3]此后出现了大量关于情绪感染的研究，研究者也提出了许多不同的概念。例如，巴萨德（Barsade）在 2002 年提出，情绪感染是指将自己的情绪与他人情绪进行对比，然后接受他人情绪的过程。[4]霍夫曼（Hoffman）则认为情绪感染是一种受到高级认知调节的情绪体验。[5]亨尼格-图劳（Hennig-Thurau）等在 2006 年进一步强调了情绪感染是指个体自动地模仿他人的表情、声音、手势和动作，最后使得情绪趋同的状态。[6]法尔肯贝里（Falkenberg）等则概括性地提出情绪感染是"移入和调节"过程。[7]另有学者认为情绪感染是个体间自动地、无意识地模仿面部表情、声音、姿势、动作等，使得情绪得以传递并产生相同情绪的过程。[8]

国内对于情绪感染的研究起步较晚，但是近年来也有不少学者对情绪感染提出了自己的见解。例如，孙时进等认为情绪感染是个体情绪和行动以某种方式引起他人产生相同情绪的现象。[9]李杰认为情绪感染是在人际交互过程中主体的情绪表达，包括表情、姿势、言语等对客体情绪的激发和诱导，最终使接收者的情绪状态与情绪表达者发生聚合的过程。[10]张奇勇和卢家楣则认为情绪感染是指情绪诱发者的感官情绪信息被觉察者感知并自动化、无意识地加工成与诱发者相同的情绪状态的心理现象。[11]

---

① Moos, R. H. (1983). Mass psychogenic illness: A social psychological analysis. *Psychosomatic Medicine, 45* (6), 539-541.

② McDougall, W. (1923). *Outline of Psychology*. New York: Scribner.

③ Hatfield, E., Cacioppo, J. T., & Rapson, R. L. (1993). *Emotional Contagion*. New York: Cambridge University Press.

④ Barsade, S. G. (2002). The ripple effect: Emotional contagion and its influence on group behavior. *Administrative Science Quarterly, 47* (4), 644-675.

⑤ Hoffman, M. L. (2002). How automatic and representational is empathy, and why. *Behavioral and Brain Sciences, 25* (1), 38-39.

⑥ Hennig-Thurau, T., Groth, M., Paul, M., & Gremler, D. D. (2006). Are all smiles created equal? How emotional contagion and emotional labor affect service relationships. *Journal of Marketing, 70* (3), 58-73.

⑦ Falkenberg, I., Bartels, M., & Wild, B. (2008). Keep smiling! Facial reactions to emotional stimuli and their relationship to emotional contagion in patients with schizophrenia. *European Archives of Psychiatry and Clinical Neuroscience, 258* (4), 245-253.

⑧ Du, J. G., Fan, X. C., & Feng, T. J. (2011). Multiple emotional contagions in service encounters. *Journal of the Academy of Marketing Science, 39* (3), 449-466.

⑨ 孙时进，黄辛隐，徐爱兵，储勇杰. (2011). 内观疗法对情绪体验影响的 ERP 研究. *心理科学*，（2），456-460.

⑩ 李杰. (2012). *班级核心人物愤怒情绪感染相似性比较研究*. 硕士学位论文，西南大学.

⑪ 张奇勇，卢家楣. (2013). 情绪感染的概念与发生机制. *心理科学进展, 21*（9），1596-1604.

目前，有关情绪感染的概念有很多，并不完全统一，但这些概念均阐述了情绪感染的几个主要含义：①情绪感染的发生一定是由他人的情绪所诱发（情绪发出者）；②在情绪感染发生之后，观察者的情绪与情绪发生者的情绪发生聚合；③情绪感染是一个情绪传递过程，不同个体可以通过情绪感染来传递情绪。王长平等认为，情绪感染的发生有其关键要素，即接触性、趋同性、指向性。①

二、相关概念的辨析

（一）共情与情绪感染

共情是指当个体面对（或想象）一个或多个个体的情绪情景时，首先与他人产生情绪情感的共享，其次在认知到自我与他人有区别的基础之上，对其总体状况进行认知评估，从而产生的一种情绪情感反应，随之会伴随相应的外在或内隐行为表现。②

虽然共情和情绪感染都是情绪的趋同倾向，但两者是有区别的，主要表现在以下方面：①共情可以通过想象实现，例如，个体对于小说中塑造的虚假人物会产生共情反应；情绪感染建立在人际互动的基础上，它是发生在人际互动中的一种现象，需要与人接触才会发生。②产生共情的人能够清楚地意识到自己当前情绪产生的原因在于他人而非自身③；情绪感染主体往往意识不到自己情绪的来源。例如，在李杰 2012 年所做的研究中，其通过采用自编题目来考察被试对于情绪来源的意识，结果发现，67%的个体认为自己未受到他人情绪的影响，仅有 33%的个体认为自己的情绪受到了他人情绪的影响。④③早期研究认为，共情或同情是更为认知化的、更复杂的、有益社会的情绪聚合过程；而情绪感染的发生并不需要依赖认知或者联想过程的参与。⑤因此，有研究者主张共情可能包含两个系统，一个是较为基础的简单情绪感染系统，另一个则是更高级的认知性的观点采择系统，

① 王长平，刘聪，秦雪莲，庞文婷. (2013). 情绪感染及其影响因素的研究进展. 成都师范学院学报, 29 (12), 37-40.

② 刘聪慧，王永梅，俞国良，王拥军. (2009). 共情的相关理论评述及动态模型探新. 心理科学进展, 17 (5), 964-972.

③ Singer, T., Seymour, B., O'Doherty, J. P., Stephan, K. E., Dolan, R. J., & Frith, C. D. (2006). Empathic neural responses are modulated by the perceived fairness of others. Nature, 439 (7075), 466-469.

④ 李杰. (2012). 班级核心人物愤怒情绪感染相似性比较研究. 硕士学位论文, 西南大学.

⑤ Hatfield, E., Cacioppo, J. T., & Rapson, R. L. (1992). Primitive emotional contagion. Personality and Social Psychology Review, 14 (3), 151-177. Hatfield, E., Cacioppo, J. T., & Rapson, R. L. (1993). Emotional contagion. Current Directions in Psychological Science, 2 (3), 96-99; Hatfield, E., Cacioppo, J. T., & Rapson, R. L. (1994). Emotional Contagion. New York: Cambridge University Press.

而这两个系统是相互独立的。①中国学者认为，共情包含两个部分，即认知共情和情感共情。②认知共情是指从认知上采纳他人的观点、进入他人的角色；情感共情则是指用同一种情感对他人做出反应。④就神经基础来说，有研究者比较了简单情绪感染和认知式的共情（无情绪卷入的共情）。努门马（Nummenmaa）等分析了采用功能性磁共振成像（functional magnetic resonance imaging，fMRI）记录的被试脑成像结果，发现在情绪感染的过程中，激活的脑区和认知式的共情激活的脑区具有相当程度的差异：与情绪加工有关的丘脑、与面孔加工有关的梭状回、与行为映射有关的顶下小叶和与镜像神经元系统有关的运动前区皮质均被更多地激活。③此外，丘脑与主要的躯体和运动皮质也出现了更多的功能性耦合。也就是说，简单情绪感染具有特殊的神经生理基础，它可以更多地调动起对他人状态的躯体、感觉和运动反应，也对他人的状态进行了更多的映射。

（二）情绪调节与情绪感染

情绪调节（emotion regulation）是指个体尝试对自己的情绪状态、情绪出现的时间、应该进行什么样的情绪体验以及如何表达情绪施加影响的过程。④情绪调节的目的是对自己的情绪状态、体验以及表达施加一定的影响，从而使其与社会规范或自己适应的状态相适应，是一个对自己的情绪体验进行心理操作的过程。研究表明，情绪调节可以是有意识的，如在试图改变自己的焦虑或愤怒状态时，人们会紧咬自己的嘴唇；也可以是无意识的，如当个体收到一个普通的礼物时，其快乐情绪会增强。⑤

情绪感染是觉察者获得情绪的一种途径，情绪感染的研究关注的是对情绪感染过程及其对后续行为或评价的影响，情绪感染与情绪调节在时程、机制上均不相同。但是，情绪调节通常会伴随情绪感染的过程出现。情绪调节可以发生在情绪感染之前及之后，如果情绪调节发生在情绪感染之后，则无疑个体对感受到的情绪状态进行了调节。例如，有研究在实验过程中让被试观看一段肥皂剧，告诉一半的被试要关注并模仿剧中人物的表情，而告知另一半被试不要模仿，结果发

① Shamay-Tsoory, S. G., Aharon-Peretz, J., & Perry, D. (2009). Two systems for empathy: A double dissociation between emotional and cognitive empathy in inferior frontal gyrus versus ventromedial prefrontal lesions. _Brain, 132_ (3), 617-627.

② 崔芳，南云，罗跃嘉. (2008). 共情的认知神经研究回顾. _心理科学进展, 16_（2），250-254.

③ Nummenmaa, L., Hirvonen, J., Parkkola, R., & Hietanen, J. K. (2008). Is emotional contagion special? An fMRI study on neural systems for affective and cognitive empathy. _NeuroImage, 43_ (3), 571-580.

④ Carthy, T., Horesh, N., Apter, A., & Gross, J. J. (2010). Patterns of emotional reactivity and regulation in children with anxiety disorders. _Journal of Psychopathology and Behavioral Assessment, 32_ (1), 23-36.

⑤ Gross, J. J. (2002). Emotion regulation: Affective, cognitive, and social consequences. _Psychophysiology, 39_ (3), 281-291.

现模仿组的情绪感染水平高于无模仿组，但是当告知被试剧中人物的情绪是假的时，所有被试均没有出现明显的情绪感染，这可以说明高级认知对情绪感染产生了影响。[①]当情绪调节发生在情绪感染之前，即在情绪感染发生之前便对个体在认知上进行调节，这时被试不会出现情绪感染。

（三）情绪传递与情绪感染

综合上述有关研究，情绪感染是观察者对于其他个体所表达的情绪状态进行捕捉的过程，是自动化、无意识地对他人的面部表情、语音语调、身体姿势等进行模仿，从而使得自己的情绪体验与他人趋于一致的过程。

最初的情绪传递往往指消极情绪的感染。例如，韦斯特曼（Westman）和埃齐翁（Etzion）将其定义为：个体经历的心理压力、痛苦、紧张等会对同一环境中的其他个体的心理压力、痛苦、紧张等产生影响。[②]韦斯特曼和埃齐翁在最初有关教师群体的情绪感染的研究中，就记录了校长的消极情绪感染了教师，并且教师之间互相传递一些心理压力和紧张的现象。[③]韦斯特曼等研究者通过对有抑郁症状的夫妻进行研究后提出，情绪传递存在三种可能的机制，即共同的压力源、社会互动以及共情反应。[④]

（四）人际情绪调节与情绪感染

人际情绪与情绪感染既有相同之处又有相异之处，人际情绪不仅含有情绪调节的意思，也含有情绪感染的意思，但与情绪调节和情绪感染又不同。首先，人际情绪是指人与人之间的情绪，而人际情绪调节不仅包含个体自身的情绪调节，还包含对他人情绪的调节，甚至包含通过调节他人情绪来调节个体自身的情绪。也就是说，人际情绪调节比情绪调节复杂得多。其次，人际情绪调节既包含有意识地影响他人情绪的过程，也包含无意识地影响他人情绪的过程，其概念包含情绪感染的意思。近年来，大多数研究集中在以下定义上：人际情绪调节是指个体有意识地影响、改变他人情绪状态的过程，这一过程也被称作人际情绪管理或外在情绪调节。[⑤]

① Stel, M., & Vonk, R. (2009). Empathizing via mimicry depends on whether emotional expressions are seen as real. *European Psychologist, 14* (4), 342-350.
② Westman, M., & Etzion, D. (1995). Crossover of stress, strain and resources from one spouse to another. *Journal of Organizational Behavior, 16* (2), 169-181.
③ Westman, M., & Etzion, D. (1999). The crossover of strain from school principals to teachers and vice versa. *Journal of Occupational Health Psychology, 4* (3), 269-278.
④ Westman, M., & Vinokur, A. D. (1998). Unraveling the relationship of distress levels within couples: Common stressors, empathic reactions, or crossover via social interaction? *Human Relations, 51* (2), 137-156.
⑤ Niven, K., Totterdell, P., & Holman, D. (2009). A classification of controlled interpersonal affect regulation strategies. *Emotion, 9* (4), 498-509.

三、情绪传递的界定

我们使用的情绪传递的概念与情绪感染最大的区别在于，情绪传递是一个有意识的过程，在情绪传递过程中，个体对于情绪发出者的共情反应促进了情绪传递的发生。哈特菲尔德（Hatfield）等提出了情绪感染的第四阶段[①]，认为个体会结合认知评价策略以及采用模仿所感染到的情绪的方式，来更好地理解他人的情绪。国内也有研究者将早期提出的无意识的情绪感染称为简单情绪感染。越来越多的研究者认为情绪感染可能也是一个有意识参与的过程。

基于以往的研究以及本书探讨的重点，本书将情绪传递定义为：在人际交互过程中，主体（情绪发出者）的情绪反应会对客体（情绪接收者）的情绪进行诱发和促进，从而使得客体产生了与主体趋同的情绪的过程。具体来说，其有以下几层含义：①情绪传递是有意识的；②情绪传递的过程受许多因素的影响，因素之一如主体与客体的关系不同（他们之间可能是亲密、竞争、领导者与被领导者等关系），情绪传递的效果就会不同，二者的情绪可能趋同，也可能发散，甚至可能相反；③情绪传递与情绪感染的最终结果都是使得不同个体的情绪体验出现聚合，因此本书不严格区分情绪传递与情绪感染，并在研究过程中借鉴许多情绪感染的研究方法和研究成果；④本书主要探讨的是教育领域中教师与学生的情绪互动，即人际情绪互动。师生情绪本来是相互感染或传递的，但本书主要关注的是教师对学生的情绪传递。

第二节　情绪感染的研究方法

截至目前，情绪感染的一般研究方法并未超出一般心理学研究方法的范畴。这里呈现一些具体的、近期发展的与情绪感染相关的研究方法。对于传统的观察法、量表法、实验法等，此处不再赘述其含义、步骤、优缺点和注意事项等，只举例说明情绪感染与传递研究所采用的方法。

一、观察法：采用直接观察的方法，发现情绪感染的存在

早在 1759 年，经济学家亚当·史密斯（Adam Smith）就观察到人们可以通过

[①] Hatfield, E., Bensman, L., Thornton, P. D., & Rapson, R. L. (2014). New perspectives on emotional contagion: A review of classic and recent research on facial mimicry and contagion. *Interpersona: An International Journal on Personal Relationships, 8* (2), 159-179.

想象身处他人情景和模仿他人行为实现情绪感染。[1]作为对情绪感染研究的科学方法，则可以从 20 世纪 90 年代算起。1976 年，史密斯就观察到当人们把自己想象为在另一种环境状态下时，他们会呈现出一种主动性的模仿，他这样描述："当我们看到一记重拳打向另一个人的腿或者手臂时，我们总是不自觉地收缩我们自己的腿或者手臂。"[2]这应该是最早发现情绪感染而做出行为反应的研究报告。

在发展心理学领域，研究者也是用观察法发现了儿童哭泣的感染：当婴儿听到其他婴儿哭泣时，他们也会在较短时间内开始哭泣。自比勒（Bühler）和黑策（Hetzer）在 1928[3]年完成首个哭泣感染的实证研究后，又有了对出生后 18 个小时[4]、18～34 个小时[5]、43 个小时[6]，以及 14 天[7]婴儿等的研究，这些研究结果反复证明婴儿的哭泣具有感染性。

另外，本书后面章节将介绍我们所做的教师对学生的课堂情绪传递研究，其也采用了传统的观察法。研究人员在课堂上以参与观察的方式，以事件取样法观察教师发出的愉快、愤怒情绪和学生的反应，证明了课堂上教师的情绪对学生既有情绪感染（聚合），又有情绪发散，并且学生对教师愉快情绪的反应积极，而对教师的愤怒不反应、延迟反应或少反应。

二、量表法：编制问卷/量表，以测量情绪感染的结果

在情绪感染的测量研究中，首先出现的是因子量表（单维度），如多尔蒂（Doherty）设计的情绪感染量表。[8]该量表经过了两次主要的修改，第一次将原有的 38 个衡量因子调整为 18 个，第二次则在此基础上修改为现在通常使用的 15 个衡量因子。该量表主要用于测量跨文化背景下情绪感染的个体差异性，量表的设计基于人类五种基本的情绪状态：愤怒、恐惧、悲伤、高兴与情爱。多

[1] Hatfield, E., Cacioppo, J. T., & Rapson, R. L. (1993). Emotional contagion. *Current Directions in Psychological Science, 2* (3), 96-99.

[2] Smith, A. (1976). *The Theory of Moral Sentiments.* Oxford: Clarendon Press.

[3] Bühler, C., & Hetzer, H. (1928). Das erste Verständnis für Ausdruck im ersten Lebensjahr. *Zeitschrift für Psychologie, 107,* 50-61.

[4] Martin, G. B., & Clark, R. D. (1982). Distress crying in neonates: Species and peer specificity. *Developmental Psychology, 18* (1), 3-9.

[5] Sagi, A., & Hoffman, M. L. (1976). Empathic distress in the newborn. *Developmental Psychology, 12* (2), 175-176.

[6] Dondi, M., Simion, F., & Caltran, G. (1999). Can newborns discriminate between their own cry and the cry of another newborn infant? *Developmental Psychology, 35* (2), 418-426.

[7] Field, T., Diego, M., Hernandez-Reif, M., & Fernandez, M. (2007). Depressed mothers' newborns show less discrimination of other newborns' cry sounds. *Infant Behavior and Development, 30* (3), 431-435.

[8] Doherty, R. W. (1997). The emotional contagion scale: A measure of individual differences. *Journal of Nonverbal Behavior, 21* (2), 131-154.

尔蒂等学者进一步分析认为,情绪感染量表是针对情绪感染的个体差异性的单维度高同质性测量工具。之后又出现了多维度模型,如伦德奎斯特(Lundqvist)通过对多种不同的情绪模型以及层级模型进行研究,最终建立了一个多维度情绪测量模型。①

三、实验法:证明情绪感染现象的存在

实验法是情绪感染研究使用最多也是最适合的一种方法,目的是用实验研究证明情绪感染现象的存在。已有研究使用过的方法主要有以下几类。

(一)按采用的刺激材料分类

1)录音。在哭泣感染的研究中,德塞提(Decety)和拉姆(Lamm)发现,与白噪声、年长儿童的哭声和人工模拟的哭声相比,儿童在听到与自己年龄相仿的孩子的哭声时更容易哭泣。②

2)面孔图片。怀尔德(Wild)等在被试观察情绪面孔图片后让其评定自身情绪,发现被试情绪与呈现的图片情绪发生了聚合。③

3)视频片段。赫斯(Hess)和布莱里(Blairy)采用悲伤、愉快、厌恶和愤怒4种情绪的视频片段让被试观看和评价,在该过程中使用肌电仪记录被试的面部肌肉反应,最后让被试进行情绪自评。结果发现,被试在4种刺激材料条件下均出现了模仿行为,在悲伤和愉快情绪上出现了情绪感染。④

4)录像。多尔蒂通过让被试观看不同的情绪录像,让两组被试分别暴露在愉快和悲伤的情绪下,随后让被试进行图片评定任务。结果发现,之前暴露在愉快情绪下的被试关注愉快情绪图片的时间更长,对愉快情绪图片的情绪强度评定更高,并回忆出更多的愉悦情绪图片;悲伤组被试则刚好相反。⑤这说明被试被情绪录像中的情绪感染。研究者让女性被试观看一段由女性录制的表达抑郁焦虑混合情

---

① Lundqvist, L. O. (2006). A Swedish adaptation of the emotional contagion scale: Factor structure and psychometric properties. *Scandinavian Journal of Psychology, 47* (4), 263-272.

② Decety, J., & Lamm, C. (2006). Human empathy through the lens of social neuroscience. *The Scientific World Journal, 6* (3), 1146-1163.

③ Wild, B., Erb, M., & Bartels, M. (2001). Are emotions contagious? Evoked emotions while viewing emotionally expressive faces: Quality, quantity, time course and gender differences. *Psychiatry Research, 102* (2), 109-124.

④ Hess, U., & Blairy, S. (2001). Facial mimicry and emotional contagion to dynamic emotional facial expressions and their influence on decoding accuracy. *International Journal of Psychophysiology, 40* (2), 129-141.

⑤ Doherty, R. W. (1998). Emotional contagion and social judgment. *Motivation & Emotion, 22* (3), 187-209.

绪的录像，之后女性被试只出现了抑郁情绪而非混合情绪。①究竟是性别原因造成了女性的情绪易感性结果，还是不同情绪本身在情绪感染过程中出现了差异？这还有待进一步研究。

5）虚拟人物的面孔图片。有趣的是，一项研究还证明，情绪同样可以在人类和虚拟人物之间发生传递：研究者采用虚拟人物的面孔图片（愉快和中性）作为刺激材料进行呈现，并让被试对自身情绪进行报告，结果发现被试情绪与虚拟人物展现的情绪发生了聚合。②

6）电子邮件。拜伦（Byron）和鲍德里奇（Baldridge）以电子邮件作为情绪传递的途径时未能在被试身上发现良好的情绪聚合，而是发现了情绪发散现象。③

（二）按引起情绪感染的情绪结果展现分类

情绪感染的实验研究目的，是要证明在刺激材料的作用下被试产生了实验预期的情绪。情绪不仅有主观感受，还有面部表情、自主神经系统以及脑和中枢神经系统等方面的客观反映。就目前的研究看来，还少有姿态表情（或称动作表情）的结果呈现。

1. 使用 EMG 证明情绪感染在面部表情中的反映

可以通过肌电记录了解情绪接收者被情绪感染之后的表情变化。例如，丁伯格（Dimberg）的研究发现，在不同情绪的刺激下，个体会表现出不同模式的面部肌肉运动，快乐面孔下颧大肌的活动会增强，而愤怒面孔下皱眉肌的活动会增强。④伦德奎斯特（Lundqvist）和丁伯格（Dimberg）让被试暴露在愉快的面孔情绪图片下，使用 EMG 检测被试面部肌肉的变化，发现被试的颧大肌活动增加，证明被试产生了愉快情绪。⑤后来的研究发现，即使只是无意识地观察情绪面孔，这种面部肌肉的变化模式也是存在的。⑥萨托（Sato）等给被试呈现从中性到快乐动态变化的表情，同时采用 EMG 记录被试的面部肌肉运动，之后再让被试评定呈现的情绪

① Pettit, J. W., Paukert, A. L., & Jr Thomas, E. J. (2005). Refining moderators of mood contagion: Men's differential responses to depressed and depressed-anxious presentations. *Behavior Therapy*, *36* (3), 255-263.

② Tsai, J., Bowring, E., Marsella, S., Wood, W., & Tambe, M. (2012). A study of emotional contagion with virtual characters. In *International Conference on Intelligent Virtual Agents* (pp. 81-88). Springer, Berlin: Heidelberg.

③ Byron, K., & Baldridge, D. C. (2005). Toward a model of nonverbal cues and emotion in email. In *Academy of Management Proceedings* (Vol. 2005, No. 1, pp. B1-B6). Briarcliff Mano: Academy of Management.

④ Dimberg, U. (1982). Facial reactions to facial expressions. *Psychophysiology*, *19* (6), 643-647.

⑤ Lundqvist, L. O., & Dimberg, U. (1995). Facial expressions are contagious. *Journal of Psychophysiology*, *9* (3), 203-211.

⑥ Dimberg, U., Thunberg, M., & Elmehed, K. (2000). Unconscious facial reactions to emotional facial expressions. *Psychological Science*, *11* (1), 86-89.

刺激的效价，以表征个体体验到的情绪强度，结果发现，颧大肌的活性能显著地预测对快乐表情的效价评定。[①]

2. 使用 MEG、fMRI、EEG 证明情绪接收者被情绪感染后的脑部变化

在一项 MEG（magnetoencephalography，脑磁图）研究中，研究者让被试观看一些他人将遭受疼痛的图片，结果发现与自身感到疼痛时的脑区变化类似，被试的初级躯体感觉皮层得到轻微的激活。[②]

同样是在 2008 年的一项研究中，努门马（Nummenmaa）等让被试观看具有威胁和伤害内容的情绪图片，并利用 fMRI 记录被试发生情绪感染时的脑区变化。结果发现，被试的丘脑、梭状回和运动前区皮质等脑区均被不同程度地激活。[③]

帕保谢克（Papousek）等在 EEG（electroencephalography，脑电图）研究中发现，被试暴露在一段表达焦虑情绪的录音时，脑电波出现了非对称改变，并且这种改变的方向和恢复程度分别与被试的情绪感知能力及情绪管理能力相关。[④]

3. 使用 MRI 证明心理正常、异常者情绪感染的脑区特点

而斯特姆（Sturm）等的一项 MRI（magnetic resonance imaging，磁共振成像）病理学研究发现，正常人、轻度认知障碍患者和阿尔茨海默病患者情绪感染易感性的程度逐层递增，高情绪感染者在颞脑回、右颞极、海马回和左颞中回出现了不同程度的萎缩。[⑤]

4. 使用多导生理仪，如 BioNeuro，证实情绪感染的发生机制以及对情绪感染调节的结果

张奇勇等使用 EMG 测量前额肌电和脸颊肌电，以反映情绪感染中无意识模仿产生的肌肉微动作（这种肌肉微动作从外表看不出来，觉察者也意识不到，只能从面部局部区域的肌电变化来推测）。同时采集血容量（blood volume pulsation，BVP）、皮电（skin conductivity，SC）等生理指标衡量生理反馈程度和情绪唤醒程

---

① Sato, W., Fujimura, T., Kochiyama, T., & Suzuki, N. (2013). Relationships among facial mimicry, emotional experience, and emotion recognition. *PLoS One, 8* (3), e57889.

② Cheng, Y., Yang, C. Y., Lin, C. P., Lee, P. L., & Decety, J. (2008). The perception of pain in others suppresses somatosensory oscillations: A magnetoencephalography study. *NeuroImage, 40* (4), 1833-1840.

③ Nummenmaa, L., Hirvonen, J., Parkkola, R., & Hietanen, J. K. (2008). Is emotional contagion special? An fMRI study on neural systems for affective and cognitive empathy. *NeuroImage, 43* (3), 571-580.

④ Papousek, I., Freudenthaler, H. H., & Schulter, G. (2011). Typical performance measures of emotion regulation and emotion perception and frontal EEG asymmetry in an emotional contagion paradigm. *Personality and Individual Differences, 51* (8), 1018-1022.

⑤ Sturm, V. E., Yokoyama, J. S., Seeley, W. W., Kramer, J. H., Miller, B. L., & Rankin, K. P. (2013). Heightened emotional contagion in mild cognitive impairment and Alzheimer's disease is associated with temporal lobe degeneration. *Proceedings of the National Academy of Sciences of the United States of America, 110* (24), 9944-9949.

度。通过路径分析，证明情绪感染的发生机制为感官情绪信息→觉察者觉察→觉察者无意识模仿→生理反馈→情绪体验。[①]

张奇勇和闫志英同样使用 BioNeuro（八通道电脑生物反馈仪）采集了脸颊EMG，脑电 α 波、β 波，皮电和血容量，发现消极前情绪（仇恨）对积极情绪（快乐）感染具有反向与降阈的调节作用。[②]

（三）按实验的场景分类

若按照实验场景分类，上述大部分情绪感染的实验研究均在实验室中进行，场景为专门设置的实验室场景——仿真情景和真实场景。

1. 仿真情景实验

根据张奇勇和卢家楣设计的"仿真教学情境"[③]，即实验场景为实验室，情绪刺激材料中的视频材料由男性教师录制，向学生呈现材料时用指导语向学生描述××"崇敬"或"轻视"教师的情况。使用这种仿真教学情境可以研究学生的先入观念对情绪感染的自动调节作用，并能以这样的仿真课堂教学视频作为感官情绪信息，考察觉察者的无意识模仿水平和生理反馈水平。

2. 真实场景实验

于工作场景中进行的研究表明，在群体成员中，当情绪感染表现为正面情绪时，群体内成员通常展现出更好的合作精神和更高的工作效率，同时较少出现冲突和摩擦，即出现"涟漪效应"。[④]

有研究者采用租借录像带的真实场景实验，证实了情绪感染在服务接触中是真实存在的，并指出在员工与顾客的交互过程中，有两个关键变量会影响情感的传递，即员工微笑程度和情绪劳动展示的真实性。[⑤]员工的负面情绪也会通过语言、面部表情等形式传递给消费者，引起消费者的不满，而这种不满会进一步加剧员工的负面情绪，带来负面情绪的螺旋效应。[⑥]

---

① 张奇勇，卢家楣，闫志英，陈成辉．(2016)．情绪感染的发生机制．*心理学报, 48*（11），1423-1433．

② 张奇勇，闫志英．(2018)．消极前情绪对积极情绪感染的调节：反向与降阈——以教学情境为例．*心理学报, 50*（10），1131-1141．

③ 张奇勇，卢家楣．(2015)．先入观念对情绪感染力的调节——以教学活动为例．*心理学报, 47*（6），797-806．

④ Barsade, S. G. (2002). The ripple effect: Emotional contagion and its influence on group behavior. *Administrative Science Quarterly, 47* (4), 644-675.

⑤ Hennig-Thurau, T., Groth, M., Paul, M., & Gremler, D. D. (2006). Are all smiles created equal? How emotional contagion and emotional labor affect service relationships. *Journal of Marketing, 70* (3), 58-73.

⑥ Dallimore, K. S., Sparks, B. A., & Butcher, K. (2007). The influence of angry customer outbursts on service providers' facial displays and affective states. *Journal of Service Research, 10* (1), 78-92.

（四）按照实验的被试类群分类

目前，大部分的情绪感染实验研究以人类为实验对象，但也有以动物为对象的情绪感染实验研究，如动物实验法。2013 年的一项研究在猪群中发现了情绪感染现象。[1]在该项实验中，当测试猪经历积极刺激（喂食）返回猪群后，其他猪出现了预测愉快情绪的玩耍行为；当测试猪经历消极刺激（诱发不安）返回猪群后，其他猪出现了预测消极情绪的排泄行为。这说明动物也有情绪及群体情绪感染。

四、材料分析法：证明情绪感染的发生

前已述及，情绪感染研究若用实验法，一般遵循刺激-反应的规律，然而也可以通过分析真实场景下情绪发出者与接收者之间沟通的言语材料，来证实情绪感染的发生。例如，鲁夫-洛佩斯（Rueff-Lopes）等采用马尔科夫链（Markov chain）分析法证实了人们对声音模仿的存在。[2]该组研究者分析了 41 名电话中心员工的967 起与顾客的对话，编码了 8747 个声音系列，结果发现，员工对顾客的积极、消极声音均表现出自动模仿，即未见其面，只闻其声，顾客与员工之间也发生了情绪感染。

第三节　情绪感染与传递的影响因素

影响情绪感染与传递的因素有许多，本节将其分为个体间因素和群体因素分别进行阐述。

一、个体间情绪感染的影响因素

（一）性别差异

个体差异对于情绪感染的影响首先体现在性别差异上。伦德奎斯特（Lundqvist）的研究表明，在自我报告中，女性比男性更容易受他人情绪的影

① Reimert, I., Bolhuis, J. E., Kemp, B., & Rodenburg, T. B. (2013). Indicators of positive and negative emotions and emotional contagion in pigs. *Physiology & Behavior, 109*, 42-50.

② Rueff-Lopes, R., Navarro, J., Caetano, A., & Silva, A. J. (2015). A Markov chain analysis of emotional exchange in voice-to-voice communication: Testing for the mimicry hypothesis of emotional contagion. *Human Communication Research, 41* (3), 412-434.

响。①此外，马根（Magen）和科纳瑟维奇（Konasewich）的实验研究表明，先让被试与其朋友在困境中接触一段时间（8分钟），之后测量其情绪状态，女性的情绪状态与其朋友的情绪状态呈显著正相关，而男性的情绪状态与其朋友的情绪状态不存在显著相关，这说明女性比男性更容易受到情绪感染。②也有研究表明，不同性别个体在情绪感染上的差异性与情绪图片呈现的时间有关。一项研究表明，当图片以阈上刺激呈现时，无论图片中是快乐的面孔还是愤怒的面孔，女性的肌电图活性均显著高于男性，而当图片以阈下刺激呈现时则不存在性别差异。③此外，还有一些研究得到相反的结果，即男性比女性更容易受到情绪感染。例如，有研究发现，当面对女性抑郁个体时，男性比女性更可能表现出焦虑或抑郁情绪。④国内学者王长平在研究中将刺激图片分为阈上和阈下两部分呈现，结果发现将愤怒图片以阈上刺激呈现时，男性的愤怒水平显著高于女性，而以阈下刺激呈现时，男性和女性的愤怒情绪感染程度不存在显著差异。根据以往研究结果，目前关于性别对于情绪感染的影响还没有定论，只是在某些特定的条件下能够得出部分结论。⑤

（二）人格因素

个体差异对于情绪感染的另外一个影响表现在人格因素上。我们在日常生活中不难发现，观看同一部电影时，有的人会哈哈大笑或者是痛哭流涕，而有些人只是微微一笑或稍微有点伤感。在情绪感染过程中，最少需要有两个个体：情绪发出者与情绪接收者。这时人格因素便会从这两方面产生影响：①情绪发出者的情绪感染能力越强，情绪感染发生的可能性越大。有些人生来就比其他人更具感染力，因此他们在生活或者日常工作中更容易影响别人（如演说家）。演员通过系统学习和培养之后，表情会变得更加丰富，感染力也会更强，所以会比普通人更容易感染别人。⑥②情绪接收者的情绪易感性越高，越容易发生情绪感染。托特德

① Lundqvist, L. O. (2006). A Swedish adaptation of the emotional contagion scale: Factor structure and psychometric properties. *Scandinavian Journal of Psychology*, 47 (4), 263-272.

② Magen, E., & Konasewich, P. A. (2011). Women support providers are more susceptible than men to emotional contagion following brief supportive interactions. *Psychology of Women Quarterly*, 35 (4), 611-616.

③ Sonnby-Borgström, M., Jönsson, P., & Svensson, O. (2008). Gender differences in facial imitation and verbally reported emotional contagion from spontaneous to emotionally regulated processing levels. *Scandinavian Journal of Psychology*, 49 (2), 111-122.

④ Cheshin, A., Rafaeli, A., & Bos, N. (2011). Anger and happiness in virtual teams: Emotional influences of text and behavior on others' affect in the absence of non-verbal cues. *Organizational Behavior and Human Decision Processes*, 116 (1), 2-16.

⑤ 王长平．（2014）．*愤怒情绪感染的性别差异及作用机制研究*. 硕士学位论文, 浙江师范大学．

⑥ Gable, P. A., Poole, B. D., & Harmon-Jones, E. (2015). Anger perceptually and conceptually narrows cognitive scope. *Journal of Personality and Social Psychology*, 109 (1), 163-174.

尔（Totterdell）的研究发现，情绪易感性水平越高，情绪感染的效果越强烈。[1]也有研究发现，高情绪易感性个体在其同伴表现出倦怠情绪时，会比低情绪易感性个体更容易出现倦怠情绪。[2]

（三）高级认知

1.高级认知的调节作用

高级认知对情绪感染过程的调节主要是通过影响觉察者的注意水平和动机水平实现的。对情绪信息的发出者关注越多，觉察者的注意水平就越高，觉察到的对方的情绪信息就越多，也就越容易被发出者的情绪感染。有研究发现，觉察水平高的个体更容易模仿他人的面部表情。[3]丁伯格等也发现，高移情水平的个体对他人的情绪面孔更敏感。[4]

认知能够通过影响注意水平、觉察水平，进而对情绪感染产生影响。比如，在观看一段视频之前，告知观看者视频中人物的情绪对于理解故事的发展有重要作用，观看者就会更多地关注人物的表情，觉察到的情绪信息就更多。

认知水平也会通过影响觉察者的动机水平实现对情绪感染水平的影响。基利（Kille）和伍德（Wood）让被试生动地想象自己的情侣遭受负性情绪的过程，结果显示情侣关系越亲密，被试就越能感知到对方的情绪；情侣关系亲密度也可以预测他们希望改变另一半情绪的动机，情侣关系越亲密，他们就越想减轻对方的负性情绪，对方的负性情绪对被试的影响也就越大。[5]

高级认知还会通过模仿来影响情绪感染的过程。施特尔（Stel）和冯克（Vonk）让被试观看一段肥皂剧，指导一半被试去模仿剧中人物的脸部表情，而告知另一半被试不要模仿。结果模仿组产生了较强的情绪感染和观点采择。然后告知被试剧中人物的情绪是假装的，结果被试均没有产生明显的情绪感染体验，由此说明情绪感染水平被高级认知加工所调节。[6]

① Totterdell, P. (2000). Catching moods and hitting runs: Mood linkage and subjective performance in professional sport teams. *Journal of Applied Psychology, 85* (6), 848-859.

② Bakker, A. B., Killmer, C. H., Siegrist, J., & Schaufeli, W. B. (2000). Effort-reward imbalance and burnout among nurses. *Journal of Advanced Nursing, 31* (4), 884-891.

③ 张奇勇．（2014）．*情绪感染的发生机制及其调节模型——以教学活动为取向*. 博士学位论文，上海师范大学.

④ Dimberg, U., Andréasson, P., & Thunberg, M. (2011). Emotional empathy and facial reactions to facial expressions. *Journal of Psychophysiology, 25* (1), 26-31.

⑤ Kille, D. R., & Wood, J. V. (2011). Cheering up my partner cheers me up: The role of including the other in the self in emotional contagion and regulation. *American Psychological Association 2011 Convention Presentation*.

⑥ Stel, M., & Vonk, R. (2009). Empathizing via mimicry depends on whether emotional expressions are seen as real. *European Psychologist, 14* (4), 342-350.

2. 高级认知对情绪感染结果的调节

高级认知能调节情绪感染的结果。微笑的员工对顾客是有感染力的，他们通过这种方式影响顾客的情绪状态，并因此影响到顾客对服务的评价和感知。然而员工情绪劳动展示的真实性会直接影响顾客的情绪状态，因此，亨尼格-图劳等通过对服务情景中员工情绪劳动展示的真实性和顾客之间情绪状态进行研究，得出了虚假的微笑不具有感染力的结论。①也就是说，当接收者感受到情绪发出者的展示是虚假的，就不会采用对方的情绪展示，情绪感染就不会在两者之间发生。还有一种感染被称为"反向感染"②，指我们观察到了别人的情绪，如高兴，却产生了与对方相反的情绪，如愤怒，其原因可能是对方是自己的仇人或竞争对手。在教育教学中，学生也会和教师产生反向感染，如我们常说的"学生故意和老师对着干"。在对学生的访谈中，有的学生说看到教师越生气，他就越高兴，而教师又可能因为学生的表现更加生气。

二、群体情绪感染的影响因素

（一）社会地位

社会地位主要是指个体在人际交往中所处的位置。一般来说，社会地位高的人比社会地位低的人更可能影响他人的情绪。③例如，弗雷德里克森（Fredrickson）等通过对组织中上下级关系的研究发现，领导者的积极情绪有着特殊的感染力。④这主要是由于领导者在团队中处于显眼位置，会比其他人对普通职员的情绪更具影响力。在领导与下属的交往中，双方的关注点不同，领导可能更多关注的是下属的业绩，而不会在意下属的情绪反应，因为社会地位不同，下属的情绪反应不会对领导的工作造成任何负面影响。例如，吉布森（Gibson）和施罗德（Schroeder）的研究发现，有权力的人对他人的情绪敏感性要低于无权

---

① Hennig-Thurau, T., Groth, M., Paul, M., & Gremler, D. D. (2006). Are all smiles created equal? How emotional contagion and emotional labor affect service relationships. *Journal of Marketing*, 70 (3), 58-73.

② Druckman, D., & Bjork, R. A. (1994). Learning, remembering, believing: Enhancing human performance. *Cognitive Psychology*, 24 (2), 193-195.

③ Anderson, C., Keltner, D., & John, O. P. (2003). Emotional convergence between people over time. *Journal of Personality and Social Psychology*, 84 (5), 1054-1068.

④ Fredrickson, B. L. (2003). The value of positive emotions: The emerging science of positive psychology is coming to understand why it's good to feel good. *American Scientist*, 91 (4), 330-335；Fredrickson, B. L., Tugade, M. M., Waugh, C. E., & Larkin, G. R. (2003). What good are positive emotions in crises? A prospective study of resilience and emotions following the terrorist attacks on the United States on September 11th, 2001. *Journal of Personality and Social Psychology*, 84 (2), 365-376.

力的人。[1]这是因为有权力的人不用担心别人报复，而没有权力的人更要注意自己的情绪表达；权力越大的人越可以随意表达自己的情绪，而权力越小的人就越不能自由地表达自己的情绪。

（二）关系的亲密程度

关系的亲密程度也是人际关系的一个主要方面，会对情绪感染产生重要影响。比如，相对于陌生人来说，当好朋友因为某事伤心哭泣时，我们更容易被好朋友的情绪感染。我们越喜欢某个人，那么模仿他的可能性就越大，则情绪感染就越容易发生。奥登（Orden）和乔伊纳（Joiner）的研究发现，老年夫妻的亲密程度可以对对方的抑郁程度进行预测：夫妻间关系越亲密，抑郁情绪感染的可能性就越大。[2]基利（Kille）和伍德（Wood）研究结果表明情侣关系的亲密度水平与感知到对方的情绪水平呈正相关，即情侣的关系越亲密，被试的情绪受到的影响越大，且希望改变伴侣情绪的动机越强。[3]

（三）团体凝聚力

情绪感染不仅会在两个个体的交往中发生，也会在群体人际交往中发生，因此一个团体的凝聚力、群体成员彼此的信任程度、情绪发出者是群体内成员还是群体外成员等都会对情绪感染的发生产生影响。波尔策（Polzer）等通过对人际态度一致性进行研究表明，在一个团体中，人际态度一致性可以提高群体的业绩，反之亦然。[4]通过表达而非抑制个性，群体成员可以达到和谐有效的工作关系，从而有利于工作业绩的提升。温斯顿（Winston）和哈茨菲尔德（Hartsfield）的研究表明，当以任务为主要目标时，群体的凝聚力较强，当群体的价值观一致并拥有强大的社会支持且获得成功时，群体的情绪感染力会更强。[5]

---

① Gibson, D. E., & Schroeder, S. J. (2002). Grinning, frowning, and emotionless: Agent perceptions of power and their effect on felt and displayed emotions in influence attempts. In N. M. Ashkansy, W. J. Zerbe, & C. E. Hartel (Eds.), *Managing Emotions in the Workplace* (pp.184-211). New York: M. E. Sharpe, Armonk.

② Orden, K. A. V., & Joiner, T. E. (2006). A role for the contagion of emotion? A comment on segrin (2004). *Journal of Social and Clinical Psychology*, 25 (8), 825-832.

③ Kille, D. R., & Wood, J. V. (2011). Cheering up my partner cheers me up: The role of including the other in the self in emotional contagion and regulation. *American Psychological Association 2011 Convention Presentation*.

④ Polzer, J. T., Milton, L. P., & Swann, W. B. (2002). Capitalizing on diversity: Interpersonal congruence in small work groups. *Administrative Science Quarterly*, 47 (2), 296-324.

⑤ Winston, B. E., & Hartsfield, M. (2004). Similarities between emotional intelligence and servant leadership. In *Proceedings of the Servant Leadership Research Roundtable*.

第四节 教育中的情绪传递：
以学生为中心的师对生

教育中的情绪传递涉及的人群很多，但主要是教师和学生（教育心理学主要研究学生如何学和教师如何教）。因此，本书研究从学生角度出发，研究学生的情绪和教师对学生的情绪传递。

一、教育中情绪研究的发展与不足

教育中的情绪研究一直有，研究较多的课程当数教育心理学。自德国教育心理学家佩克伦（Pekrun）在 2002 年提出"学业情绪"概念并做了相应的系列研究开始，几乎每一篇报告中都有这样的说法——数十年来教育中有关情绪的研究一直被忽视。的确，教育心理学领域将情绪研究提到一定高度的时间与事件，是 1998 年美国教育研究协会（American Education Research Association）召开的主题为"情绪在学生学习与成就中的作用"的学术年会，此次会议极大地激发了与会者对教育中的情绪问题的研究兴趣。可以说二十多年中，有关教育中的情绪研究已成为一大研究热点，当然也涌现出许多很好的研究，如对于学生的学业情绪，不仅有一般学业情绪研究，更有不同学习情境下的学业情绪研究，特别是学科学习中，如语文、外语、物理、生物等课程学习中的具体的学业情绪研究。国际心理学界以学业情绪为研究主题的博士毕业论文就有不少。

笔者主持过一项全国教育科学规划的国家一般课题（"大学生的学业情绪及相关因素研究"）和一项教育部人文社会科学重点研究基地重大项目（"青少年良好学业情绪的培养与增进研究"），均以学业情绪为研究主题。笔者在探讨这一问题的过程中发现，对于学业情绪，先前研究只探讨了学生在学习活动中的情绪，而作为学生这一身份（以学习为主要活动）及年龄段（青少年为主，发展心理研究）的具体情绪（如自我意识情绪、沉浸体验），特别是学生作为一个身心尚未完全成熟的群体，必须在另一群体即教师有目的、有计划的教育下，在与教师的不断交流、学习、互动中成长的人际情绪、动态情绪等，没有得到充分研究。

二、教育中情绪传递的特点

（一）情绪传递的环境是教育情境

生活中有许多种情境，如戏剧情境、规定情境、教学情境、社会情境、学习情境等。在社会心理学中，情境指影响事物发生或对机体行为产生影响的环境条件，也指一定时间内各种情况的相对的或结合的境况。[①]教育情境不同于其他情境，它包括教学情境和学习情境，然而又不限于这两种情境涵盖的环境条件。我们很难给教育情境下一个准确的定义，但可以根据社会心理学对情境的界定来描述这种情境及其条件：教育情境是指影响学生身心发展和行为表现的各种因素的结合，其中的影响因素应包括各级各类学校的各种硬件条件，更包含各种软件条件，如教育行政、教育管理、教师的教育水平等。被影响的对象是处于心身尚未完全成熟的成长期的学生。

（二）更关注人际情绪

教育中情绪传递的发出者和接收者是师生，其发出和接收的情绪属于人际情绪。人际情绪既包含传统心理学研究的个体情绪，如教师和学生都有自己的情绪或相互作用之前个体的心境。但在人际相互作用（包括日常的教育活动和课堂教学活动）中，师生的情绪发生的前因事件往往是人际交往事件，如教师可能因为学生学习成绩不好、不遵守纪律而愤怒，也可能因为学生好好学习、在课堂认真听讲而愉快和热情，还可能因为学生取得好成绩、获得高荣誉而自豪。学生可能因为教师的关心和爱护而感激、感恩，也可能因教师的不公平对待而不满、怨恨。

（三）主要情绪传递的双方是师生

教育情境中有各种人际关系，但主要是师生关系。情绪传递不同于其他领域，如一般企业和事业单位中的领导与下属，由于社会地位的不同（上一节已述及，这里的社会地位不仅包含领导者具有行政领导权力，更与可以决定下属是否获得奖励或受到惩罚、下属获得与丧失经济利益等有关），因此，对于领导发出的指令，下属要执行，而携带着情绪的指令对下属具有效力。也就是说，与下属相比，领导在情绪感染与传递中的地位较高，情绪感染和传递的强度较大。但师生关系与此不同，教师不能对学生使用非教育或不合教育规范的手段，无经济制裁力，并且有一定的时限，可以说师生关系更多是一种情感的关系而非组织的关系。

---

① 杨治良，郝兴昌．（2016）．*心理学辞典*．上海：上海辞书出版社．

（四）情绪传递的主要方向是师对生

情绪传递的发出者是教师。教师是受过训练的，是在有目的、有计划的教育教学过程中进行情绪传递。所以，相比情绪感染，探讨情绪传递更恰当。有研究表明，教师的情绪表达就是向学生发出情绪，其中特别是负性情绪具有掩饰性（详见"师生的情绪互动"一章中的"教师的情绪及其表达"部分）。师生属于相互对应人群，教师情绪传递给学生时为一师多生，属于群体情绪传递，但又不同于其他群体情绪感染。另外，就某一个学生来说，他/她不仅接收教师的情绪传递，同时在班级集体中他/她还接收其他学生的情绪感染，即生生之间也有情绪感染。

（五）情绪与情绪传递的动态变化明显

情绪是变化的，教师和学生的情绪同样总在变化之中。因此，师生情绪传递是情绪在师生之间不断互动与流转的过程。无论是在日常的教育过程中还是在课堂教学中均是如此。如一节课分为若干个教学环节，每一环节进行着不同内容的教学，每一个教学内容可能就携带着不同的情绪信息，可能成为不同的情绪前因事件；而教师使用不同的教学方法，又对教学内容进行了自己的情感体验与情绪加工；教师还在上课的同时和不同的学生进行着有差异的情感交流；课堂教学环境中也可能出现某些情绪性事件等，这些均可以成为情绪的前因事件，引发不同的情绪。所以说，师生情绪传递是一个动态变化的过程。

三、情绪传递的研究方法

有关情绪感染的研究方法，笔者已在本章第二节做过详细阐述，这里不再赘述。我们有关情绪传递的研究借鉴了已有的情绪感染研究方法，但因我们要在实际教育情境中研究教师对学生的情绪传递，所以又使用了一些临床心理学领域的行为评估方法。

行为评估法是临床心理研究中常用的一种方法。传统观点认为行为评估只注重对行为样本的采集而不是对行为背后隐藏的特质的推断。现代的行为评估法除对外显行为进行各式各样的观察之外，还包含其他方法，如自我报告法、知情人评估法、情感和思维日记法以及对环境刺激的心理生理反应评估法等。

在临床使用时，行为评估有四个主要目标：①确认问题行为以及控制或维持该行为的背景变量并使之操作化；②对问题行为与控制变量之间的关系进行评估；③依据行为评估结果制订恰当的治疗方案；④评估治疗的有效性。

目前，行为评估法的应用范围非常宽泛，包括儿童到成人的各个年龄段；研究领域如课堂表现、婚姻关系、心理病理表现、社会技能和心理生理机能等；行为评估信息来源各异，既有治疗者或其他训练有素的观察者的直接观察，也有来访者本人或知情人（如父母、配偶、老师）的报告；并且行为样本取自不同的场景，如家中、学校、工作单位及社区。不管用哪种方法，也不论评估的是哪个领域的行为，其关键都是高度重视特定情境下发生的行为（或认知、心理）样本。

从临床心理学的行为评估法来说，其具体方法包括行为访谈、行为观察、自我监控、评定量表、认知-行为评估和心理生理测量法。其中，有些方法与心理学常用方法有重叠。这里仅呈现目前在情绪传递研究领域常用的行为评估法。

（一）日记法

日记法是在一段时间内，让被试通过每日完成调查问卷或者结构化的自我报告的方式来收集数据和资料的一种纵向的研究方法。它要求被试依据当时或者当天的经历和体验，记录当时或当天的情绪、行为或思想[1]。

日记法的优点在于被试在自然的、自发的背景下报告事件或者体验，与通过传统的设计获得的资料进行互补。[2]另外，通过缩短经历事件或体验与记录的时间来大幅度减少回顾错误的可能性。并且，日记法采用的调查问卷中的题目相对来说比较简洁，避免了因为题目冗长而被试厌倦和反感。

日记法的局限性在于，研究者通常需要对被试进行详尽的说明来确保被试充分理解。[3]另外，为了获得可靠和有效的数据，需要参与者大量、反复地填写调查问卷和收集数据，所以相比其他类型的调查研究，日记法研究需要参与者投入更多的精力。

近几十年，日记法研究被应用在个性发展进程、婚姻家庭的交互作用、情绪情感、应激、工作投入、职业倦怠、心理干预等很多心理学研究领域中。例如，菲尼（Feeney）选取了 193 对已婚夫妇，用问卷法和日记法对夫妻间的依恋关系、夫妻行为、婚姻满意度进行了评估。[4]伯迪特（Birditt）等运用日记法对 469 名男

① Bolger, N., Davis, A., & Rafaeli, E. (2003). Diary methods: Capturing life as it is lived. *Annual Review of Psychology, 54* (1), 579-616.

② Reis, H. T. (1994). Domains of experience: Investigating relationship processes from three perspectives. In R. Erber, & R. Gilmour (Eds.), *Theoretical Frameworks in Personal Relationships* (pp. 87-110). Hillsdale: Erlbaum.

③ Reis, H. T., & Gable, S. L. (2000). Event-sampling and other methods for studying everyday experience. *Handbook of Research Methods in Social and Personality Psychology*, 190-222.

④ Feeney, J. A. (2002). Attachment, marital interaction, and relationship satisfaction: A diary study. *Personal Relationships, 9* (1), 39-55.

性和 562 名女性经历日常应激事件的坚韧性与易感性进行了研究。[1]库比亚克（Kubiak）等运用日记法对青少年的情绪性饮食与日常烦心事进行了研究。[2]还有研究者用日记法研究了员工的工作投入，研究者选取一定数量的员工，要求他们在连续的工作日或工作周内，每天在规定的时间里报告他们经历的情感事件、情绪体验和工作投入。[3]

王芳和许燕运用日记法请 22 名高校教师以回收电子文档日记的形式，考察了他们职业枯竭的原因和内部关系。[4]林丹瑚等使用日记法对 30 名高校教师如何处理工作-家庭关系进行了 14 天的追踪研究，探讨了工作-家庭关系的特点（工作家庭冲突、工作家庭促进）及其与工作特征（工作要求、工作控制）、性别等变量之间的关系。[5]朱莉等采用日记法对大学生求职过程进行了研究，以了解大学生求职过程中的情绪状态变化及行为。[6]

我们也采用日记法，请中学生连续两周（10 个上学日）在每天放学时填写问卷，以考察中学生每天经历的与教师之间产生情绪的前因事件、当时教师的情绪和学生自己的情绪，目的是探讨教师情绪对学生情绪的感染与传递。

（二）即时评定法

即时评定法类似于行为评估法中的认知-行为评估和自我监控的结合，要求被试在行为发生的当时对一套预先编制好的项目（即问卷项目），就每条项目的适切性进行评估。如在课堂情绪传递研究中，我们要求教师和学生在上课时开始讲课之前和下课之前两个时间点对自己的情绪（问卷项目）进行评估，同时学生还要对当时感受到的教师情绪进行评估。通过分析评估结果，证明了课堂上教师情绪对学生情绪有感染和传递（本书后面有关章节将详述）。

---

[1] Birditt, K. S., Fingerman, K. L., & Almeida, D. M. (2005). Age differences in exposure and reactions to interpersonal tensions: A daily diary study. *Psychology and Aging, 20* (2), 330-340.

[2] Kubiak, T., Vögele, C., Siering, M., Schiel, R., & Weber, H. (2008). Daily hassles and emotional eating in obese adolescents under restricted dietary conditions—The role of ruminative thinking. *Appetite, 51* (1), 206-209.

[3] Bledow, R., Schmitt, A., Frese, M., & Kühnel, J. (2011). The affective shift model of work engagement. *Journal of Applied Psychology, 96* (6), 1246-1257；Petrou, P., Demerouti, E., Peeters, M. C. W., Schaufeli, W. B., & Hetland, J. (2012). Crafting a job on a daily basis: Contextual correlates and the link to work engagement. *Journal of Organizational Behavior, 33* (8), 1120-1141.

[4] 王芳, 许燕. (2007). 日记式追踪研究高校教师职业枯竭的产生原因及内部关系. *心理学探新, 27*（4），42-47.

[5] 林丹瑚, 王芳, 郑日昌, 蒋奖. (2008). 高校教师工作家庭关系、工作特征与生活满意度的研究. *心理学探新, 28*（1），92-96.

[6] 朱莉, 侯志瑾, 于嫒芳. (2014). 大学毕业生求职过程的日记式追踪研究. *西北工业大学学报（社会科学版），34*（4），100-104.

四、本书研究情绪传递的阶段

本书呈现的情绪传递研究主要是教育中的情绪研究。我们的研究大约经历了三个阶段，即从学生的学业情绪研究到青少年的学业情绪干预研究，再到教育中的情绪传递研究。本书关注的对象始终是学生，即便有关于教师情绪的研究，研究视角仍然是学生。

第一阶段，关注学生的学业情绪，即学生学习活动中的情绪。在这一阶段，笔者研究了学业情绪的发生过程，如从学业情绪的诱发，到前瞻性、过程性、结果性学业情绪；研究发现学业情绪不同于一般情绪，学业情绪在表现、特点、测量方面有其特殊性；也研究了不同种类的学业情绪，如从多种情绪到单一情绪的深入研究；还对学业情绪的影响因素进行了研究，如教育情境、学科学业情绪、学习目标、学习动机等。

第二阶段，关注的是如何培养和增进青少年的良好学业情绪，即进行干预研究。干预研究按照变量由综合到具体的顺序来实施，而具体的干预研究则依照学生知—情—意—环境的变量顺序依次实施，所有干预研究都是在通过调查研究确定某变量与学业情绪关系的基础上实施的，在每一项干预研究之后，笔者都认真分析了该研究的结果与启示。各研究选择的干预对象以中学生为主，兼顾大学生。干预实验研究基本上采用团体心理辅导法，或以团体心理干预为主、个别辅导补充。具体的干预变量包括综合因素、成就目标、学业自我概念、应对方式、归因方式、评价、情绪调节方式、情绪调节自我效能感、时间管理倾向、教学方法、校园墙壁文化建设，并针对考试焦虑情绪进行了干预。

第三阶段，教育中的情绪传递研究，即师生的情绪传递研究。先前对学生学业情绪的研究发现，学生的情绪很大程度上受到了教师的影响，由此笔者开展了本书关于教育中的情绪传递研究。

五、未来情绪传递研究需要考虑的问题

（一）正性情绪的作用一定为正性吗？

情绪可以根据效价分为正性情绪和负性情绪，一般认为正性情绪的作用是积极的。但是，若结合情绪的唤醒度，则高唤醒度的正性情绪会产生消极作用，而低唤醒度的正性情绪不一定会产生积极的推进作用。

就强度而言，情绪可以有一系列由弱到强的变化等级，例如，喜可以从弱的适意逐渐到愉快、欢乐，再到大喜、狂喜；怒可以从轻度的不满逐渐到生气、愤怒，再到大怒、暴怒、狂怒。情绪的强度越大，自我卷入的程度越高，人的整个

心理与行为活动被情绪的支配程度也就越大。此外，情绪的强度也会影响情绪体验的快感程度。例如，在情绪的"二态表达"情况下，个体对某种情绪到了难以承受的程度，以至于意识到自己的情绪已经不受自我控制。[1]而且，这种高强度情绪体验给机体带来的危害不仅体现在消极情绪上，且体现在积极情绪上[2]，"范进中举"就是极端的例子。张明明等发现，在高激活状态下，虽然积极情绪对各类生理指标的影响没有消极情绪大，但这些指标的增长仍会提高循环免疫细胞的数量、分泌型免疫球蛋白水平以及促进肠易激综合征患者的结肠运动。[3]同时，强烈的积极情绪也通常会导致交感神经系统激活水平的上升以及副交感神经系统指标值的下降，由此大大增加了疾病事件发生的可能性（尤其是慢性疾病）。

我们对大学生考试中的过程性学业情绪的研究结果表明，有些效价为正性的情绪，唤醒度不高，对于学业活动无积极的促进作用；而另一些效价为负性但唤醒度较高的情绪，与学习活动的相关虽非直线一致，但也有一定的积极推进作用。[4]例如，放松情绪在考试前和考试中均不出现，只在考试后才出现，这表明放松情绪是一种无推动作用的情绪，这一结果与戈茨（Goetz）等的研究结果一致，即放松情绪是一种非活动性情绪，主要出现在努力完成某项学业活动之后。[5]另有研究发现学业羞愧会对学习活动起到一定的积极促进作用。[6]

（二）实验室情绪感染研究距离现实的情绪传递应用究竟有多远？

情绪感染研究多采用实验法，且大多数属于实验室研究。实验室研究为了解情绪感染做出了极大贡献，如证明了情绪感染的发生，情绪发出之后被感染者不仅出现了心理感受、面部表情，脑和神经系统的确也随之发生了可测量的变化。但是，证明了这一现象对实际情境的研究特别是应用研究有什么作用呢？或者如何改变这一反复被证明的现象中的一部分，使其增进积极的情绪感染效应？如改善师生关系，提高学生学业成绩，促进学生健康成长；改善雇员与雇佣方的关系，

---

① Aragón, O. R., Clark, M. S., Dyer, R. L., & Bargh, J. A. (2015). Dimorphous expressions of positive emotion: Displays of both care and aggression in response to cute stimuli. *Psychological Science*, 26 (3), 259-273.

② Cohen, S., & Pressman, S. D. (2006). Positive affect and health. *Current Directions in Psychological Science*, 15 (3), 122-125；Gruber, J., Mauss, I. B., & Tamir, M. (2011). A dark side of happiness? How, when, and why happiness is not always good. *Perspectives on Psychological Science*, 6 (3), 222-233.

③ 张明明，刘田田，任杰，余益兵，何华敏，贺伟婕，罗文波．（2017）．喜极而泣——积极情绪的二态表达．*心理科学*，40（3），565-571.

④ 马惠霞．（2011）．*大学生学业情绪研究*．北京：北京师范大学出版社.

⑤ Goetz, T., Pekrun, R., Hall, N., & Haag, L. (2006). Academic emotions from a social-cognitive perspective: Antecedents and domain specificity of students' affect in the context of Latin instruction. *British Journal of Educational Psychology*, 76 (2), 289-308.

⑥ 马惠霞，薛杨，刘静．（2016）．中学生学业羞愧：测量、生理唤醒及其与学业成绩的关系．*心理学报*，48（5），529-539.

提高劳动生产率，增进就业者的职业心理健康等，这应该还有很长的路要走。

有些研究虽然自称仿真教学，但仿真教学和真实的教学情境及操作有很大的区别，并且这种实验依然证明的是情绪感染在实验条件下的作用。

（三）群体情绪感染的循环效应中的正性情绪研究是否应该加强？

个体情绪会感染他人，甚至可以影响他人的行为、思想和情绪，这一影响过程可以在多人间交互产生，并不断增强。输出者的情绪可以通过面部表情、语言、动作等多种形式展现出来，并被接收者感知[1]，接收者也会对输出者的情绪做出回应[2]，从而在双方之间产生交互作用。这种情绪感染不仅通过直接的交互作用实现，而且可以通过间接的方式对周边人（即情绪沟通的第三方）产生影响。我们通过个别访谈了解到，教师批评学生、表达愤怒情绪时，既被引起教师愤怒和成为教师愤怒对象的学生感知到，又对同班的其他学生具有情绪感染效应。

史密斯（Smith）和康雷（Conrey）认为，情绪感染不仅在少数个体间存在，在较大规模的群体或组织中也同样存在，并能在情绪输出者与群体成员间形成交互作用的"情绪循环"。[3]例如，愤怒者的情绪传递给观察者，通过回馈过程反馈给输出者，从而进一步增强输出者的愤怒感。情绪循环作为一个持续循环的过程，使群体内某一成员的正性情绪或负性情绪感染群体内其他成员，并在成员间形成多次情绪的反复加强，推动群体中的成员形成同质化的情绪状态和社会认知。

"情绪循环"研究多以愤怒情绪为例，或许是因为与正性情绪相比较，负性情绪强度更大，引发的生理反应更明显，易于研究。而在实际生活中，人们更愿意接受正性情绪，正性情绪也更利于个体的心理健康或其本身就是心理健康的表现。我们的研究表明，班级中教师有根据、及时、适当地表扬学生，不仅可以唤起被表扬者的正性情绪，使其更加认真地学习、今后做得更好，而且对同班级的其他学生也有激励作用，在班级内形成正性"情绪循环"效应，今后应该在有关领域增加对正性"情绪循环"效应的研究。

---

① Keltner, D., Ekman, P., Gonzaga, G. C., & Beer, J. (2003). Facial expression of emotion. In R. J. Davidson, K. R. Scherer, & H. H. Goldsmith (Eds.), *Handbook of Affective Sciences* (pp. 415-432). New York: Oxford University Press.

② Lishner, D. A., Cooter, A. B., & Zald, D. H. (2008). Rapid emotional contagion and expressive congruence under strong test conditions. *Journal of Nonverbal Behavior*, *32* (4), 225-239；Tamietto, M., de Gelder., B. (2008). Emotional contagion for unseen bodily expressions: Evidence from facial EMG. *IEEE International Conference on Automatic Face & Gesture Recognition*. IEEE.

③ Smith, E. R., & Conrey, F. R. (2007). Agent-based modeling: A new approach for theory building in social psychology. *Personality and Social Psychology Review*, *11* (1), 87-104.

（四）群体情绪感染的实践研究是否应该增加？

巴萨德指出，在群体成员中，当情绪感染表现为正性情绪时，群体内成员通常展现出更好的合作精神和更高的工作效率，同时更少出现冲突和摩擦。[1]相反，对于经常感受负性情绪的群体成员来说，其整个团队的表现糟糕。[2]斯普尔（Spoor）和凯利（Kelly）的研究还认为，群体内的情绪将会影响到群体内的团结和协作精神。[3]正性情绪通常会对群体内成员起到吸引和激励的作用，同时也应该尽可能地避免负性情绪，因为它会动摇群体成员间的和睦与团结。[4]

这些是在真实情境中进行的实践研究，发现了正性群体情绪的螺旋模型。那么，负性群体情绪是否也有类似的效应还需要进一步研究。同时，在不同领域，特别是教育领域，这样的实践研究更须加强。

---

[1] Barsade, S. G. (2002). The ripple effect: Emotional contagion and its influence on group behavior. *Administrative Science Quarterly*, 47 (4), 644-675.

[2] Felps, W., Mitchell, T. R., & Byington, E. (2006). How, when, and why bad apples spoil the barrel: Negative group members and dysfunctional groups. *Research in Organizational Behavior*, 27 (6), 175-222; Ilies, R., Wagner, D. T., & Morgeson, F. P. (2007). Explaining affective linkages in teams: Individual differences in susceptibility to contagion and individualism-collectivism. *Journal of Applied Psychology*, 92 (4), 1140-1148.

[3] Spoor, J. R., & Kelly, J. R. (2004). The evolutionary significance of affect in groups: Communication and group bonding. *Group Processes & Intergroup Relations*, 7 (4), 398-412.

[4] Walter, F., & Bruch, H. (2008). The positive group affect spiral: A dynamic model of the emergence of positive affective similarity in work groups. *Journal of Organizational Behavior*, 29 (2), 239-261.

第二章　教育中情绪传递的理论

正如第一章所述，情绪感染研究先于情绪传递，而且到目前为止，情绪感染的研究更多、更成熟。因此，研究教育中的情绪传递，也要以情绪感染的理论和研究为基础。教育中的情绪传递主要指的是教师将情绪传递给学生，因此本章既要讨论有关情绪感染的理论问题，又要讨论人际情绪调节（教师调节学生情绪）的理论发展，还要讨论动态情绪研究的理论新动态，如情绪动力学。

第一节　情绪感染的理论

情绪传递概念不仅包含情绪感染，还包含教师有意识地将自己的情绪传递给学生的过程。到目前为止，还没有单独的情绪传递的理论研究，因此本节介绍的是情绪感染的理论。情绪感染理论分为原始性情绪感染（又称简单情绪感染）和意识性情绪感染两个主要流派。目前的情绪感染理论主要是对情绪感染机制的研究。就情绪感染研究而言，情绪感染到底是自动化的过程还是受意识控制的这一问题，并没有得到统一的结论。

一、情绪感染的分类

（一）原始性情绪感染

原始性情绪感染理论认为，情绪感染是自动化的（基于模仿）、意识前的反应。[1]哈特菲尔德（Hatfield）等认为，情绪感染是观察者通过自动化地模仿并合并他人的语言及非语言信息，从而体验到与情绪传递者相同的情绪的过程。[2]

---

[1] Dallimore, K. S., Sparks, B. A., & Butcher, K. (2007). The influence of angry customer outbursts on service providers' facial displays and affective states. *Journal of Service Research, 10* (1), 78-92；Hatfield, E., Cacioppo, J. T., & Rapson, R. L. (1994). Emotion contagion. *Current Directions in Psychological Sciences, 2*, 96-99；Hatfield, E., Cacioppo, J. T., & Rapson, R. L. (1994). *Emotional Contagion.* New York: Cambridge University Press；Luong, A. (2005). Affective service display and customer mood. *Journal of Service Research, 8* (2), 117-130.

[2] Hatfield, E., Cacioppo, J. T., & Rapson, R. L. (1993). *Emotional Contagion.* New York: Cambridge University Press.

也有研究者认为，情绪感染是不同个体间自动的、无意识的情绪传递过程，通过自动化的模仿倾向和对于面部表情、语音语调、体态姿势以及行为动作的同步，从而使得情绪趋于一致。①而亨尼格-图劳（Hennig-Thurau）等将原始性情绪感染归因于人们倾向于自动化地模仿和同步化他人的面部表情、声音、动作，结果产生情绪聚合。②但是很多时候这种情绪觉察者对被觉察者的模仿是看不出来的，需要通过肌电图来观察。对诱发者的觉察和模仿激活了觉察者自身的生理反馈系统，产生了生理上的变化，正是这种生理上的变化使得觉察者产生了与诱发者相同的情绪，有研究者将这一过程总结为察觉—模仿—反馈—情绪。③

在日常生活中，我们也常常会无意识地对别人的情绪进行模仿，比如，当我们的朋友在我们身边哭泣时，我们会感到悲伤。然而，原始性情绪感染理论却遭到了意识性情绪感染流派的质疑，后者认为情绪感染并非无意识的。

（二）意识性情绪感染

意识性情绪感染理论认为，情绪感染的发生是有意识参与的过程，情绪感染的发生较少受情绪诱发者情绪程度的影响，而是受情绪真实度的影响。④研究者认为，之所以真实的情绪产生情绪感染而虚假的情绪无法产生情绪感染，正是因为意识在其中起了作用。例如，当顾客接收来自员工的真诚的情绪劳动展示时，意识性情绪感染就会产生。⑤

当然，也有学者认为情绪感染既包括原始性情绪感染又包括意识性情绪感染，如巴萨德认为情绪感染过程包括潜意识、自动化的原始性情绪感染，也包括意识水平的情绪感染过程。⑥

二、情绪感染的发生机制

关于情绪感染发生机制的理论假设主要包括模仿-反馈机制、社会比较机制、

① Du, J. G., Fan, X. C., & Feng, T. J. (2011). Multiple emotional contagions in service encounters. *Journal of the Academy of Marketing Science, 39*, 449-466.
② Hennig-Thurau, T., Groth, M., Paul, M., & Gremler, D. D. (2006). Are all smiles created equal? How emotional contagion and emotional labor affect service relationships. *Journal of Marketing, 70* (3), 58-73.
③ Falkenberg, I., Bartels, M., & Wild, B. (2008). Keep smiling! Facial reactions to emotional stimuli and their relationship to emotional contagion in patients with schizophrenia. *European Archives of Psychiatry and Clinical Neuroscience, 258* (4), 245-253.
④ 张奇勇．（2014）．*情绪感染的发生机制及其调节模型——以教学活动为取向*. 博士学位论文，上海师范大学.
⑤ Huang, P., & Dai, C. (2010). The impacts of emotional contagion and emotional labor perception on employees' service performance. *International Journal of Electronic Business Management, 8* (1), 68-79.
⑥ Barsade, S. G. (2002). The ripple effect: Emotional contagion and its influence on group behavior. *Administrative Science Quarterly, 47* (4), 644-675.

联想-学习机制、语言调节联想机制、认知机制等，其中模仿-反馈机制得到了大多数学者的认同。

（一）模仿-反馈机制

1. 模仿

模仿是人类与生俱来的能力，研究表明刚出生的婴儿在听到其他婴儿哭泣后几秒钟便开始哭泣。[1]另有研究表明刚出生的婴儿便具有模仿成人行为的倾向。[2]社会心理学家还发现，人们无时无刻不在对他人的表情进行模仿，多数情况下从个体的情绪体验和面部表情能够间接推断出他所观察的目标个体的情绪变化。

伦德奎斯特（Lundqvist）和丁伯格（Dimberg）采用面部肌电记录仪 EMG 记录了被试观看包含人类愉快、悲伤、愤怒、恐惧和惊讶等情绪的图片后的面部表情活动，发现不同的情绪表达面孔激发了被试不同的面部肌电活动。[3]比如，当被试观察到愉快的面部表情时，他们的面颊肌肉群展现出更为丰富的肌肉活动，但当他们观察到愤怒的面部表情时，他们的眉头肌肉群则展现出更为丰富的肌肉活动。近年来的大量研究也表明，当被试被动地观看快乐的面孔表情时，被试会表现出颧大肌活动的明显增加，而当被动观看愤怒的面孔表情时，皱眉肌的活动会明显增加。[4]

对于他人的模仿倾向不仅限于对面部表情的模仿，还包括对语音语调、身体姿势、行为动作等的模仿，而且模仿的发生非常迅速，几乎是同步发生的。[5]

2. 反馈

情绪感染的第二个过程是反馈，即个体的主观情绪体验受到自己对他人模仿后产生的面部表情、语音语调、身体姿势等的影响。

① Simner, M. L. (1971). Newborn's response to the cry of another infant. *Developmental Psychology*, *5* (1), 136-150.

② Kevrekidis, P., Skapinakis, P., Damigos, D., & Mavreas, V. (2008). Adaptation of the Emotional Contagion Scale (ECS) and gender differences within the Greek cultural context. *Annals of General Psychiatry*, *7* (1), 1-6.

③ Lundqvist, L. O., & Dimberg, U. (1995). Facial expressions are contagious. *Journal of Psychophysiology*, *9* (3), 203-211.

④ Deng, H., & Hu, P. (2018). Matching your face or appraising the situation: Two paths to emotional contagion. *Frontiers in Psychology*, *8*；Rymarczyk, K., Biele, C., Grabowska, A., & Majczynski, H. (2011). EMG activity in response to static and dynamic facial expressions. *International Journal of Psychophysiology*, *79*, 330-333；Rymarczyk, K., Żurawski, Ł., Jankowiak-Siuda, K., & Szatkowska, I. (2016). Do dynamic compared to static facial expressions of happiness and anger reveal enhanced facial mimicry? *PLoS One*, *11* (7), e0158534.

⑤ Hatfield, E., Cacioppo, J. T., & Rapson, R. L. (1993). Emotion contagion. *Current Directions in Psychological Sciences, 2*, 96-99；Hoffman, M. L. (2002). How automatic and representational is empathy, and why. *Behavioral and Brain Sciences, 25* (1), 38-39.

关于面部表情的反馈，埃克曼（Ekman）研究发现，面部表情会对情感体验产生影响，通过面部肌肉的活动来展现情绪可以激活与真正体验这种情绪时相同的自主神经系统活动，从而使被试体验到相应的情绪。[1]

个体的主观感受也会受到其声音反馈的影响。舍勒（Scherer）发现，当个体处于高兴状态时，他会表现出声音振幅较小、音高较大，语速会加快，声音也会变得更加尖锐并伴有和声的变化。由此，舍勒制了6盘磁带，分别表达高兴、喜爱、生气、恐惧、悲伤和中性情绪。要求被试随机选择一种声音模式进行模仿，结果发现被试的主观情绪体验受到自身发出声音的显著影响。[2]

另有一些研究成果也显示，情绪受姿势与动作的反馈影响。斯坦尼斯拉夫斯基（Stanislavski）指出，舞台演员发现了动作与表演效果之间的联系。情绪记忆使人的大脑储存了过去的经历，因此演员必须在舞台环境下通过施展自身的表演动作来唤起这种记忆。斯坦尼斯拉夫斯基认为，在日常的活动中，人们可能随时由某种微小动作而产生与之相关的联想，进而展现出某种情绪。[3]

模仿-反馈在情绪感染的发生过程中起重要作用，那么生理反馈是如何激活神经系统的活动的呢？镜像神经元（mirror neuron）的发现为解释模仿反馈机制提供了生理方面的依据。当个体观察到他人的动作或听到他人的语音时，大脑的某区域就会被激活，而当个体自己执行相同行为时，这一区域同样会被激活。[4]研究者通过fMRI技术研究发现，腹侧前皮层、顶下小叶和体觉区域在个体模仿他人的行为过程中起到了重要作用。[5]

综上所述，可以推断通过模仿与生理反馈激活了镜像神经系统，从而诱发出与被观察者相同的情绪体验。

当然，也有人质疑模仿-反馈机制，认为情绪感染也有可能是一种意识参与的过程，能判断情绪的真实性[6]，或者通过社会比较而将他人的情绪作为与情境相符

---

[1] Ekman, P. (1993). An argument for basic emotion. *Cognition and Emotion, 6*, 169-200.

[2] Scherer, K. R. (1982). Methods of research on vocal communication: Paradigms and parameters. In K. R. Scherer & P. Ekman (Eds.), *Handbook of Methods in Nonverbal Behavior Research* (pp. 136-198). New York: Cambridge University Press.

[3] 转引自王潇，李文忠，杜建刚.（2010）. 情绪感染理论研究述评. *心理科学进展, 18*（8），1236-1245.

[4] Bastiaansen, J. A. C. J., Thioux, M., & Keysers, C. (2009). Evidence for mirror systems in emotions. *Philosophical Transactions of the Royal Society of London, 364* (1528), 2391-2404.

[5] Buccino, G., Vogt, S., Ritzl, A., Fink, G. R., Zilles, K., Freund, H. J., & Rizzolatti, G. (2004). Neural circuits underlying imitation learning of hand actions: An event related fMRI study. *Neuron, 42* (2), 323-334；Gazzola, V., Aziz-Zadeh, L., & Keysers, C. (2006). Empathy and the somatotopic auditory mirror system in humans. *Current Biology, 16* (18), 1824-1829；Gazzola, V., Rizzolatti, G., Wicker, B., & Keysers, C. (2008). The anthropomorphic brain: The mirror neuron system responds to human and robotic actions. *NeuroImage, 35* (4), 1674-1684.

[6] Hennig-Thurau, T., Groth, M., Paul, M., & Gremler, D. D. (2006). Are all smiles created equal? How emotional contagion and emotional labor affect service relationships. *Journal of Marketing, 70* (3), 58-73.

的反应[1]，而不仅仅是无意识的情绪模仿参与其中的自动化过程。有研究者再次分析了情绪模仿与情绪感染的关系，认为情绪模仿具有具身特征，个体是否采用情绪模仿的方式实现情绪感染，取决于特定的情绪刺激与任务，同时情绪模仿促进情绪感染的程度也会受到认知推理的影响。[2]

此外，张奇勇等采用实验的方法再次证明了情绪感染"模仿-反馈"的发生机制，并将情绪感染的发生机制具体化为感官情绪信息→觉察者觉察→觉察者无意识模仿→生理反馈→情绪体验。[3]

（二）社会比较机制

费斯廷格（Festinger）在 1954 年最早提出了社会比较理论。[4]他认为人类具有评价自己观点和能力的内在驱动力，当人们无法获得客观的评价标准时，就会通过与他人比较以确定自己的观点和能力。沙赫特（Schachter）在 1959 年将社会比较的概念扩大到情绪领域，他认为当个体无法用生理或经验的线索来对自己的情绪状态做出判断时，就会通过社会比较来评价自己的情绪。[5]

为了更好地解释社会比较发生的内在过程，穆斯威乐（Mussweiler）在 2003 年从信息加工角度出发，提出了选择性通达模型（selective accessibility model，SAM）。[6]他将社会比较的过程划分为三个相对独立但又紧密联系的阶段：标准选择阶段、目标-标准比较阶段和评价阶段。

1. 标准选择阶段

当个体想要通过比较来对自己做出评价时，首先将自己作为目标暴露于众多的比较对象中，其次在社会比较的过程中，个体要决定选择哪些对象作为比较的标准，并确定具体要比较哪些特征。笔者通过总结以往文献发现，有以下几个方面会影响个体对比较标准的选择：第一，谈话中涉及的信息。[7]个体通常会选择谈话中提到或是暗示到的事物或人作为比较的标准，因为人们通常假设交谈的同伴

① Barsade, S. G. (2002). The ripple effect: Emotional contagion and its influence on group behavior. *Administrative Science Quarterly, 47* (4), 644-675.
② 邓欢，胡平，李振兴．（2016）．情绪模仿在情绪感染中的作用：重读模仿-反馈机制．*中国临床心理学杂志，24*（2），225-228.
③ 张奇勇，卢家楣，闫志英，陈成辉．（2016）．情绪感染的发生机制．*心理学报，48*（11），1423-1433.
④ Festinger, L. (1954). A theory of social comparison processes. *Human Relations, 7* (2), 117-140.
⑤ Schachter, S. (1959). *The Psychology of Affiliation.* California: Stanford University Press.
⑥ Mussweiler, T. (2003). Comparison process in social judgment: Mechanisms and consequence. *Psychology Review, 110*, 472-489.
⑦ Schwarz, N. (1994). Judgment in social context: Biases, shortcoming, and the logic of conversation. In M. P. Zanna (Ed.), *Advances in Experimental Social Psychology* (pp. 125-162). San Diego: Academic Press.

是在充分了解事实的基础上才给出的建议。第二，特别的事物或人。因为特别的东西比较容易记忆，从而提高信息的通达性，使信息的获得更容易。[1]第三，与目标相似的对象。因为相似的对象相对更有诊断优势，可以使得随后比较具体特征时更加容易。

2. 目标-标准比较阶段

穆斯威乐认为，比较过程是一个进行假设检验的过程，这一过程包含两个选择性的假设：相似性检验和相异性检验。[2]相似性检验是指检验目标与标准之间一致性假设的过程，相异性检验是指检验目标与标准之间不一致假设的过程。[3]个体选择哪一种假设进行检验，依赖于个体对目标和标准之间总体感知的相似程度。正如选择性通达模型的第一步，评价者会对目标和标准进行一个快速的整体判断，在这个过程中，他们会简单地考虑一小部分特征，如类别成员、显著的特点等，以此来确定目标和标准总体上是否相似。这一过程的结果是对感知相似性的广义判断。虽然这一过程对于目标评价太过简单，但它对于决定选择哪个假设进行检验已经足够了。假设检验的过程就基于这种最初的整体评价。如果最初的评价显示目标和标准之间大体相似，判断者就会进行相似性检验，并选择性地关注那些能够证明目标标准相似性的信息。如果最初的评价显示两者相异，判断者就会进行相异性检验，并选择性地关注那些能够证明目标标准不同的信息。由此，相似性检验的过程增加了目标标准一致性信息的通达，而相异性检验的过程增加了目标标准不一致性信息的通达。正是这一选择性的通达过程构成了社会比较不同结果的核心内容。

3. 评价阶段

在目标-标准比较之后，个体将根据获得的不同信息对目标对象做出判断。如果个体觉察到自己与比较标准之间具有相似特征，那么就会使自己的情绪趋同于比较标准的情绪，从而产生情绪感染；如果个体觉察到自己与比较标准之间具有差异性，那么就会使自己的情绪背离比较标准的情绪，从而不发生情绪感染。

（三）其他机制理论

联想-学习机制，指当个体与他人在同一场合时，在他人情绪的诱发下，会展

---

[1] Wilson, T. D., Houston, C. E., Etling, K. M., & Brekke, N. (1996). A new look at anchoring effects: Basic anchoring and its antecedents. *Journal of Experimental Psychology*: *General*, *125* (4), 387-402.

[2] Mussweiler, T. (2003). Comparison process in social judgment: Mechanisms and consequence. *Psychology Review*, *110*, 472-489.

[3] 邢淑芬，俞国良. （2006）. 社会比较：对比效应还是同化效应？*心理科学进展*, *6*, 944-949.

现出与他人相似的情绪。此时观察者的情绪感受与他人的情绪表达线索相一致，这一情绪线索将进一步直接诱使观察者感受相似的经历，或者间接地通过激发观察者回忆过去相似的经历而产生与周边他人相似的情绪状态。[①]

语言调节联想机制，指对于某一特定环境的语言或文字描述能够激发观察者产生与所描述情景相似环境的想象，这一想象将使观察者产生与描述者相一致的情绪感受。[①]

认知机制的核心思想是换位思考，即观察者将自己想象为处于某一场景下的另一个人，并想象在该情景下与该人相似的情绪体验。[①]

第二节　情绪调节与人际情绪调节理论

人们每天都会有不同的情绪体验，或高兴，或悲伤，或愤怒，情绪占据了个体心理生活的很大一部分。虽然情绪的产生往往具有不随意性，但人们总在想方设法控制自己的情绪。无论是难过时找人倾诉、愤怒时试图隐忍，还是内心不平衡时自我理性分析等，都属于情绪调节。

格罗斯（Gross）情绪调节的阶段模型理论是传统情绪调节的理论，许多文献或教科书中都有较详细的论述，这里不再赘述，而只是简要介绍情绪调节的概念、情绪调节研究的不足和情绪调节的动机。

一、情绪调节理论

（一）情绪调节的概念

情绪调节包含激发、维持、改变自身情绪的不同过程。传统对于情绪调节的研究大多基于格罗斯的情绪调节的过程模型（process model of emotion regulation，PMER）。[②]PMER 提出，情绪调节的发生是一个连续的过程，因此情绪调节的策略就可以根据调节过程的不同阶段进行分类。相应地，情绪调节的策略就可以分成情境选择、修正、注意转移、认知改变以及表达抑制五个方面。[③]

---

① Hoffman, M. L. (2002). How automatic and representational is empathy, and why. *Behavioral and Brain Sciences*, 25 (1), 38-39.

② Gross, J. J., & Thompson, R. A. (2007). Emotion regulation: Conceptual foundations. In J. J. Gross (Ed.), *Handbook of Emotion Regulation* (pp. 3-24). New York: The Guilford Press.

③ Gross, J. J. (2015). Emotion regulation: Current status and future prospects. *Psychological Inquiry*, 26 (1), 1-26.

情绪调节这个概念是复杂的、宽泛的。它可以是有意识的，也可能是无意识的；可能是认知的调节，也可能是反应的调节；可能是个体的调节，也可能是人际的调节；使用的调节策略可能是适应良好的，也可能是适应不良的。

（二）情绪调节研究的不足

日常生活中的观点，甚至心理学研究的观点往往还停留在传统情绪调节的观念上，即情绪调节仅是调节自身情绪的过程，同时所谓情绪调节均指调节负性情绪。例如，如果去问人们什么情况下会去调节自己的情绪，通常得到的答案都是当自己生气、难过或者焦虑时，此时人们会尽力减少自身的负性情绪，努力增加自己的正性情绪。情绪调节研究几乎全部集中于个体情绪调节方面，忽视了人际方面的情绪调节。虽然情绪调节的概念本身包含个体和人际两个方面，但在实际研究中研究者对人际方面并没有给予足够的关注。截至目前，国内研究中明确使用人际情绪调节概念的研究文献只有 1 篇，即卢家楣等的研究。[①]

仔细分析一下传统的情绪调节，有以下问题。第一，它仅仅将可被调节的情绪限制在负性情绪上。诚然，对负性情绪调节是常见现象，但在生活中依然可见对正性情绪调节的现象。例如，在一个严肃的场合中，我们会尽力保持庄严肃穆，尤其是自己想要发笑时。第二，调节的方向只有增强正性情绪、减弱负性情绪，忽略了人们也有增强负性情绪、减弱正性情绪的情况。例如，体育选手上场前，会通过一些方法增加自己的紧张感，激发自己的内在力量。第三，调节的对象仅仅限制在自我身上，忽略了对人际的考量。研究发现，我们不仅会有意识地调节改变自己的情绪，也会有意识地调节改变他人的情绪。

（三）传统情绪调节理论的假设——情绪调节的动机

情绪调节的动机有两类：一类是享乐性动机；另一类是工具性动机。传统的观点认为，人们在情绪调节时只会增加正性情绪、减少负性情绪，这是基于研究者的享乐主义假设，即人们倾向让自己或他人快乐而非痛苦。但后续的研究者认为，人们在做事情时不仅有享乐性动机，同时也有工具性动机。[②]工具性假设指的是人们会出于一些特定目的来调节自己和他人的情绪，以促进目标的达成，如增加有利于目标实现的情绪，即使是有意地增加自己和他人的负性情绪、减少正性情绪。

① 卢家楣，孙俊才，刘伟．（2008）．诱发负性情绪时人际情绪调节与个体情绪调节对前瞻记忆的影响．*心理学报*，*40*（12），1258-1265．
② Netzer, L., van Kleef, G. A., & Tamir, M. (2015). Interpersonal instrumental emotion regulation. *Journal of Experimental Social Psychology*, *58*, 124-135.

二、人际情绪调节的理论

（一）人际情绪调节的概念

近年来，对情绪的关注开始从个体的视角转向人际的视角。这一转变也迅速延伸到情绪调节领域，出现了人际情绪调节的概念、策略等。

人际情绪调节是指个体有意识地影响改变他人情绪状态的过程，这一过程也被称作人际情绪管理或外在情绪调节。[①]

（二）人际情绪调节策略分类的理论

1. 尼文的人际情感调节的动机-方式分类方法

帕金森（Parkinson）等提出，情绪调节的阶段模型在考虑心境状态时就显得不合适了，因为通常处于心境状态中的人们对于外在事件没有什么反应。[②]尼文（Niven）在帕金森等关于情绪调节思想的基础上提出了人际情感调节策略分类方法，即动机-方式分类方法。该分类方法按照等级顺序排列，第一等级是最基本的分类——动机，第二等级则按照方式进行细分。动机包括情感提升和情感恶化两类方式。分类的依据是情绪的最基本划分方式——愉悦和不愉悦，在此基础上加入动机色彩，从而命名为提升和恶化。方式的划分形成了参与和关系两大导向。由于策略较多，在一级方式参与和关系导向下又进一步划分出二级方式。以情感提升为目的的具体方式包括情感参与、认知参与、幽默、注意；以情感恶化为目的的具体方式包括情感参与、行为参与、拒绝目标者的感受、直接呈现自我感受。

2. 扎基和威廉姆斯的人际情绪调节模型

扎基（Zaki）和威廉姆斯（Williams）提出了人际情绪调节模型（interpersonal emotion regulation model）。[③]首先，依据情绪调节的目标是指向自我还是他人，他们将人际情绪调节过程划分为内在的人际情绪调节过程和外在的人际情绪调节过程。内在的人际情绪调节即指个体通过社交互动来调节自己的情绪，外在的人际情绪调节是指个体试图调节他人的情绪。其次，依据情绪调节依赖的加工类型的不同，将人际情绪调节过程划分为反应依赖和反应独立过程。反应依赖过程指的是情绪调节一方依赖于另一方的反应。就师生情绪调节来说，教师可能试图去诱

① Niven, K., Totterdell, P., & Holman, D. (2009). A classification of controlled interpersonal affect regulation strategies. *Emotion*, 9 (4), 498-509.
② Parkinson, B., Totterdell, P., Briner, R. B., & Reynolds, S. (1996). *Changing Moods: The Psychology of Mood and Mood Regulation.* Harlow: Longman.
③ Zaki, J., & Williams, W. C. (2013). Interpersonal emotion regulation. *Emotion*, 13 (5), 803-810.

发学生的正性情绪，当他表达完毕，只有当学生表现适当时教师才可能感觉不错。反应独立过程是指调节者并不需要被调节者的情绪反馈。仍以师生情绪调节来说，教师并不需要学生的情绪反馈。例如，当学生做错事让教师生气时，教师当时可能会批评学生，但教师无意恶化学生情绪（教师当时控制不住自己的情绪），批评学生只是生气时的发泄。在这种情境中，调节者调节的其实是自己的情绪，而不管被调节者的反应如何即教师调节的是自己的情绪，而不管学生的反应如何。反应依赖和反应独立维度结合内在和外在维度构成了 2×2 的人际调节过程矩阵地图，如图 2-1 所示。

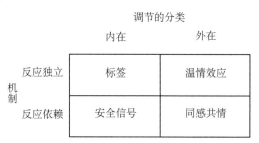

图 2-1 人际调节过程地图

资料来源：Zaki, J., & Williams, W. C. (2013). Interpersonal emotion regulation. *Emotion*, *13* (5), 803-810

3. 格罗斯的情绪调节理论的发展

格罗斯在原有情绪调节的阶段模型的基础上进一步扩展了调节的对象和方向。对于调节对象，格罗斯引入了内在调节（自己）和外在调节（他人）的概念。对于调节方向，格罗斯放弃了原有的增强调节和减弱调节，取而代之的是以调节方向（增强、减弱）和调节情绪（正性、负性）构成一个 2×2 的矩阵，如图 2-2 所示。[①]格罗斯的情绪调节理论不仅有了人际情绪调节（自己和他人）的思想，而且情绪调节不仅指向负性情绪。

图 2-2 情绪调节的目标

资料来源：Gross, J. J. (2015). Emotion regulation: Current status and future prospects. *Psychological Inquiry*, *26*（1），1-26

---

① Gross, J. J. (2015). Emotion regulation: Current status and future prospects. *Psychological Inquiry*, *26* (1), 1-26.

4. 雷克的情绪社会调节模型——社会调节循环

雷克（Reeck）等在多学科的基础上，提出了一个综合的情绪社会调节模型——社会调节循环（social regulatory cycle，SRC），用以解释调节过程中的心理和神经过程（图2-3）。[①]该模型认为，社会调节发生在当一个人试图改变另一个人的情绪反应时。社会情绪调节者追求的是能够改变目标个体情绪体验和表情的本质、持续时间、强度。这种目标驱动的社会调节的本质就是把相似的现象区分开来，例如，区分社会分享、共情或者情绪感染（个体无意识地影响他人情绪的过程）。相对于这种调节过程的内隐特征，该模型更关注的是可以意识到的调节目标和策略。

图2-3　个体调节和社会调节概念图

资料来源：Reeck, C., Ames, D. R., & Ochsner, K. N. (2016). The social regulation of emotion: An integrative, cross-disciplinary model. *Trends in Cognitive Sciences*, *20* (1), 47-63

SRC 理论解释的是调节者和目标者之间的动力性、交互性、阶段性的调节过程。这是一个和自我调节相似的循环过程，但不同的是，在自我调节中，调节者和目标者是同一个人，使用前额叶控制系统来调节情绪生成系统的活动。然而，社会调节中涉及的调节者和目标者是两个不同的个体，这就意味着调节者的控制系统会影响目标者的情绪生成系统。调节者的社会认知系统会被激活来解释目标者的情绪，对应的目标者的社会认知系统也会被激活来推断调节者的情绪。

从调节者的角度来看，调节者经历了复杂的情绪认知过程来推断目标者的情绪，以此来决定是否需要调节，并权衡可能的调节策略，最终执行其中一项策略（图2-4）。

---

① Reeck, C., Ames, D. R., & Ochsner, K. N. (2016). The social regulation of emotion: An integrative, cross-disciplinary model. *Trends in Cognitive Sciences*, *20* (1), 47-63.

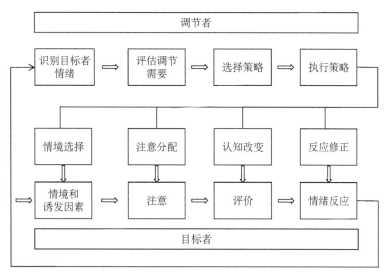

图2-4　社会调节过程

资料来源：Reeck, C., Ames, D. R., & Ochsner, K. N. (2016). The social regulation of emotion: An integrative, cross-disciplinary model. *Trends in Cognitive Sciences*, 20 (1), 47-63

从目标者的角度来看，目标者通过一系列加工步骤产生情绪反应，从而启动与调节者的动态相互作用过程。情绪反应研究有很多，SRC 模型主要探讨它的成分和与自我调节的不同之处，即与自我调节相比，在社会调节背景下情绪产生的不同方式。最主要的差异可能来自于目标者怎样解释调节者改变他们情绪的行为，即认知选择。

第三节　情绪动力学理论

在情绪理论的发展中，从基本情绪理论到评价理论，再到建构主义理论，实际上都不否认情绪的动力特性。但一直以来，大部分研究只关注情绪的稳定特性，或最多将其作为对事件或实验操作（刺激）进行反应的简短状态来研究（就像开关灯的过程一样，开启-保持-还原或关闭）。近年来，情绪研究者开始重新思考最初的情绪理论，情绪的动力特性进入研究者的视野。

情绪动力学是一个宽泛的概念，涉及一种或多种情绪成分（体验的、生理的、行为的）跨时间起伏变化的轨迹、类型和规律，变化的内容过程和后续的结果等。[①]从这个概念出发，其与许多情绪科学的研究有所重叠，如情感计时测

---

① Kuppens, P., & Verduyn, P. (2015). Looking at emotion regulation through the window of emotion dynamics. *Psychological Inquiry*, 26 (1), 72-79.

量（情感障碍研究中的不同情感变化相，如躁狂相和抑郁相的持续时间）、情绪调节、情绪的背景依赖特性等。情绪动力学研究的共同特性是，若要全面考虑情绪的性质、原因、结果等，就必须将情绪的时间特性作为其中一个维度。需要注意的是，应将发展性变化中的时间概念与情绪动力学中的时间特性区别开来。

一、情绪动力学的原则

库彭斯（Kuppens）和韦尔杜恩（Verduyn）提出了情绪动力学的核心原则，即情绪随时间变化，且遵循以下三个原则。[①]

第一，情绪的事件原则。情绪产生是对外在刺激（常常是社会环境的因素）的反应。也就是说，情绪会因为刺激事件而产生或消失。例如，对事件情绪反应过度和迟钝会导致各种形式的情绪障碍，如抑郁症和躁郁症。

第二，情绪惯性和情绪调节原则。情绪受到两种对立力量的支配——抵制变化和促进变化。一方面，情绪状态表现出对变化的阻力，即使促进变化的力量存在，情绪也会因抵制变化的内部阻力的影响而表现出惯性；另一方面，情绪状态不断被调节，随时间推移不断调节情绪，以与当前的状态适应良好。情绪变化和情绪调节对立平衡，抵制变化的倾向和为达到最佳契合而不断调节的倾向，决定了个体情绪如何随着时间的推移而展开，以及情绪如何变得异常。例如，抵制变化过高（即情绪惯性高）会导致各种疾病，如抑郁症、双相情感障碍和边缘型人格障碍。

第三，交互原则。情绪的各种组成部分（生理的、体验的、行为的），或作为整体情绪的不同情绪状态之间不断相互作用，形成了情绪的交互网络系统。

总之，情绪是由个体内部或外部环境的变化而引起的，而自我阻止与自我调节、不同情绪成分或不同情绪状态的不断平衡导致了情绪波动。

二、情绪动力学的研究方法

表 2-1 列出了情绪动力特征，以及对每一种情绪动力的描述和统计方法。

情绪动力学包括以下重要且独特的两个方面：①情绪变化性，指随着时间的推移，个体的情绪发生动态改变。情绪变化性反映的是情绪波动的范围及幅度，一般以情绪体验随着时间的推移而偏离平均值的程度（variance，σ^2）来表示。②情绪的时间依赖性，其在一定程度上可以被认为是情绪惰性水平。情绪惰性代表了个体的

[①] Kuppens, P., & Verduyn, P. (2017). Emotion dynamics. *Current Opinion in Psychology, 17*, 22-26.

情绪从一个时间点持续到下一个时间点的程度，表示情绪抵抗变化。情绪惰性可通过情绪随时间的自相关来测量。

表 2-1 情绪动力特征、描述和统计方法概览

	情绪动力特征	描述	计算
情绪发生特征	持续时间	情绪发生的开始与结束之间的间隔时间	情绪发生的开始与结束之间的时间差
情绪发生特征	强度剖图	情绪发生期间，情绪强度起伏变化图形	FPCA 成分分数、K-SC 聚类因素
情绪轨迹特征	情绪变化性	情绪起伏变化的范围或幅度	情绪（成分）跨时间标准差或方差
	情绪（成分）共变（变异/粒度）	情绪跨时间的共变程度	多种情绪（成分）跨时间组内相关或共同组间相关
	情绪惰性	一种情绪（成分）从一时间持续到下一时间的程度	情绪（成分）跨时间的自相关（或自回归效应）
	情绪增加和钝化	一种情绪（成分）跨时间预测另一种情绪的程度	跨时间不同情绪之间的交叉滞后相关（或交叉回归效应）

资料来源：Kuppens, P., & Verduyn, P. （2017）. Emotion dynamics. *Current Opinion in Psychology, 17*, 22-26

注：FPCA 指函数型数据主成分分析（functional principal component analysis）；K-SC 指 K-spectral centroid 聚类算法

然而，情绪变化性与情绪惰性是两个相互独立的概念，从某种意义上说，变化性反映了变化的程度，而惰性反映了变化的速度。[1]一个个体能同时表现出高情绪变化性和高情绪惰性（如变化程度大但变化缓慢），也能同时表现出高情绪变化性和低情绪惰性（如变化程度大且变化快速）。反之，一个个体也能同时表现出低情绪变化性和低情绪惰性（如变化程度小但变化快速），也能同时表现出低情绪变化性和高情绪惰性（如变化程度小且变化缓慢）。[2]

情绪不稳定性是情绪动力学中的另一个重要参数，指情绪随时间频繁而剧烈地波动[3]，这一概念包括情绪变化性和时间依赖性。[4]早期的研究者使用情绪

[1] Kuppens, P., Sheeber, L. B., Yap, M. B., Whittle, S., Simmons, J. G., & Allen, N. B. (2012). Emotional inertia prospectively predicts the onset of depressive disorder in adolescence. *Emotion*, *12* (2), 283-289.

[2] Kuppens, P., Allen, N. B., & Sheeber, L. B. (2010). Emotional inertia and psychological maladjustment. *Psychological Science, 21* (7), 984-991.

[3] Thompson, R. J., Mata, J., Jaeggi, S. M., Buschkuehl, M., Jonides, J., & Gotlib, I. H. (2012). The everyday emotional experience of adults with major depressive disorder: Examining emotional instability, inertia, and reactivity. *Journal of Abnormal Psychology*, *121* (4), 819-829.

[4] Trull, T. J., Lane, S. P., Koval, P., & Ebnerpriemer, U. W. (2015). Affective dynamics in psychopathology. *Emotion Review, 7* (4), 355-361.

变化性指代情绪不稳定性，使用平均差或方差等离散型指标表示情绪不稳定性。有研究者批评这种方法忽略了情绪不稳定性在时间依赖性方面的含义，并提出将均方连续差作为情绪不稳定性的测量指标，这一指标同时包括情绪变化性和时间依赖性。[①]

对于情绪变化性、不稳定性和时间依赖性有不同的测量方法，在算术公式中，它们之间并非独立的。这三个变量之间的数学关系可以用以下公式表示[①]：

$$\delta^2 = 2\sigma^2 \left[1 - \rho(1) \right] \tag{1}$$

情绪不稳定性（δ^2）包括情绪变化性（σ^2）和情绪惰性[$\rho(1)$]的一系列时间序列，即高情绪不稳定性包括高情绪变化性和低情绪惰性。

三、情绪动力学视角的情绪与心理健康

心理健康是一个综合概念，情绪健康是其中的重要因素，可以说心理健康在很大程度上依赖于人们在生活中经历了怎样的正性和负性情绪。心理健康者可能有适当的情绪反应和情绪调节策略，经历情绪而又不为情绪所困。同时，情绪在各种心理病理特别是心境障碍中起重要作用，如情绪不稳定性高可能反映了情绪难以控制，导致情绪功能障碍。抑郁个体可能表现出更高的情绪惰性水平，有研究表明情绪惰性可以预测抑郁障碍者的治疗效果以及患病风险。[②]

从情绪动力学的观点来分析情绪与心理健康的关系，如在上述情绪动力学三原则中，从情绪的事件原则来说，对刺激事件过度的或迟钝的反应被认为是各种形式心境障碍如抑郁和双相障碍的基础；从情绪惰性和情绪调节原则来看，高情绪变化性和高情绪惰性与多个不健康指标以及多种心理病理形式如抑郁、双相障碍、边缘型人格障碍等的关系密切；关于交互家原则，在抑郁或抑郁易感者中，情绪成分或状态具有更密集的网络和交互作用，反映了其情绪系统更多自我预期、缺乏对外部影响的开放性，因此也缺乏灵活性和适应性。

情绪动力学中的两个重要指标——情绪变化性和情绪的时间依赖性，都与一

---

① Jahng, S., Wood, P. K., & Trull, T. J. (2008). Analysis of affective instability in ecological momentary assessment: Indices using successive difference and group comparison via multilevel modeling. *Psychol Methods, 13* (4), 354-375.

② Kuppens, P., Sheeber, L. B., Yap, M. B., Whittle, S., Simmons, J. G., & Allen, N. B. (2012). Emotional inertia prospectively predicts the onset of depressive disorder in adolescence. *Emotion, 12* (2), 283-289.

些心理病理有关，如情绪变化性与神经症[1]、低自尊水平[2]、抑郁症、边缘型人格障碍和双相情感障碍[3]相关；情绪的时间依赖性可揭示研究对象的情绪功能，较高水平的情绪惰性与神经质、神经性厌食症、低自尊和抑郁症相关。[4]

还有研究者探讨了抑郁和非抑郁被试的情绪反应性（即对外部事件的情绪反应）、情绪不稳定（即情绪频繁变化）和情绪惯性三者之间的关系，发现无论积极情绪还是消极情绪，情绪不稳定性都与高情绪惰性呈负相关；情绪反应性与情绪惰性之间没有显著相关。[5]这些结果表明，情绪惰性、情绪反应性和情绪不稳定性是情绪功能上独特但概念上相关的方面。

事实上，情绪动力学本身就受许多因素的影响，其中包括生活事件的频率和强度、认知评估因素、个人关注点与外界情境、日夜交替及荷尔蒙等生理因素。[6]因此，从情绪动力学角度探讨情绪与心理健康的关系涉及多个变量，包括每个变量的特性与心理健康的关系等，还有许多待研究的问题。

① Murray, G., Allen, N. B., & Trinder, J. (2002). Longitudinal investigation of mood variability and the ffm: Neuroticism predicts variability in extended states of positive and negative affect. *Personality & Individual Differences*, *33* (8), 1217-1228..

② Kuppens, P., van, Mechelen. I., Nezlek, J. B., Dossche, D., & Timmermans, T. (2007). Individual differences in core affect variability and their relationship to personality and psychological adjustment. *Emotion*, 7(2), 262-274.

③ Knowles, T. P., Fitzpatrick, A. W., Meehan, S., Mott, H. R., Vendruscolo, M., Dobson, C. M., et al. (2007). Role of intermolecular forces in defining material properties of protein nanofibrils. *Science*, *318* (5858), 1900-1903.

④ Houben, M., Wim, V. D. N., & Kuppens, P. (2015). The relation between short-term emotion dynamics and psychological well-being: A meta-analysis. *Psychological Bulletin*, *141* (4), 901-930；Koval, P., Kuppens, P., Allen, N. B., & Sheeber, L. (2012). Getting stuck in depression: The roles of rumination and emotional inertia. *Cognition & Emotion*, *26* (8), 1412-1427；Koval, P., Pe, M. L., Meers, K., & Kuppens, P. (2013). Affect dynamics in relation to depressive symptoms: Variable, unstable or inert? *Emotion*, *13* (6), 1132-1141；Kuppens, P., Allen, N. B., & Sheeber, L. B. (2010). Emotional inertia and psychological maladjustment. *Psychological Science, 21* (7), 984-991；Thompson, R. J., Mata, J., Jaeggi, S. M., Buschkuehl, M., Jonides, J., & Gotlib, I. H. (2012). The everyday emotional experience of adults with major depressive disorder: Examining emotional instability, inertia, and reactivity. *Journal of Abnormal Psychology*, *121* (4), 819-829..

⑤ Thompson, R. J., Mata, J., Jaeggi, S. M., Buschkuehl, M., Jonides, J., & Gotlib, I. H. (2012). The everyday emotional experience of adults with major depressive disorder: Examining emotional instability, inertia, and reactivity. *Journal of Abnormal Psychology*, *121*(4), 819-829.

⑥ Kuppens, P., & Verduyn, P. (2015). Looking at emotion regulation through the window of emotion dynamics. *Psychological Inquiry*, *26* (1), 72-79.

第三章 情绪的动机作用

可以根据不同的分类依据将情绪分为不同的类别。一直以来，占据主导地位的划分方式有两种：离散模型和维度模型。离散模型认为，每种情绪模型都是单一的、定义好的情绪，如悲伤、愉快、愤怒等。这种模式重点研究每种单一情绪的内在机制，而非情绪之间的相互关系。维度模型则包含一系列分类维度，如积极-消极、强-弱、主动-被动等，每一维度下都包含多种情绪状态。这种模型主要研究情绪之间的相互关系和联系。我们以学生情绪为研究核心，不特别区分离散模型和维度模型，也就是既研究学生的基本情绪，特别是学生基本情绪对其行为的动机作用，又研究其较高级的种类，如自我意识情绪，还研究与学业有关的情绪及其维度（效价、唤醒度等），甚至探讨不同情绪对学生学业成绩的作用等。

情绪对学生的学习和成长都有很大的影响。近年来，有关情绪的维度理论有了新的发展，即情绪不仅具有效价和唤醒度的维度，还具有动机维度。在教育心理学中，学业情绪不再附属于学习动机，而成为教育心理学中独立且非常重要的内容。在研究学业情绪时，我们也按照学业情绪对活动的作用，将其分为促进活动的情绪和不促进活动的情绪。

本章首先分析情绪的动机维度和趋避行为的关系；其次以大学生为被试探讨情绪对趋避行为的影响；最后再以小学生为对象，探讨情绪对具有注意缺陷/多动障碍倾向的儿童的时间估计和厌恶延迟的影响。

离散模型将情绪分为基本情绪和复合情绪。基本情绪是先天的，在进化中为适应个体的生存进化而来，主要包括快乐、悲伤、愤怒及恐惧四种情绪，每种具体情绪都具有不同的适应功能。基本情绪随着个体的成熟而出现，它们的出现有时间的顺序，但个体间基本情绪显现的时间是有差异的。[1]复合情绪是在社会情境中经过自我认知评价而派生的，每种复合情绪均以个体的认知评价为中介，由构成自我的文化结构渗透形成，主要包括爱与依恋、焦虑、敌意和自我意识情绪。[2]

---

[1] 孟昭兰. (2005). *情绪心理学*. 北京：北京大学出版社.

[2] Oatley, K., & Johnson-Laird, P. N. (1996). The communicative theory of emotions: Empirical tests, mental models, and implications for social interaction. In L. L. Martin, & A. Tesser (Eds.), *Striving and Feeling: Interactions among Goals, Affect, and Self-regulation* (pp. 363-393). Mahwah: Lawrence Erlbaum Associates.

维度模型认为，情绪是一个连续体上的点，而非一些离散的单元。该模型认为，可以用有限数量的维度来描述情绪体验，如唤醒度、正负性等。该模型侧重的是情绪的主观体验，而非情绪的认知过程，例如，恶心、内疚的发生情境不同，人们有着不同的认知和行为表现，但由于主观体验相似，其在唤醒度或不愉快程度上可能是相似的。[①]

两种分类下的研究风格也是截然不同的。离散模型在生物学和进化论上的研究更为出色，主要致力于发现每种情绪自主反应的特异性，借以发现基本情绪，如恐惧和愤怒，在生理反应上的差异。维度模型更多侧重于认知和社会化方面，研究人们在情绪状态下的认知和判断方式。目前，维度模型也开始转向生理学，试图证明是否不同的自主反应模式代表了不同的情绪维度。

第一节　情绪的动机维度与趋避行为

情绪和动机的关系极其复杂，从词源学的角度看，英语中的"情绪"（emotion）一词来源于拉丁语"emovere"，其含义是表达出来的"movere"；"动机"（motivation）一词则直接来源于拉丁语"movere"。[②]二者都跟身体运动有关，对于喜欢的事物，我们会靠近，对于厌恶的事物，我们会回避。情绪与动机不仅具有语源上的关系，在心理表征上二者也在前额皮层产生了交汇。[③]

一、情绪和动机关系的当代理论

对于情绪和动机的关系，以往很多情绪理论都进行了论述，如汤姆金斯（Tomkins）的情绪的动机论、冯特（Wundt）的意志论、赫尔（Hull）的动机观点、伊扎德（Izard）的动机-分化理论。[④]总的来说，研究者将情绪纳入动机的范畴，认为情绪是动机的反映，随着情绪研究的兴起和深入，研究者发现情绪和动机既相互交叉又相互分离。

当代论述情绪和动机关系的理论主要有布拉德利（Bradley）与兰格（Lang）[⑤]的

① James W. Kalat，Michelle N. Shiota.（2009）. 情绪. 周仁来，等译. 北京：中国轻工业出版社.
② Price, T. F., Peterson, C. K., & Harmon-Jones, E. (2012). The emotive neuroscience of embodiment. *Motivation & Emotion*, 36 (1), 27-37.
③ Spielberg, J. M., Stewart, J. L., Levin, R. L., Miller, G. A., & Heller, W. (2008). Prefrontal cortex, emotion, and approach/withdrawal motivation. *Social & Personality Psychology Compass*, 2 (1), 135-153.
④ 孟昭兰.（2005）. 情绪心理学. 北京：北京大学出版社.
⑤ Bradley, M. M., & Lang, P. J. (2007). Emotion and motivation. In J. T. Cacioppo, L. G. Tassinary, & G. Berntson (Eds.), *Handbook of Psychophysiology* (3rd ed., pp. 581-607). New York: Cambridge University Press.

情绪的动机模型（motivational model），墨菲（Murphy）等[1]提出的情绪加工的双系统模型（dual-system model）、盖布尔（Gable）和哈蒙-琼斯（Harmon-Jones）[2]提出的情绪的动机维度模型等。

（一）情绪的动机模型

情绪的动机模型认为，情绪在根本上来源于欲求动机系统（appetitive motivational system）和防御动机系统（defensive motivational system）的不同激活。欲求动机系统在食物充足等利于生存的情境下被激活，基本行为表现为进食、交配以及抚养等；防御动机系统在威胁的情境下被激活，基本行为表现为退缩、逃跑以及攻击等。情绪状态的强度（唤醒度）反映了动机系统的激活强度，从而不同程度地推动欲求行为和防御行为的发生。[3]

（二）情绪加工的双系统模型

情绪加工的双系统模型从神经生理学的角度指出，人类大脑的左右额叶分别与正性情绪和负性情绪加工有关。趋近动机易化了欲求行为，并产生了与之相关的正性情绪，而回避动机易化了逃避行为，并产生了与之相关的负性情绪，因此左侧前额叶与趋近-正性情绪的加工有关，而右侧前额叶与回避-负性情绪的加工有关。

然而，事实并非如此简单。一方面，近年来随着情绪加工的多系统模型（multi-system model）的发展，人们逐渐意识到大脑对情绪的加工主要依赖于大脑两半球的合作而非分离[4]；另一方面，对动机的研究发现，虽然趋近动机的产生主要依赖于左侧前额叶的活动，但回避动机没有明显的偏侧化趋势[5]。因此，虽然多数情绪类别在行为上有稳定的动机方向，但不同情绪类别与动机发生关系的机制是非常复杂的。

① Murphy, F. C., Nimmo-Smith, I., & Lawrence, A. D. (2003). Functional neuroanatomy of emotions: A meta-analysis. *Cognitive Affective & Behavioral Neuroscience, 3* (3), 207-233.
② Gable, P. A., & Harmon-Jones, E. (2010). The motivational dimensional model of affect: Implications for breadth of attention, memory, and cognitive categorization. *Cognition and Emotion, 24*, 322-337.
③ Bradley, M. M., & Lang, P. J. (2007). Emotion and motivation. In J. T. Cacioppo, L. G. Tassinary, & G. Berntson (Eds.), *Handbook of Psychophysiology* (3rd ed., pp. 581-607). New York: Cambridge University Press; Lang, P. J. (2010). Emotion and motivation: Toward consensus definitions and a common research purpose. *Emotion Review, 2* (3), 229-233.
④ Lindquist, K. A., Wager, T. D., Hedy, K., Eliza, B. M., & Feldman, B. L. (2010). The brain basis of emotion: A meta-analytic review. *Behavioral and Brain Sciences, 35* (3), 121-143.
⑤ Spielberg, J. M., Heller, W., Silton, R. L., Stewart, J. L., & Miller, G. A. (2011). Approach and avoidance profiles distinguish dimensions of anxiety and depression. *Cognitive Therapy and Research, 35* (4), 359-371.

（三）情绪的动机维度模型概要

情绪的动机维度模型的内容如下：①高动机强度的情绪会窄化认知和注意。具体而言，高动机强度的积极情绪（例如渴望）有助于机体集中注意想要获得的物体或目标，鼓励个体执着地追求目标，高动机强度的消极情绪（例如厌恶）使注意焦点窄化，有助于机体评估并回避令人紧张或厌恶的物体或情境。②低动机强度的情绪会扩展认知和注意。①具体而言，低动机强度的积极情绪（例如搞笑）使注意焦点扩展，有助于机体整合更广泛的环境线索，促进探索行为或嬉戏行为，从而可能产生更加富于创造性的问题解决方法；低动机强度的消极情绪（例如悲伤）使注意广度增加，有助于机体从失败中走出，并鼓励其发展具有创造性的新的问题解决方法。

二、情绪的动机维度模型

（一）情绪的动机维度模型的提出

在过去的二十多年，人们在情绪对认知的影响方面做了大量研究，得出这样一个结论：积极情绪能够导致认知的扩展，消极情绪能够导致认知的窄化。但是，盖布尔与哈蒙-琼斯认为，这样的结论不能包含所有的积极情绪和消极情绪，因为在过去关于积极情绪扩展认知加工的研究中，所诱发的情绪多是低趋近动机的积极情绪。例如，给被试礼品，让被试观看有趣的电影，听愉悦的音乐，或者回想过去有趣的事情。②盖布尔与哈蒙-琼斯认为，积极情绪在动机强度上是有差异的。一些积极情绪是相对较低的趋近动机状态，例如，高兴或者看有趣的电影；然而，其他积极情绪是比较高的趋近动机状态，例如，激情。积极情绪在动机强度上的不同可能对认知、注意和行为有不同的影响。盖布尔与哈蒙-琼斯基于自己的假设，在情绪对注意影响的4项行为实验中，逐步深入操纵动机的强度，结果发现，不同趋近动机的积极情绪对注意范围产生了显著不同的影响。在随后的两年中，他们将这一发现扩展到认知加工和记忆的领域，并且从神经生物学的方面对情绪的动机维度是否存在进行了验证，一系列实证性的研究结果都支持了作者早期的假设，为后来正式提出情绪的动机维度模型提供了行为和神经方面的证据。2010年，盖布尔和哈蒙-琼斯对自己在该方面的多年研究进行了总结，正式提出了情绪的动机维度模型。③近年，国内外的研究者对该模型进行了广泛而深入的探讨。

---

① Gable, P. A., & Harmon-Jones, E. (2010). The motivational dimensional model of affect: Implications for breadth of attention, memory, and cognitive categorization. *Cognition and Emotion*, 24, 322-337.

② Gable, P. A., & Harmon-Jones, E. (2008). Approach-motivated positive affect reduces breadth of attention. *Psychological Science*, 19 (5), 476-482.

③ Gable, P. A., & Harmon-Jones, E. (2010). The motivational dimensional model of affect: Implications for breadth of attention, memory, and cognitive categorization. *Cognition and Emotion*, 24, 322-337.

（二）情绪的动机维度的界定和分类

动机具有两个维度：方向和强度。动机方向分为趋近和回避。趋近动机指的是有动力或行为倾向趋向于某一个客体，回避动机指的是远离一个客体。动机强度指的是动机的力量或大小，或者是行动的动力，从低到高可以有不同的程度。对于情绪的动机维度，目前研究者对这一概念的理解尚存争议，因此无法对"动机维度"建立一个普遍适用的操作性定义。拉森（Larson）和施托伊尔（Steuer）主张的动机相关性是指情绪刺激对于生存和进化适应的重要性，通过比较那些在唤醒上匹配但在生物生存重要性上不同的刺激（如吠叫的狗与中国足球队惨败，二者虽然均有较高的唤醒，但具有不同的生物学重要意义），便可能区分开唤醒与动机相关性这两个维度。[1]莱文（Levine）和埃德尔斯坦（Edelstein）提出了目标相关性，其指情绪事件的特征，这些特征可以增加或减少实现目标的可能性或改变目标的重要性。[2]优先加工那些能推动目标或阻碍目标的情绪事件特征具有进化适应性，目标可以分为三类：生存、抚养后代等普遍性目标；急于赶班车或赶飞机等特异于情境的目标；回避高处或躲避考试等特异于个人的目标。[3]

1. 动机方向和情感效价

有研究认为，趋近与积极情绪相联系，回避与消极情绪相联系。[4]但是，其他研究表明，动机方向和情绪效价之间的联系并非如此简单。例如，愤怒是一种消极情感状态，但它与趋近动机相联系[5]，而且这种联系在心血管研究、睾丸酮研究、动物行为研究、儿童发展研究、神经生理学研究等方面存在大量的实证性证据。[6]

2. 动机强度和唤醒度

在每个动机系统中，唤醒度的高低预示着行动的可能性。动机强度和神经系

① Larson, C. L., & Steuer, E. L. (2009). Motivational relevance as a potential modulator of memory for affective stimuli: Can we compare snakes and cakes? *Emotion Review, 1*, 116-117.
② Levine, L. J., & Edelstein, R. S. (2009). Emotion and memory narrowing: A review and goal relevance approach. *Cognition and Emotion, 23*, 833-875.
③ 邹吉林，张小聪，张环，于靓，周仁来.（2011）. 超越效价和唤醒——情绪的动机维度模型述评. *心理科学进展, 19*（9），1339-1346.
④ Watson, D. (2000). *Mood and Temperament*. New York: The Guilford Press.
⑤ Harmon-Jones, E. (2003). Anger and the behavioral approach system. *Personality & Individual Difference, 35*(5), 995-1005.
⑥ Carver, C. S., & Harmon-Jones, E. (2009). Anger is an approach-related affect: Evidence and implications. *Psychological Bulletin, 135*(2), 183-204.

统非对称性激活有很大关系。[1]但是，情绪的动机维度模型认为，动机强度和唤醒度有着直接关系，但是动机强度又不同于唤醒度。动机强度总是有着行为意义，有些情绪具有很高的唤醒度，但是并没有明确的行为意义，因此动机强度不高。例如，搞笑可以被看作一种高唤醒度的积极情绪状态，但是这种状态不可能鼓励个体趋近环境中的事物。[2]

3. 和高、低趋近动机的积极情绪相类似的概念

情绪的动机维度模型认为，情绪效价是随着动机强度而变化的。它将积极情绪分为低动机趋近水平的（比如，观看猫电影产生的愉悦）和高动机趋近水平的（比如，观看美食甜点图片产生的渴望）。低动机趋近水平和高动机趋近水平之间的差异就类似于其他一些概念之间的差异，比如由潘克塞普（Panksepp）提出的"娱乐情感系统"和"寻求情感系统"[3]，前者有助于个体将他们的行为潜能投射于边缘性的知识和群体，这类似于拓展；后者使得有机体极力去追求渴望的结果，这类似于聚焦。有些研究还探讨了目标前（pregoal）情绪状态和目标实现后（postgoal）的情绪状态[4]、想要（wanting）和喜欢（liking）[5]、行为激活系统（behavioral activation system，BAS）和行为抑制系统（behavioral inhibition system，BIS）[6]之间的区别。目标前情绪状态、想要、寻求情感系统、行为激活系统类似于高趋近动机的积极情绪；目标实现后的情绪状态、喜欢、娱乐情感系统、行为抑制系统类似于低趋近动机的积极情绪。

（三）情绪的动机维度模型的行为证据

1. 情绪的动机维度对注意的影响

盖布尔与哈蒙-琼斯的四项行为实验逐步深入地操纵了趋近动机的强度[7]，一致证实了情绪的动机维度模型的理论假设，结果表明，高趋近动机的积极情绪会

---

① Bradley, M. M., & Lang, P. J. (2007). Emotion and motivation. In J. T. Cacioppo, L. G. Tassinary, & G. Berntson (Eds.), *Handbook of Psychophysiology* (3rd ed., pp. 581-607). New York: Cambridge University Press.

② Gable, P. A., & Harmon-Jones, E. (2010). The blues broaden, but the nasty narrows: Attentional consequences of negative affects low and high in motivational intensity. *Psychological Science, 21* (2), 211-215.

③ Panksepp, J. (1998). *Affective Neuroscience: The Foundations of Human and Animal Emotions*. New York: Oxford University Press.

④ Knutson, B., & Wimmer, G. E. (2007). Splitting the difference: How does the brain code reward episodes? *Annals of the New York Academy of Sciences, 1104,* 54-69.

⑤ Berridge, K. C. (2007). The debate over dopamine's role in reward: The case for incentive salience. *Psychopharmacology, 191* (3), 391-431.

⑥ Harmon-Jones, E., & Allen, J. J. B. (1997). Behavioral activation sensitivity and resting frontal EEG asymmetry: Covariation of putative indicators related to risk for mood disorders. *Journal of Abnormal Psychology, 106* (1), 159-163.

⑦ Gable, P. A., & Harmon-Jones, E. (2008). Relative left frontal activation to appetitive stimuli: Considering the role of individual differences. *Psychophysiology, 45,* 275-278.

窄化注意焦点。实验1使用幽默情景中的猫电影来诱发搞笑这一低强度的趋近积极情绪，以及使用美味甜点电影来诱发欲望这一高趋近动机的积极情绪，结果发现，猫电影比甜点电影引起了更为整体的注意聚焦，这说明高趋近动机的积极情绪减弱了注意扩展效应。但有一点不足是，实验1中没有控制组。他们在实验2中进一步引入中性图片（岩石）作为中性对比条件，使用美味甜点图片诱发高趋近动机的积极情绪，同样发现其减弱了注意扩展效应。为给高趋近动机的积极情绪导致注意的窄化提供更有力的证据，实验3考察了被试在趋近动机特征上的个体差异。实验使用行为抑制系统/行为趋近系统量表来考察趋近动机的个体差异是否与观看欲求图片之后的注意扩展相关，结果发现高特质趋近动机的个体在观看欲求图片之后，其注意扩展表现出更大的减弱。这进一步支持了假设，即欲求刺激减弱注意扩展，可能是因为趋近动机强度高。实验4使用三种指导语操纵三种实验条件，依次改变趋近动机的强度：在第一种指导语下，呈现给被试甜点图片，并告知被试会吃到甜点（有期望条件）；在第二种指导语下，只是呈现给被试甜点图片，不告知被试会吃到甜点（无期望条件）；在第三种指导语下，呈现给被试中性图片，并告知被试可以带走其中的某些中性物品（中性条件）。在被试观看图片之后，使用纳冯（Navon）字母任务测量其注意广度。结果发现，与其他两类条件相比，有期望条件下的被试表现出最少的注意扩展，这一结果支持了高强度趋近动机积极情绪引起注意窄化的理论假设。

除了积极情绪，高、低动机强度的消极情绪对注意的影响是否正如该理论模型预测的呢？盖布尔与哈蒙-琼斯[1]使用经典的纳冯局部-整体字母任务来测量注意，结果表明悲伤图片（低动机强度的消极情绪）比中性图片条件引起了更大的注意扩展，厌恶图片（高动机强度的消极情绪）比中性图片条件引起了更大的注意窄化效应，从而直接验证了该理论。

李金霞采用整体-局部字母任务的注意实验范式对情绪的动机维度模型进行验证，结果发现，相对于风景图片和实物图片，美食图片能诱发高动机趋近积极情绪；与中性情绪组和低动机趋近积极情绪组相比，高动机趋近积极情绪组被试更倾向于局部加工，即证明了高动机趋近积极情绪缩小了注意范围，而中性组和低动机趋近积极情绪的被试在整体和局部加工偏向上不存在显著差异。[2]董俊采用侧抑制任务实验范式的研究发现，高趋近积极情绪状态下对中

---

① Gable, P. A., & Harmon-Jones, E. (2010). The blues broaden, but the nasty narrows: Attentional consequences of negative affects low and high in motivational intensity. *Psychological Science, 21* (2), 211-215.

② 李金霞．（2012）．*不同动机趋近积极情绪对注意范围的影响．* 硕士学位论文，陕西师范大学.

心字母任务的加工快于低趋近积极情绪下对中心字母任务的加工。[1]这表明高趋近的积极情绪降低了整体注意偏向，即缩小了注意范围，而低趋近的积极情绪扩展了注意范围。

2. 情绪的动机维度对记忆的影响

除了注意加工，情绪的动机维度还会影响记忆的形成、提取和巩固。盖布尔与哈蒙–琼斯[2]在两项实验中（实验 1 和实验 2）分别使用金钱激励延迟范式（monetary incentive delay paradigm）和甜点美味这种欲求刺激材料诱发趋近动机积极情绪。实验 1 发现，与中性条件相比，目标前，高趋近动机的积极情绪（通过金钱奖励任务）增强了对中心呈现的信息的记忆；反之，目标后，低趋近动机的积极情绪增强了对呈现在周围的信息的记忆。实验 2 发现，与中性条件相比，高趋近动机的积极情绪（通过欲求图片产生）增强了对呈现在屏幕中央的信息的记忆，但是阻碍了对呈现在周围信息的记忆。这些结果表明，积极情绪和记忆加工之间存在更加复杂的关系，强调了积极情绪的动机强度对认知过程的影响。实验结果验证了情绪的动机维度模型。

3. 情绪的动机维度对认知分类的影响

随着情绪的动机维度模型的提出，有人对不同趋近动机的积极情绪对注意的影响提出了质疑，认为实验用情绪图片来诱发情绪和随后考察注意的整体-局部字母任务，由于都是感知水平的加工，可能存在一定的启动效应。具体讲，被试在观看不同趋近水平的图片时，由于图片信息的影响，注意的模式可能"提前"进入了"局部聚焦的模式"，所以在后来的整体-局部字母任务中表现出局部聚焦的结果，即感知水平的"启动效应"可能使情绪这一自变量产生了混淆。基于上述的质疑，普赖斯（Price）和哈蒙-琼斯考察了不同趋近水平的积极情绪对更高水平的认知加工，即认知归类的影响。[3]这个实验不再采用情绪图片诱发情绪的方法，而是通过指导被试做出 3 种身体姿势来操纵不同水平的趋近动机积极情绪，向后倚，诱发低强度的趋近动机；正直坐，诱发中等强度的趋近动机；向前倾，诱发高强度的趋近动机。研究者让被试在 3 种身体姿势下完成认知归类任务。结果表明，高强度趋近积极情绪窄化了归类，而低强度趋近积极情绪扩展了归类。

① 董俊.（2010）.*不同趋近水平积极情绪对注意范围的影响*. 硕士学位论文, 陕西师范大学.
② Gable, P. A., & Harmon-Jones, E. (2010). The effect of low versus high approach-motivated positive affect on memory for peripherally versus centrally presented information. *Emotion*, 10 (4), 599-603.
③ Price, T. F., & Harmon-Jones, E. (2010). The effect of embodied emotive states on cognitive categorization. *Emotion*, 10 (6), 934-938.

4. 情绪的动机维度模型对认知控制的影响

随着动机维度模型持续发展，国内外学者通过情绪对各种心理加工过程的影响对其进行了广泛的验证和扩展。刘亚采用情绪图片诱发法，用描述诱人甜点食物的图片诱发被试的高动机趋近积极情绪，用描述宜人风景的图片诱发被试的低动机趋近积极情绪，以考察不同动机趋近积极情绪对反应抑制和任务转换等认知控制加工的影响。实验 1 采用停止信号任务（stop-signal task）探讨不同动机趋近积极情绪对反应抑制的影响。结果显示，高动机趋近积极情绪加快了执行反应；低动机趋近积极情绪加快了抑制反应。实验 2 采用线索与目标同时呈现的任务转换（task switch）作业考察不同动机趋近积极情绪对转换加工的影响。结果高动机趋近积极情绪增加了反应时转换损失，低动机趋近积极情绪减少了反应时转换损失和错误率转换损失。[①]这一研究将动机维度模型的实证证据由注意范围、记忆范围和认知分类等能反映认知加工空间的领域拓展到了反应抑制和任务转换等认知控制领域。

5. 情绪的动机维度对时间知觉的影响

盖布尔和普尔采用一系列实验探讨了情绪的动机维度对时间知觉的影响。[②]实验 1 采用情绪图片诱发法，诱发出被试高、低趋近动机的积极情绪，采用时间二分任务（temporal bisection task）测量被试的知觉。结果显示，与中性状态、低趋近动机积极状态相比，处于高趋近动机积极状态的被试对时间的知觉缩短。为了进一步考察趋近动机是否是导致时间知觉缩短的主要原因，研究者设计了实验 2。与实验 1 的情绪图片诱导法不同，实验 2 通过行为预期的改变来操纵被试的动机水平，对趋近动机强度和图片类型进行分离。具体来说，研究者在让被试观看美食甜点图片之前，告诉其中一半被试他们在实验结束后有机会吃到呈现的所有美食，通过操纵被试对美食甜点的预期，来操纵被试的动机强度；另一半被试只是观看美食甜点图片。结果显示，被试怀着能够吃到美食甜点的期望观看美食图片比只观看图片对图片的时间知觉更短。为了考察是否高积极趋近动机、高消极回避动机引起的注意聚焦导致时间知觉的缩短，研究者又设计了实验 3。和实验 1 相同，实验 3 采用情绪图片诱发法，诱发出被试高趋近动机的积极情绪和高回避动机的消极情绪，采用时间二分任务测量被试的时间知觉。结果显示，与高回避动机的消极情绪相比，高趋近动机的积极情绪让被试对时间的知觉更短，即趋近动机而不是唤醒度或者注意聚焦提高了知觉到的时间流逝速度。

---

① 刘亚.（2012）. *不同动机趋近积极情绪对认知控制的影响*. 硕士学位论文，陕西师范大学.

② Gable, P. A., & Poole, B. D. (2012). Time flies when you're having approach-motivated fun: Effects of motivational intensity on time perception. *Psychological Science*, 23 (8), 879-886.

（四）情绪的动机维度模型的神经证据

以往关于积极情绪和消极情绪这一效价维度的神经科学研究表明，积极情绪与左额皮层的更大激活相联系，而消极情绪与右额皮层的更大激活相联系。但哈蒙-琼斯课题组研究发现，使用情绪的效价维度来理解额叶皮层的非对称激活存在问题。[1]哈蒙-琼斯与盖布尔认为，当前的主流情绪维度理论在本质上混淆了情绪效价（积极与消极）与动机方向（趋近与回避）。以愤怒这种情绪状态为例，对动物与人类的大量研究表明，愤怒是一种消极情绪，但诱发了趋近动机行为倾向。若根据效价维度理论的预期，应该会发现愤怒与右额皮层激活相联系，而非左额皮层，因为愤怒是一种消极情绪。然而，哈蒙-琼斯课题组的多项实验证实，左额脑区常常对趋近动机的强度敏感，特质愤怒以及状态愤怒与左额叶皮层的激活增强相关，而非右额皮层。[2]可见，情绪效价与动机方向具有某种独立性，只有认识到这一点，才能更准确地理解前额皮层激活的非对称性。

积极情绪在动机强度上也有变化。早期研究已发现，愉悦刺激的加工在趋近动机上变化，并影响惊跳反射和大脑皮层电活动。[3]最近，奖赏加工的研究为情绪的动机维度模型间接地提供了神经科学证据。奖赏过程可分为欲求成分（appetitive component）和完成成分（consummatory component）。当追求一种奖励时，目标实现之前的高强度趋近性积极情绪便会发生；当获得一种奖励之后，圆满完成状态产生低强度趋近性积极情绪，如心满意足。fMRI研究发现，在前额皮层、伏隔核（nucleus accumbens）等脑结构中，目标实现之前和目标实现之后体验到的积极情绪存在神经生物学差异[4]，提示高、低强度趋近动机积极情绪可能具有不同的神经基础。

此外，少数几项研究考察了情绪图片的动机相关性如何影响情绪图片加工及其ERP（event-related potentials，事件相关电位）反应。[5]布里格斯（Briggs）与

① Harmon-Jones, E., & Gable, P. A. (2008). Incorporating motivational intensity and direction into the study of emotions: Implications for brain mechanisms of emotion and cognition-emotion interactions. *Netherlands Journal of Psychology*, 64 (4), 132-142.

② Harmon-Jones, E. (2004). On the relationship of frontal brain activity and anger: Examining the role of attitude toward anger. *Cognition & Emotion*, 18 (3), 337-361.

③ Lang, P. J. (1995). The emotion probe: Studies of motivation and attention. *American Psychologist*, 50 (5), 372-385.

④ Knutson, B., & Wimmer, G. E. (2007). Reward: Neural circuitry for social valuation. In E. Harmon-Jones & P. Winkielman (Eds.), *Social Neuroscience: Integrating Biological and Psychological Explanations of Social Behavior* (pp. 157-175). New York: The Guilford Press.

⑤ Briggs, K. E., & Martin, F. H. (2009). Affective picture processing and motivational relevance: Arousal and valence effects on ERPs in an oddball task. *International Journal of Psychophysiology*, 72 (3), 299-306；Weinberg, A., & Hajcak, G. (2010). Beyond good and evil: The time-course of neural activity elicited by specific picture content. *Emotion*, 10 (6), 767-782；Franken, I. H. A., van Strien, J. W., Bocanegra, B. R., & Huijding, J. (2011). The P3 event-related potential as an index of motivational relevance: A conditioning experiment. *Journal of Psychophysiology*, 25, 32-39.

马丁（Martin）使用 ERP 技术和修正的 oddball（奇异球）范式①，记录那些在效价和唤醒度上匹配但在动机相关性上不同的刺激（例如，高唤醒的性图片与高唤醒的运动/冒险图片效价一致、唤醒度相当，但与生存的相关度不同）的行为与电生理反应，考察了动机相关性的效应。结果发现，与其他情绪刺激相比，高唤醒且与高动机相关的性唤醒刺激诱发的 P3b 波幅显著更大。温伯格（Weinberg）与哈贾卡克（Hajcak）选择 135 张 IAPS（International Affective Picture System，国际情绪图片系统）图片②，将愉悦、非愉悦、中性三大类图片的每一类进一步细分为三种特定的语义类别。具体而言，愉悦图片包括色情、亲和、兴奋图片各 15 张；非愉悦图片包括残肢、威胁、厌恶图片 15 张；中性图片包括物体、无人场景、有人场景各 15 张。在被试观看图片期间记录其 ERP。结果发现，在所有情绪图片中，色情图片、残肢图片诱发了最大波幅的 LPP（late positive potential，晚期正成分），兴奋图片诱发了最小波幅的 LPP。更有价值的发现是，尽管色情图片与兴奋图片都被评定为高唤醒图片，但是色情图片诱发的 LPP 波幅远远大于兴奋图片。这可能是由于这两类图片内容的动机显著性不同，色情图片比兴奋图片传递的信息与生存更直接相关，因此色情图片更可能激活欲求动机系统。

EEG 研究为高强度趋近动机的积极情绪窄化注意提供了更直接的神经证据。③欲求刺激（甜点美食）诱发的高强度趋近动机积极情绪与左额皮层激活增强相关，并且左额皮层激活可以预测局部注意偏向（local attention bias）。这意味着欲求刺激导致的注意窄化由趋近动机加工相关的神经生理活动所驱动，趋近动机与局部注意偏向激活了相同的神经环路。ERP 研究发现，欲求刺激比中性刺激在双侧中央区和顶区诱发了更大的 LPP（500～1000ms）波幅，并且在额区上具有非对称性（左侧额区大于右侧额区）。同时，欲求刺激诱发的 LPP 波幅预测了更大的局部注意偏向。④该研究使用动机强度而非唤醒度来解释结果，首次证明了 LPP 与欲求刺激这一高强度的趋近动机积极情绪诱发的局部注意偏向（注意窄化）相关，为情绪的动机维度模型提供了直接的神经证据。此外，最近一项研究通过指导被试做出三种身体姿势来操纵三种水平的趋近动机积极情绪，考察其对左额

① Briggs, K. E., & Martin, F. H. (2009). Affective picture processing and motivational relevance: Arousal and valence effects on ERPs in an oddball task. *International Journal of Psychophysiology, 72* (3), 299-306.

② Weinberg, A., & Hajcak, G. (2010). Beyond good and evil: The time-course of neural activity elicited by specific picture content. *Emotion, 10* (6), 767-782.

③ Gable, P. A., & Harmon-Jones, E. (2008). Relative left frontal activation to appetitive stimuli: Considering the role of individual differences. *Psychophysiology, 45,* 275-278；Harmon-Jones, E., & Gable, P. A. (2009). Neural activity underlying the effect of approach-motivated positive affect on narrowed attention. *Psychological Science, 20,* 406-409.

④ Gable, P. A., & Harmon-Jones, E. (2010). Late positive potential to appetitive stimuli and local attentional bias. *Emotion, 10* (3), 441-446.

皮层激活的影响。结果发现，向前倾（高趋近动机）比向后靠（低趋近动机）引起了更大的左额皮层激活，也支持情绪的动机维度模型。[1]

值得注意的是，这几项研究仅对情绪刺激进行了效价评定和唤醒评定，均缺少对动机相关性（刺激与生存的相关度）这一维度的评定，因而无法对情绪的动机维度模型进行直接验证，这提示研究者亟须建立动机相关的操作性定义并依此定义评定刺激材料。

李金霞采用对情绪图片的眼动技术研究显示[2]，高趋近动机积极情绪组在整体注视时间、整体注视时间百分比、整体注视次数、整体注视点百分比上明显要低于中性组和低趋近动机积极情绪组，在局部注视次数上明显多于中性组和低趋近组，而低趋近组和中性组在这四个指标上都不存在显著差异。

三、情绪影响趋避行为

在日常生活中，动物和人类每天都在不知不觉中执行着大量的趋利避害行为。例如，人们总是喜欢接近那些面带微笑的人或者给人们安全感的动物，而对于愤怒的人或动物，人们的第一反应就是快速远离他（它）们。在对各种事物做出趋避行为反应时，总是伴随着特定的情绪体验。一般而言，在趋近美好事物时，总是伴随着积极的情绪体验，而当远离危险时，总是伴随着消极的情绪体验。那么，这些"好"和"坏"的事物引起的情绪体验和人们的趋避行为又是什么关系呢？

心理学的许多理论都认为刺激的情绪信息通常可以帮助人类快速地做出相应的趋近或回避反应，因为它能引起动机定向，使有机体做出适当反应的准备状态。大多数关于情绪影响趋避行为的实证性研究也得出了刺激-反应相容性效应（stimulus-response compatible effect）的结论。具体而言，对积极刺激的感知有利于产生简单的趋近行为，对消极刺激的感知有利于产生回避行为。

（一）情绪影响趋避行为的理论解释

不同情感性刺激对趋避行为产生的相容效应如下：积极情绪易化趋近行为，消极情绪易化回避行为。对此，目前有如下两种理论解释。

1. 动机定向理论

斯特拉克（Strack）和多伊奇（Deutsch）提出了动机定向理论来解释情绪对

① Price, T. F., & Harmon-Jones, E. (2011). Approach motivational body postures lean toward left frontal brain activity. *Psychophysiology, 48*, 718-722.
② 李金霞．（2012）．*不同动机趋近积极情绪对注意范围的影响*. 硕士学位论文，陕西师范大学.

趋避行为产生的趋利避害效应。[1]持类似观点的研究者认为，情绪效价与人们的生存密切相关，在心理加工上具有特殊的地位，而且可能有机体已经在神经生理上进化出特异化的神经系统来对此加工。正是基于这些特异化的加工，人们才能快速地对环境中的情绪性刺激做出有效的加工，并迅速产生与环境相适应的功能性行为，例如，人们突然看见一条蛇，会不假思索地迅速跳开。斯特拉克和多伊奇指出，社会行为由两个工作机理不同但相互影响的平行系统控制：其一是反思系统（the reflective system），基于事实和价值判断产生行为；其二是冲动系统（the impulsive system），通过联结和动机定向产生行为。他们认为情绪刺激能快速地激活相容的趋避反应是冲动系统加工的结果。冲动系统具有趋近和回避两种动机定向：趋近定向减少个体和环境之间距离的准备状态；回避定向则增加个体和环境之间距离的准备状态。根据知觉到的外部信息，趋近和回避两种动机定向通过自动化的联结激活相容的行为模式，快速地做出趋近或回避的反应。正性刺激激活趋近定向，引起趋近行为；负性刺激激活回避动机定向，引起回避行为。因此，该理论认为趋利避害的相容效应是因为情绪刺激得到了特异化的自动加工，而不是效价判断任务要求的评价性质引起的。上述提及的情绪刺激自动激活相容的趋避反应的研究为该理论提供了证据。

2. 事件编码理论

霍梅儿（Hommel）从认知心理学的角度提出了事件编码理论来解释趋利避害的相容效应。[2]事件编码理论认为，情绪刺激和非情绪刺激，例如，形状、颜色、大小等相比并没有什么特异之处，共享同一认知加工机制。[3]埃德尔（Eder）和罗特蒙德（Rothermund）进一步指出，情绪刺激如果不对其进行有意识的效价判断，无法产生功能性的适应行为。[4]

情绪和趋避反应的相容效应本质上是因为实验任务要求被试根据刺激情绪效价做出相应的趋避反应，而该任务中刺激的情绪效价和相应的趋避反应标签（"靠近"和"远离"或"趋近"和"回避"）的情绪效价在认知表征的特征编码上存在重叠。

根据事件编码理论，情绪和趋避反应的相容效应源于认知评价过程中对反应

① Strack, F., & Deutsch, R. (2004). Reflective and impulsive determinants of social behavior. *Personality and Social Psychology Review*, 8 (3), 220-247.

② Hommel, B., Musseler, J., Aschersleben, G., & Prinz, W. (2001). The theory of event coding (TEC): A famework for perception and action planning. *Behavioral and Brain Sciences*, 24 (5), 849-937.

③ Lavender, T., & Hommel, B. (2007). Affect and action: Towards an event-coding account. *Cognition & Emotion*, 21 (6), 1270-1296.

④ Eder, A. B., & Rothermund, K. (2008). When do motor behaviors (mis)match affective stimuli? An evaluative coding view of approach and avoidance reactions. *Journal of Experimental Psychology*: *General, 137* (2), 262-281.

的有意贴标签。贴上趋近标签的行为和积极效价联系起来，贴上回避标签的行为和消极效价联系起来。结果，行为表征的编码可能和刺激效价重叠，导致对积极刺激的趋近更快，对消极刺激的回避更快。因此，趋利避害的相容效应是由刺激和趋避反应标签的情绪效价一致性造成的。一旦任务不涉及外显的效价判断，如要求被试根据情绪面孔的性别做出趋避反应，这种情绪和趋避反应的相容效应就会消失。①

（二）情绪影响趋避行为的研究范式

由于当前研究者对动机的理解存在争议，所以还未对趋近和回避反应建立一个普遍适用的操作定义。目前，对趋避反应的操作定义主要有两种：一种是根据手臂的动作来定义趋避反应，基于这种定义的典型的实验范式就是操纵杆任务（joystick task）和按压释放按钮任务；另一种是根据自身和客体的距离变化定义趋避反应，基于这种定义的实验范式有反馈-操纵杆任务（feedback-joystick task）、"小人"任务（manikin task）。

过去的研究者以直观的手臂伸曲动作来定义趋避反应，形成了操纵杆任务和按压释放按钮任务。但是后来的研究发现，通过手臂动作来定义趋避反应存在两可性。例如，温杜纳（Wentura）等采用按压释放按钮任务发现，手臂的弯曲和伸展动作与趋避反应存在和以往的研究正好相反的对应关系。②一些研究者对这种"两可性"趋近和回避的反应倾向依赖于语义环境。③在不同的指导语条件下，同一物理动作，手臂弯曲或伸展，既可以理解为趋近，也可以理解为回避。例如，伸展手臂的动作可以描述为"触碰"，即趋近刺激，也可以描述为"推开"，即回避刺激。

赛布特（Seibt）等认为，是参照系的混用造成了手臂动作定义的不一致。④在以被试自身（self）或是以刺激客体（object）为参照系下，手臂动作被定义为相反的趋避倾向。具体来说，如果以被试自身为参照系，那么使刺激靠近身体的动作（如"拉"）是趋近，而使刺激远离身体的动作（如"推"）是回避。如果以刺激客体为参照系，那么对应关系则刚好相反。被试伸展手臂靠近刺激的动作（如

① Wentura, D., Rothermund, K., & Bak, P. (2000). Automatic vigilance: The attention-grabbing power of approach and avoidance-related social information. *Journal of Personality and Social Psychology*, 78 (6), 1024-1037.

② Wentura, D., Rothermund, K., & Bak, P. (2000). Automatic vigilance: The attention-grabbing power of approach and avoidance-related social information. *Journal of Personality and Social Psychology*, 78 (6), 1024-1037.

③ Bamford, S., & Ward, R. (2008). Predispositions to approach and avoid are contextually sensitive and goal dependent. *Emotion*, 8 (2), 174-183.

④ Seibt, B., Neumann, R., Nussinson, R., & Strack, F. (2008). Movement direction or change in distance? Self- and object-related approach-avoidance motions. *Journal of Experimental Social Psychology*, 44 (3), 713-720.

"触碰")是趋近,而弯曲手臂远离刺激的动作(如"缩手")是回避。

后来的研究者认为,应该根据自身和客体的距离变化定义趋避反应,这样就不会像以手臂动作来定义趋避反应那样受到参照系的影响。基于这种定义,研究者发展出了反馈-操纵杆任务和"小人"任务。

1. 操纵杆任务和按压释放按钮任务

过去大多数的研究是直观地以手臂的伸曲动作来定义趋避反应,具体而言,手臂伸展代表回避,手臂弯曲代表趋近。这是因为执行手臂弯曲的动作(如"拉")可以获取所需的物体,而执行手臂伸展的动作(如"推")则可以摆脱厌恶或有害的刺激。[1]基于这种定义,研究者发明了操纵杆任务或者按压释放按钮的任务。

简单而言,操纵杆任务就是让被试通过执行推拉操纵杆的动作对呈现的不同效价的情绪刺激进行反应,比如,对呈现的积极情绪刺激(例如,美食图片)做出拉杆动作,对呈现的消极情绪刺激(例如,残肢图片)做出推杆动作。拉杠杆,手臂弯曲,代表趋近;推杠杆,手臂伸展,代表回避。

按压释放按钮任务和操纵杆任务相似,让被试通过按压或者释放按钮的方式对不同效价的情绪刺激做出反应。比如,对呈现的积极情绪刺激(例如,美食图片)做出释放按钮的动作,对呈现的消极情绪刺激(例如,残肢图片)做出按压按钮的动作。按压按钮,手臂弯曲,代表趋近;释放按钮,手臂伸展,代表回避。

以往的研究者采用操纵杆任务或者按压释放按钮任务对情绪如何影响趋避反应进行了大量的探讨。例如,研究者要求一半被试对正性词语执行拉杠杆的动作,对负性词语执行推杠杆的动作;另一半被试则相反。结果发现,对正性刺激,被试能更快地执行弯曲手臂的拉杆(趋近)动作;而对负性刺激,被试能更快地执行伸展手臂的推杆(回避)动作。[2]另有研究者以高兴和愤怒表情面孔为实验材料,同样发现正性表情促进了手臂弯曲的趋近动作,而负性表情促进了手臂伸展的回避动作。[3]为简单起见,我们把上述正性情绪易化趋近反应而负性情绪易化回避反应的效应称为趋利避害的相容效应(指趋与利的相容以及避与害的相容)。

2. 反馈-操纵杆任务

反馈-操纵杆任务是在操纵杆任务的基础上发展而来的。二者在执行上有很大

① Maxwell, J. S., & Davidson, R. J. (2007). Emotion as motion: Asymmetries in approach and avoidant actions. *Psychological Science*, *18* (12), 1113-1119.

② Chen, M., & Bargh, J. A. (1999). Consequences of automatic evaluation: Immediate behavioral predispositions to approach or avoid the stimulus. *Personality and Social Psychology Bulletin*, *25* (2), 215-224.

③ Rotteveel, M., & Phaf, R. H. (2004). Automatic affective evaluation does not automatically predispose for arm flexion and extension. *Emotion*, *4* (2), 156-172.

的相似度，但是二者基于的对趋避反应的定义完全不同。操纵杆任务是基于手臂的动作来定义趋避反应的，反馈-操纵杆任务是基于自身和物体之间的距离变化来定义趋避反应的。

反馈-操纵杆任务通常让被试对不同效价的情绪刺激做出推或拉操纵杆的动作，被试在做出拉或推操纵杆动作的同时，呈现的情绪刺激会在大小上发生变化，给被试以情绪刺激靠近或者远离自己的感觉。

例如，克里格尔迈耶（Krieglmeyer）和多伊奇（Deutsch）的研究采用了反馈-操纵杆任务[1]，被试做推拉操纵杆的动作时会引起相应的刺激靠近（变大）或是远离（变小）的视觉效果，结果发现了趋利避害的相容效应：对正性刺激，被试能较快地拉杆，使得刺激变大、靠近；对负性刺激，被试则能较快地推杆，使得刺激变小、远离。

另一些研究中，即使被试不执行明显的手臂弯曲或伸展的动作，只要进行了按键反应（如按键盘上相应的字母键）即可并强调被试按键后将引起该刺激的靠近或是远离。结果发现，当按键后刺激的趋势变化（靠近或远离）与情绪效价相容时，被试能更快地反应，即被试对按键后靠近（变大）的正性刺激和远离（变小）的负性刺激反应更快。类似地，范·皮尔（van Peer）等通过操纵表情面孔的大小变化营造了趋近和回避的实验条件[2]，结果同样发现了这种相容效应：在正性表情面孔靠近或负性表情面孔远离时，被试表情分类任务的绩效更好。这些研究结果表明，情绪效价和趋避反应的这种相容效应并不依赖于具体物理动作的执行，刺激和被试之间的相对距离变化在其中起到了关键作用。

3."小人"任务

"小人"任务也是基于自身和物体之间的距离变化定义趋避反应形成的实验范式，它是对"自身"的改进，根据刺激与"自身"的距离变化来定义趋避时，"自身"不一定指物理身体，还有可能是某种外部的指示物（如化身）或是抽象的概念（如自己的名字）。

反馈-操纵杆任务是通过操纵物体来改变自身和物体的距离的，而"小人"任务是通过操纵"自身"来改变自身和物体的距离的。通过操纵"自身"来改变自身和物体之间的距离比通过操纵"物体"来改变自身和物体之间的距离具有更好的生态学效度和现实意义。因为一般情况下，在日常生活中，相对于让环境适应

[1] Krieglmeyer, R., & Deutsch, R. (2010). Comparing measures of approach-avoidance behaviour: The manikin task vs. two versions of the joystick task. *Cognition & Emotion*, 24 (5), 810-828.

[2] van Peer, J. M., Rotteveel, M., Spinhoven, P., Tollenaar, M. S., & Roelofs, K. (2010). Affect-congruent approach and with drawal movements of happy and angry faces facilitate affective categorisation. *Cognition & Emotion*, 24 (5), 863-875.

我们来说，我们主动地适应环境或许更加容易和普遍。例如，当看见一个欲求刺激或者一个危险刺激时，我们通常主动采取行动靠近或者远离刺激物，很少能够通过让刺激物主动靠近或者远离我们来满足自己的需要。

用来探索情绪对趋避行为影响的"小人"任务是克里格尔迈耶和多伊奇[1]改进后的。一般而言，研究者同时呈现某种情绪刺激（积极或者消极）和一个虚拟的"小人"，让被试通过按键移动"小人"靠近或者远离同时呈现的某种情绪刺激（积极或者消极）。

克里格尔迈耶等采用改进了的"小人"任务分离了刺激的情绪效价（正性和负性）与趋避反应标签的情绪效价。[2]在他们的研究中，被试的任务是根据屏幕中央呈现的情绪词的语法范畴（名词或形容词），按压"↑"键或"↓"键操纵屏幕上的"小人"。"小人"会随机地出现在情绪词的上方或下方，因此"小人"靠近还是远离刺激不仅取决于被试的按键方向，也取决于"小人"所处的位置。如果"小人"位于屏幕上方，按"↑"键移动将远离刺激，而按"↓"键移动将靠近刺激；如果"小人"位于屏幕下方则相反。因此，该任务有效地分离了刺激情绪效价（正性和负性）与趋避反应标签效价（向上和向下）之间的作用。他们还发现，在不涉及情绪评价的语法范畴分类任务中仍得到了趋利避害的相容效应，并且这种效应的促进作用基于"小人"最终的目标位置，与初始的运动方向无关。[3]

4. 情绪影响趋避行为各实验范式的比较

首先，四种情绪影响趋避行为的各实验范式基于对趋避反应的不同定义。具体而言，操纵杆任务和按压释放按钮任务是基于手臂的动作来定义趋避反应的；反馈-操纵杆任务和"小人"任务是基于自身和物体之间的距离的改变来定义趋避反应的。

其次，这些考察趋近和回避动机的方法在敏感度和校标效度上存在差异。克里格尔迈耶和多伊奇[4]通过一系列实验，从敏感度和效度上对操纵杆任务、反馈-

① Krieglmeyer, R., & Deutsch, R. (2010). Comparing measures of approach-avoidance behaviour: The manikin task vs.two versions of the joystick task. *Cognition & Emotion*, 24 (5), 810-828.

② Krieglmeyer, R., Deutsch, R., De Houwer, J., & De Raedt, R. (2010). Being moved: Valence activates approach avoidance behavior independently of evaluation and approach-avoidance intentions. *Psychological Science*, 21 (4), 607-613.

③ Krieglmeyer, R., de Houwer, J., & Deutsch, R. (2011). How farsighted are behavioral tendencies of approach and avoidance? The effect of stimulus valence on immediate vs. ultimate distance change. *Journal of Experimental Social Psychology*, 47 (3), 622-627.

④ Krieglmeyer, R., & Deutsch, R. (2010). Comparing measures of approach-avoidance behaviour: The manikin task vs.two versions of the joystick task. *Cognition & Emotion*, 24 (5), 810-828.

操纵杆任务、"小人"任务进行了比较，实验 1 让两批被试对相同的情绪刺激（积极和消极）分别执行"小人"任务和操纵杆任务，将刺激-反应相容效应的大小作为因变量。结果显示，在敏感度和可靠性上，"小人"任务都优于操纵杆任务。实验 2a 再次比较了操纵杆任务和"小人"任务，与实验 1 不同的是，被试对情绪刺激的反应不再基于效价（积极或者消极），而是基于词性（名词和形容词）。结果和实验 1 相同，在敏感度和可靠性上，"小人"任务都优于操纵杆任务。实验 2b 对"小人"任务和反馈-操纵杆任务进行了比较，让不同被试基于情绪词性（名词和形容词）分别执行小人任务和反馈-操纵杆任务。结果显示，"小人"任务和反馈-操纵杆任务作为考察趋近及回避动机的方法都有很好的可靠性和敏感度。实验 3 用图片（蜘蛛图片和蝴蝶图片）作为情绪刺激，让被试根据图片呈现的内容（蝴蝶或蜘蛛）完成"小人"任务和反馈-操纵杆任务。结果显示，在评估对蜘蛛的趋近或回避反应时，"小人"任务比反馈-操纵杆任务的敏感性更高，而且"小人"任务和被试报告对蜘蛛的恐惧相关性也高于反馈-操纵杆任务。总的来说，基于不同任务程序的分析，"小人"任务优于操纵杆任务，反馈-操纵杆任务优于传统的操纵杆任务。他们认为"小人"任务具有优越性，因为它对趋避反应和刺激效价做了很好的分离，而且在距离改变方面改变的是个体的位置而不是刺激的位置。

第二节　情绪的动机维度对趋避行为的影响

一、趋利避害相容效应的两种解释理论的分歧

对于情绪对认知与行为的影响，近年来的研究热点已从情绪的效价、唤醒度转向情绪的动机维度。盖布尔和哈蒙-琼斯总结自己的一系列实证研究，提出了情绪的动机维度模型。[①]他们认为，动机具有两个维度：方向和强度。动机方向一般分为趋近和回避，动机强度指的是动机的大小，或者是行为动力的大小。该模型将情绪分为高动机强度的情绪和低动机强度的情绪，结合情绪的效价，进一步将情绪分为四种类型——高动机强度的积极情绪（欲求或渴望）、高动机强度的消极情绪（厌恶、恐惧和焦虑）、低动机强度的积极情绪（愉悦、宁静）、低动机强度的消极情绪（悲伤、抑郁）。

目前，国内外研究主要探讨不同动机强度的情绪对注意、记忆等认知加工过程的影响，一般结论是高动机强度的情绪窄化认知加工，低动机强度的情绪扩展

① Gable, P. A., & Harmon-Jones, E. (2010). The motivational dimensional model of affect: Implications for breadth of attention, memory, and cognitive categorization. *Cognition and Emotion*, 24, 322-337.

认知加工，并且强调了不同动机强度积极情绪的作用。[1]还有研究考察了不同强度动机情绪在目标追求[2]、冲突解决[3]中的作用。

关于情绪效价维度与行为关系的许多研究发现，在个体对刺激情绪效价有意识加工的条件下会出现"趋利避害的相容效应"[4]，即积极情绪能易化趋近行为的发生，而消极情绪能易化回避行为的发生。但在个体对刺激的情绪效价无意识加工条件下，部分研究却没有发现此效应。[5]

对趋利避害的相容效应有两种解释理论，即动机定向理论和事件编码理论。动机定向理论认为，情绪刺激可以在无须对刺激效价进行外显加工的条件下激活与刺激效价一致的趋避动机。[6]与动机定向理论相反，事件编码理论认为趋近行为和积极刺激都具有积极效价，回避行为和消极刺激都具有负性效价[7]。趋利避害相容效

① 崔丽霞，张玉静，肖晶，张钦. (2013). 积极情绪对心理旋转的影响：趋近动机的调节效应. *心理学报*, *45*（11），1228-1241；王振宏，刘亚，蒋长好. (2013). 不同趋近动机强度积极情绪对认知控制的影响. *心理学报*, *45*（5），546-555；Price, T. F., & Harmon-Jones, E. (2010). The effect of embodied emotive states on cognitive categorization. *Emotion*, *10* (6), 934-938；Gable, P. A., & Harmon-Jones, E. (2008). Relative left frontal activation to appetitive stimuli: Considering the role of individual differences. *Psychophysiology*, *45*, 275-278；Gable, P. A., & Poole, B. D. (2012). Time flies when you're having approach-motivated fun: Effects of motivational intensity on time perception. *Psychological Science*, *23* (8), 879-886；Zhou, Y., & Siu, A. F. Y. (2015). Motivational intensity modulates the effects of positive emotions on set shifting after controlling physiological arousal. *Scandinavian Journal of Psychology*, *56*, 613-621.

② Hart, W., & Gable, P. A. (2013). Motivating goal pursuit: The role of affect motivational intensity and activated goals. *Journal of Experimental Social Psychology*, *49* (5), 922-926.

③ Liu, Y., Wang, Z. H., Quan, S. X., & Li, M. J. (2015). The effect of positive affect on conflict resolution: Modulated by approach-motivational intensity. *Cognition & Emotion*, *31* (1), 1-14.

④ Chen, M., & Bargh, J. A. (1999). Consequences of automatic evaluation: Immediate behavioral predispositions to approach or avoid the stimulus. *Personality and Social Psychology Bulletin*, *25* (2), 215-224；Krieglmeyer, R., & Deutsch, R. (2010). Comparing measures of approach-avoidance behaviour: The manikin task vs.two versions of the joystick task. *Cognition & Emotion*, *24* (5), 810-828；Roelofs, K., Minelli, A., Mars, R. B., van Peer, J., & Toni, I. (2009). On the neural control of social emotional behavior. *Social Cognitive and Affective Neuroscience*, *4* (1), 50-58；Rotteveel, M., & Phaf, R. H. (2004). Automatic affective evaluation does not automatically predispose for arm flexion and extension. *Emotion*, *4* (2), 156-172；van Peer, J. M., Rotteveel, M., Spinhoven, P., Tollenaar, M. S., & Roelofs, K. (2010). Affect-congruent approach and with drawal movements of happy and angry faces facilitate affective categorisation. *Cognition & Emotion*, *24* (5), 863-875.

⑤ Roelofs, K., Minelli, A., Mars, R. B., van Peer, J., & Toni, I. (2009). On the neural control of social emotional behavior. *Social Cognitive and Affective Neuroscience*, *4* (1), 50-58；Rotteveel, M., & Phaf, R. H. (2004). Automatic affective evaluation does not automatically predispose for arm flexion and extension. *Emotion*, *4* (2), 156-172.

⑥ Eder, A. B., & Rothermund, K. (2008). When do motor behaviors (mis)match affective stimuli? An evaluative coding view of approach and avoidance reactions. *Journal of Experimental Psychology: General*, *137* (2), 262-281.

⑦ Eder, A. B., & Rothermund, K. (2008). When do motor behaviors (mis)match affective stimuli? An evaluative coding view of approach and avoidance reactions. *Journal of Experimental Psychology: General*, *137* (2), 262-281.

应就是由积极、消极刺激和趋避反应具有一致的效价造成的。一旦任务在内隐情绪加工条件下，即不涉及外显的效价判断时，该效应消失。实际上，动机定向理论和事件编码理论都能解释情绪评价激活相容的趋避行为这一基本的现象。有研究者分析了两者的分歧[①]，认为主要在于情绪效价是否具备加工特异性，是否可以自动地（无意识地）激活相容的趋避行为而不依赖于外显的情绪评价。

与动机定向理论一致，有研究者要求被试对呈现的积极或消极刺激做出趋近（拉杆）或回避（推杆）反应，结果发现，被试对积极刺激更快地做出趋近反应，对消极刺激更快地做出回避反应，即趋利避害的相容效应。[②]即使在判断情绪词语的语法范畴[③]或是阈下呈现情绪刺激[④]等内隐情绪加工条件下也能出现该效应。与事件编码理论预测相一致的，有研究让被试对面部表情的效价或是性别信息进行按键做出趋近（手臂弯曲）和回避（手臂延展）反应。结果发现，当被试的任务是判断面孔效价时，出现趋利避害的相容效应，但当被试的任务是判断面孔性别时，未出现该效应。[⑤]

综上所述，两种理论的分歧可能有：首先，正如克里格尔迈耶和多伊奇解释的，由于有的趋避任务对情绪信息不够敏感，如在推拉杆任务中，被刻意操作化的手臂动作很难清晰地表征趋避倾向[⑥]；其次，支持事件编码理论的罗特维尔（Rotteveel）和帕法（Phaf）的研究中未见趋利避害相容效应[⑦]，也可能是因为判断面孔性别是认知任务。模拟"小人"实验范式可以有效分离刺激情绪效价（积极和消极）与趋避反应标签效价（向上和向下）之间的作用，在敏感度和效标效度上较其他相关范式更具优势[⑧]，但我们认为此范式中被试对自身信息的加工较少，生态学效度受限。

---

① 张晓雯，禤宇明，傅小兰.（2012）. 情绪效价对趋避反应的作用. *心理科学进展, 20*（7），1023-1030.

② Chen, M., & Bargh, J. A. (1999). Consequences of automatic evaluation: Immediate behavioral predispositions to approach or avoid the stimulus. *Personality and Social Psychology Bulletin, 25* (2), 215-224.

③ Krieglmeyer, R., Deutsch, R., De Houwer, J., & de Raedt, R. (2010). Being moved: Valence activates approach avoidance behavior independently of evaluation and approach-avoidance intentions. *Psychological Science, 21* (4), 607-613.

④ Alexopoulos, T., & Ric, F. (2007). The evaluation-behavior link: Direct and beyond valence. *Journal of Experimental Social Psychology, 43* (6), 1010-1016.

⑤ Rotteveel, M., & Phaf, R. H. (2004). Automatic affective evaluation does not automatically predispose for arm flexion and extension. *Emotion, 4* (2), 156-172.

⑥ Krieglmeyer, R., & Deutsch, R. (2010). Comparing measures of approach-avoidance behaviour: The manikin task vs.two versions of the joystick task. *Cognition & Emotion, 24* (5), 810-828.

⑦ Rotteveel, M., & Phaf, R. H. (2004). Automatic affective evaluation does not automatically predispose for arm flexion and extension. *Emotion, 4* (2), 156-172.

⑧ Krieglmeyer, R., De Houwer, J., & Deutsch, R. (2011). How farsighted are behavioral tendencies of approach and avoidance? The effect of stimulus valence on immediate vs. ultimate distance change. *Journal of Experimental Social Psychology, 47* (3), 622-627.

因此，本次研究首先改进模拟"小人"实验范式，并利用改进后的范式，采用情绪图片诱发被试相应的情绪进行实验，同时，在实验中采用有意识加工（对情绪效价的趋避反应）和无意识加工（对情绪图片中有无人物进行分类的趋避反应）两种方式来考察趋利避害的相容效应。其次，本次研究考察不同动机强度的情绪对趋避行为的影响。

二、改进实验范式并考察有无意识加工的趋利避害相容效应

（一）有意识加工过程中的趋利避害相容效应

1. 实验目的

如上所述，实验范式影响实验结果。模拟"小人"范式是首先在屏幕上呈现一个模拟的"小人"形象，然后再呈现一个与"小人"相隔一定距离的情绪刺激（积极或消极），让被试根据指导语通过按键移动"小人"来靠近或者远离该情绪刺激。笔者首先改进该实验范式，将模拟"小人"的形象换成了每个被试自己的照片图像，让被试感受到自己真正进入了实验情境，其反应是基于自身的信息和面对自己的情绪刺激而做出相应的趋避行为。其次，用改进的实验范式验证趋利避害的相容效应。

2. 被试

36 名大学生（男生 15 人，女生 21 人）作为被试，年龄为 22.11±1.98 岁。视力或矫正视力正常，右利手。

3. 实验设计

采用 2（情绪图片：积极情绪图片、消极情绪图片）×2（反应类型：趋近、回避）的双因素被试内实验设计，因变量为被试执行趋避反应的反应时。

4. 实验材料

从国际情绪图片库中选取积极情绪图片和消极情绪图片各 40 张，分别用来诱发被试的积极情绪和消极情绪。另外，选取积极情绪图片和消极情绪图片各 4 张作为练习刺激。

5. 仪器和程序

实验所用仪器是联想笔记本电脑，屏幕为 14 英寸，分辨率为 1024×768，刷新率为 85Hz。

采用 8 张情绪图片作为练习刺激，让被试熟悉实验程序和反应方式（实验程序用 E-prime 软件编制）。被试在练习中反应的正确率达到 95% 才可以进入正式实验。正式实验开始后，屏幕的上方或下方会出现一个黑色注视点，600ms 后，在和注视点相同的位置呈现被试的头像，时间为 800ms。为控制反应类型标签化，被试头像会随机出现在屏幕的上方或下方，且在不同实验条件下进行了数量平衡。然后，在屏幕中央呈现一张情绪图片，时间为 10s。要求被试根据指导语既快又准地按"↑"或"↓"键移动头像，做出靠近或远离图片的反应，需要连续按键三次，直到头像消失。按"↑"或"↓"键均有可能代表趋近或回避，被试做出反应需同时考虑自身头像的位置（上或下）和情绪图片的类型（积极或消极）。

正式实验中，被试要完成两个区组。区组 1 是评价相容组块（积极-靠近、消极-远离），即让被试移动自己的头像靠近积极情绪图片，远离消极情绪图片，共 40 个试次。区组 2 是评价不相容组块（消极-靠近、积极-远离），也是 40 个试次。每个组块包含所有实验条件，且每个实验条件下的试次相同。为了控制顺序效应，让一半被试先完成区组 1，后完成区组 2；另一半被试则顺序相反。由于该实验需采集被试头像，为了保护被试权益，做完实验后会立即销毁被试头像信息。实验流程见图 3-1。

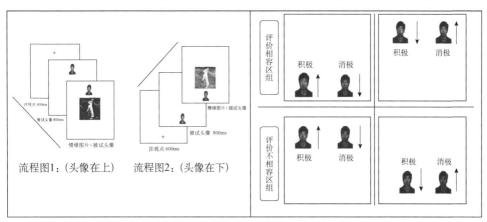

图 3-1　实验流程图

6. 结果

剔除反应错误和超过 3 个标准差的数据，各个条件下的平均反应时和标准差见表 3-1。

表 3-1　有意识加工情绪效价条件下的平均反应时[M（SD）]　　　（单位：ms）

类别	积极	消极
靠近	848（187.50）	1080（238.40）
远离	1055（210.90）	939（192.60）

反应时的方差分析结果显示，反应类型（趋近、回避）的主效应显著，$F_{(1, 35)}$=6.08，p=0.019，η^2=0.36；图片类型（积极、消极）的主效应显著，$F_{(1, 35)}$=19.47，p=0.00，η^2=0.15；刺激类型和反应类型的交互作用显著，$F_{(1, 35)}$=42.51，p=0.00，η^2=0.55。进一步简单效应分析结果显示，当图片类型是积极情绪图片时，反应类型的差异显著，$F_{(1, 35)}$=56.28，p=0.00，偏η^2=0.62。这说明当被试观看积极情绪图片时，和回避反应相比，被试执行趋近反应更快，且二者的差异显著。当图片类型是消极情绪图片时，反应类型的差异显著，$F_{(1, 35)}$=19.35，p=0.00，偏η^2=0.36。这说明和执行趋近反应相比，当被试观看消极情绪图片时，被执行回避反应更快，而且二者的差异显著。由此也就验证了情绪效价与趋避行为的趋利避害相容效应。

（二）无意识加工过程中的趋利避害相容效应

1. 实验目的与假设

实验目的：情绪图片中增加有无人物的信息，把图片中有无人物作为一个掩蔽刺激，以使被试对情绪刺激效价的加工是无意识的，将情绪效价和趋避反应的标签化分离，以考察对情绪图片进行认知加工的趋避反应。

实验假设：在没有对情绪效价进行有意识加工（无意识加工）的情况下，仍然出现情绪效价和趋避行为的相容效应。

2. 被试

被试为 40 名大学生（男生 19 人，女生 21 人），年龄为 21.55±2.02 岁，视力或矫正视力正常，右利手。

3. 实验设计

同前一实验。

4. 实验材料

从国际情绪图片库中选取 40 张积极情绪图片（20 张有人物，20 张无人物）、40 张消极情绪图片（20 张有人物，20 张无人物）和 10 张中性图片（5 张有人物，5 张无人物），作为练习刺激。

5. 仪器和程序

仪器同前一实验。程序和前一实验相似，不同的是被试要基于图片的认知分类，即判断图片中有无人物进而做出趋避反应。共 80 个试次，分为两个区组，区组 1 为靠近-人物、远离-非人物，其中包括 10 张积极情绪无人物图片、10 张积极情绪有人物图片、10 张消极情绪无人物图片和 10 张消极情绪有人物图片，共 40 个试次。区组 2 为靠近-非人物、远离-人物，包括另 40 张图片，共 40 个试次。

6. 结果

剔除反应错误和超过 3 个标准差的数据。各个条件下的平均反应时和标准差见表 3-2。

表 3-2　无意识加工情绪效价条件下的平均反应时[M（SD）]　　　　（单位：ms）

类别	积极	消极
靠近	739.00（94.20）	1007.60（239.50）
远离	895.10（186.50）	895.20（178.60）

反应时的方差分析结果显示，反应类型（趋近、回避）的主效应显著，$F(1, 34) = 5.17$，$p = 0.029$，$\eta^2 = 0.13$；刺激类型（积极、消极）的主效应也显著，$F(1, 34) = 50.90$，$p = 0.00$，$\eta^2 = 0.60$；刺激类型和反应类型的交互作用显著，$F(1, 34) = 65.81$，$p = 0.00$，$\eta^2 = 0.66$。进一步的简单效应分析显示，当图片类型是积极情绪图片时，反应类型的差异显著，$F(1, 34) = 56.35$，$p = 0.00$，$\eta^2 = 0.62$，说明当呈现的图片是积极情绪图片时，和执行回避反应相比，被试执行趋近反应更快，差异显著。当图片类型是消极情绪图片时，反应类型的差异显著，$F(1, 34) = 42.73$，$p = 0.00$，$\eta^2 = 0.56$，说明当呈现的图片是消极情绪图片时，和执行趋近反应相比，被试执行回避反应更快，差异显著，即出现了趋利避害相容效应。

上述两个实验证明，采用改进后的模拟"小人"实验范式，在有意识和无意识加工的情况下被试都出现了趋利避害的相容效应。那么，不同动机强度的情绪会对趋避行为产生怎样的影响呢？

三、不同动机强度的情绪对趋避行为的影响

1. 实验目的与假设

实验目的：探讨不同动机强度的积极情绪和消极情绪对趋避行为的影响。

实验假设：与低强度动机的积极情绪相比，在高强度动机的积极情绪下，被试做出趋近行为的反应时更短。同样，与低强度动机的消极情绪相比，在高强度动机的消极情绪下，被试做出回避行为的反应时更短。

2. 实验被试

被试为大学生 31 名（男生 13 人，女生 18 人），年龄为 20.81±1.59 岁，视力或矫正视力正常，右利手。

3. 实验设计

采用 2（反应类型：趋近、回避）×4（图片类型：高动机强度的积极情绪图片、低动机强度的积极情绪图片、高动机强度的消极情绪图片、低动机强度的消极情绪图片）的双因素被试内设计，因变量为被试执行趋避反应的反应时。

4. 实验材料

从国际和中国情绪图片库中挑选高动机强度的积极情绪图片（美食等）、低动机强度的积极情绪图片（宜人风景等）、高动机强度的消极情绪图片（暴力场景等）和低动机强度的消极情绪图片（医院等）各 28 张。每种情绪图片中有人物和无人物的图片各 14 张。

为了控制图片的愉悦度和唤醒度，对照情绪图片库使用手册选择图片，并对情绪的愉悦度和唤醒度进行评定。评定人员为 39 名心理学专业研究生（男生 14 人，女生 25 人），年龄为 23.28±1.99 岁，视力或矫正视力正常。结果显示，高、低动机强度的积极、消极情绪图片在愉悦度和唤醒度上差异不显著。

5. 仪器和程序

仪器同前一实验。程序与无意识加工过程中趋利避害相容效应的实验程序基本相同，不同的是本实验采用的实验材料按照情绪的动机维度分为 4 种类型。共112 个试次，分为两个区组，区组 1（靠近人物-远离无人物）共 56 个试次，区组2（远离人物-靠近无人物）共 56 个试次。

6. 结果

剔除反应错误和超过 3 个标准差的数据，各个条件下的平均反应时和标准差见表 3-3。

表 3-3　不同动机强度情绪的趋避反应的平均反应时[M（SD）]　　（单位：ms）

类别	靠近	远离
高动机强度的积极情绪图片	763.5（136.4）	922.8（221.8）
低动机强度的积极情绪图片	797.1（127.1）	877.0（202.2）
高动机强度的消极情绪图片	1002.7（258.5）	786.0（119.2）
低动机强度的消极情绪图片	981.6（253.4）	910.1（188.7）

反应时的方差分析结果显示，反应类型的主效应不显著，$F(1, 30)=2.77$，$p=0.11$；图片类型的主效应显著，$F(1, 30)=36.97$，$p=0.00$，$\eta^2=0.30$；图片类型和反应类型的交互作用显著，$F(1, 30)=44.35$，$p=0.00$，$\eta^2=0.73$。进一步的简

单效应分析结果显示，当图片类型为高动机强度的积极情绪图片时，反应类型之间差异显著，$F(1, 30)=56.84$，$p=0.00$，$\eta^2=0.66$，被试执行趋近反应的速度显著快于执行回避反应的速度。当图片类型为低动机强度的积极情绪图片时，反应类型之间差异显著，$F(1, 30)=17.29$，$p=0.00$，$\eta^2=0.37$，被试执行趋近反应的速度显著快于执行回避反应的速度。当图片类型为高动机强度的消极情绪图片时，反应类型之间差异显著，$F(1, 30)=54.00$，$p=0.00$，$\eta^2=0.64$，被试执行回避反应的速度显著快于执行趋近反应的速度。当图片类型为低动机强度的消极情绪图片时，反应类型之间差异显著，$F(1, 30)=12.56$，$p=0.001$，$\eta^2=0.30$，被试执行回避的反应速度显著快于执行趋近的反应速度。

以上结果表明，当采用积极情绪图片时，无论是高动机强度还是低动机强度，被试执行趋近反应的速度都显著快于执行回避反应的速度；当采用消极情绪图片时，无论是高动机强度还是低动机强度，被试执行回避反应的速度都显著快于执行趋近反应的速度。但是，当被试执行趋近反应时，与低动机强度的积极情绪图片相比，被试对高动机强度的积极情绪图片执行趋近反应的速度更快，而且二者之间差异显著（$p=0.002$，$\eta^2=0.29$）。当被试执行回避反应时，与低动机强度的消极情绪图片相比，被试对高动机强度的消极情绪图片执行回避反应的速度更快，而且二者之间差异显著（$p=0.00$，$\eta^2=0.62$）。结果证明了本实验的研究假设。

四、分析与讨论

在玩模拟类游戏时，人们会自然地将游戏中的化身视为自己[1]，我们的研究改进了实验范式，即将实验中的"小人"形象直接换成了每名被试的图像，验证了趋利避害的相容效应。但与克里格尔迈耶等的研究[2]相比，在前两个实验中，被试在各条件下的反应速度大都相对减慢。这可能是因为在克里格尔迈耶的研究范式中，被试仅仅需要考虑刺激信息就可以做出相应的反应。在本实验改进的范式中，被试需要基于自身位置信息和刺激信息来做出相应的行为反应，这增加了被试的认知负荷，降低了反应速度。但改进后的实验范式更贴近实际，因为在现实生活中，人们往往要考虑多方面的信息，尤其与自我有关联的信息来做出功能性的适应行为。应该说改进后的模拟"小人"范式更具生态学效度，是考察情绪对趋避行为影响的较为理想的范式。

有意识加工过程中的趋利避害相容效应实验的结果显示，在被试对情绪图片

① 张晓雯，禤宇明，傅小兰．（2012）．情绪效价对趋避反应的作用．*心理科学进展*，20（7），1023-1030．
② Krieglmeyer, R., Deutsch, R., de Houwer, J., & de Raedt, R. (2010). Being moved: Valence activates approach-avoidance behavior independently of evaluation and approach-avoidance intentions. *Psychological Science*, 21 (4), 607-613.

的效价进行有意识加工的情况下出现了"趋利避害的相容效应"，这一结论和以往的研究结论[1]相一致，也验证了动机定向理论。前述动机定向理论与事件编码理论之间的主要分歧在于情绪效价是否具备加工特异性，是否可以自动地激活相容的趋避行为而不依赖于外显的情绪评价。无意识加工过程中的趋利避害相容效应实验结果显示，被试基于对情绪刺激的认知分类（有、无人物）做出趋避反应，即将认知分类作为情绪图片效价判断的掩蔽刺激，让被试对情绪图片的效价进行无意识的加工，结果依然出现了趋利避害相容效应，即有无意识加工过程中的趋利避害相容效应的实验设计较好地解决了两种理论的纷争。

研究者认为，应该重视情绪二维度外的其他维度对认知加工的影响。[2]根据盖布尔和哈蒙-琼斯等的模型，不同动机强度的情绪对趋避行为影响的实验在控制了情绪图片愉悦度和唤醒度的基础上，考察了情绪的动机维度对趋避行为的影响。实验结果表明，与低动机强度的积极情绪相比，被试对高动机强度的积极情绪执行趋近反应速度更快；与低动机强度的消极情绪相比，被试对高动机强度的消极情绪执行回避反应速度更快，即同一效价的情绪，动机强度越大，则趋利避害的相容效应就越明显。

另外，我们的研究仅根据情绪的维度理论在国际情绪图片库中选择情绪图片，未探讨具体的情绪类别，如愤怒和恐惧等。有研究认为愤怒情绪是一个例外，因为愤怒虽然是一种负性情绪，但个体在愤怒时既可能会趋近愤怒源，也可能会回避愤怒源，而且在一般情况下愤怒的动机方向是趋近。[3]愤怒情绪的效价和动机方向在一般情况下是相反的，因此常用作切入点来探索前额叶皮层究竟参与的是效价加工还是动机方向加工方面的机制研究。[4]

---

① Chen, M., & Bargh, J. A. (1999). Consequences of automatic evaluation: Immediate behavioral predispositions to approach or avoid the stimulus. *Personality and Social Psychology Bulletin, 25* (2), 215-224；Krieglmeyer, R., & Deutsch, R. (2010). Comparing measures of approach-avoidance behaviour: The manikin task vs.two versions of the joystick task. *Cognition & Emotion, 24* (5), 810-828；Roelofs, K., Minelli, A., Mars, R. B., van Peer, J., & Toni, I. (2009). On the neural control of social emotional behavior. *Social Cognitive and Affective Neuroscience, 4* (1), 50-58；Rotteveel, M., & Phaf, R. H. (2004). Automatic affective evaluation does not automatically predispose for arm flexion and extension. *Emotion, 4* (2), 156-172；Van Peer, J. M., Rotteveel, M., Spinhoven, P., Tollenaar, M. S., & Roelofs, K. (2010). Affect-congruent approach and with drawal movements of happy and angry faces facilitate affective categorisation. *Cognition & Emotion, 24* (5), 863-875.

② Larson, C. L., & Steuer, E. L. (2009). Motivational relevanceas a potential modulator of memory for affective stimuli: Can we compare snakes and cakes? *Emotion Review, 1*, 116-117；Levine, L. J., & Edelstein, R. S. (2009). Emotion and memory narrowing: A review and goal relevance approach. *Cognition and Emotion, 23*, 833-875；Kensinger, E. A. (2009). What factors need to be considered to understand emotional memories? *Emotion Review, 1*, 120-121.

③ Carver, C. S., & Harmon-Jones, E. (2009). Anger is an approach-related affect: Evidence and implications. *Psychological Bulletin, 135* (2), 183-204.

④ 侯牧.（2015）.*表情识别中的效价和动机维度：趋利避害及效价优先效应*. 博士学位论文，西南大学.

第三节　情绪对ADHD倾向儿童时距
估计与厌恶延迟的影响

一、导言

注意缺陷多动障碍（attention deficit hyperactivity disorder，ADHD）是临床中常见的儿童行为问题之一，核心症状是注意缺陷、多动和冲动。注意缺陷多动障碍儿童存在学习困难、自我控制能力差、同伴关系不良等问题。[①]有调查显示，患儿成年后出现反社会人格障碍、物质滥用和犯罪行为的风险是正常儿童的5～10倍。此外，研究表明相当部分的ADHD儿童存在与其他行为障碍的联合共病情况。[②]因此，ADHD已成为当今儿童精神卫生乃至公共卫生领域的重要问题，引起了多领域研究者的高度重视与关注，早期发现、及时干预治疗对改善多数患儿的教育和社会心理发展有着深远的意义。

国内外的众多研究已表明，ADHD儿童存在时间知觉方面的缺陷。[③]ADHD个体时间知觉缺陷的表现为很难等待、反应延迟等。[④]使用传统时间常识问卷和皮亚杰时间保持任务对6～13岁的正常儿童和ADHD儿童进行测试发现，两组10岁以下儿童存在显著差异，两组10～13岁儿童不存在显著差异。这一结果说明，比起正常儿童，

---

① Marx, I., Hübner, T., Herpertz, S. C., Berger, C., Reuter, E., Kircher, T., et al. (2009). Cross-sectional evaluation of cognitive functioning in children, adolescents and young adults with ADHD. *Journal of Neural Transmission*, 117 (3), 403-419；秦炯.（2006）. 注意缺陷多动障碍主要诊断标准简介与比较. *实用儿科临床杂志*, 21（12），799-800.

② 张微, 刘翔平, 顾群, 廖冉, 冉俐雯.（2007）. 六城市ADHD流行病学调查. *中国临床心理学杂志*, 15（1），23-25；时琴琴, 周思洋, 吴增强.（2011）. 7—10岁儿童不同亚型ADHD行为与共病问题. *心理科学*,（6），1516-1519.

③ Mullins, C., Bellgrove, M. A., Gill, M., & Robertson, I. H. (2005). Variability in time reproduction: Difference in adhd combined and inattentive subtypes. *Journal of the American Academy of Child & Adolescent Psychiatry*, 44 (2), 169-176；Toplak, M. E., Rucklidge, J. J., Hetherington, R., John, S. C. F., & Tannock, R. (2003). Time perception deficits in attention—deficit/ hyperactivity disorder and comorbid reading difficulties in child and adolescent samples. *Journal of Child Psychology and Psychiatry*, 44 (6), 888-903；Toplak, M. E., & Tannock, R. (2005). Time perception: Modality and duration effects in attention-deficit/hyperactivity disorder (ADHD). *Journal of Abnormal Child Psychology*, 33 (5), 639-654.

④ Meaux, J. B., & Chelonis, J. J. (2003). Time perception differences in children with and without ADHD. *Journal of Pediatric Health Care Official Publication of National Association of Pediatric Nurse Associates & Practitioners*, 17 (2), 64-71；Sonuga-Barke, E. J., Taylor, E., Sembi, S., & Smith, J. (1992). Hyperactivity and delay aversion—i. the effect of delay on choice. *Journal of Child Psychology & Psychiatry & Allied Disciplines*, 33 (2), 387-398；Quartier, V., Zimmermann, G., & Nashat, S. (2010). Sense of time in children with attention-deficit/hyperactivity disorder (ADHD): A comparative study. *Swiss Journal of Psychology*, 69 (1), 7-14.

ADHD 儿童需要更长的时间来发展时间知觉能力。对 ADHD 儿童时间知觉的研究主要集中于时距估计。对时距估计最常用的是言语估计法和复制法，言语估计法即被试需要根据主试提供的时间单位来对当前所呈现的时间间隔进行时距估计；复制法即对呈现的时距，根据自己的判断做出复制。本书研究采用言语估计法来确定时距。

道格拉斯（Douglas）和帕里（Parry）于 1983 年最先确认 ADHD 儿童在延迟满足方面存在缺陷。[①]ADHD 儿童更喜欢即时满足。[②]当面临选择时，ADHD 儿童有一种强烈的偏好：偏好于选择小的即时奖励（smaller sooner，SS），而不是大的延迟奖励（larger later，LL），即使这种选择会导致更少的报酬也不例外，这种倾向即我们所说的厌恶延迟倾向。[③]索努加-巴克（Sonuga-Barke）等对其进行了系统的研究，于 1992 年提出了关于 ADHD 儿童动机维度的厌恶延迟理论。[④]他们认为，ADHD 儿童的根本问题是厌恶延迟，即当眼前利益（即时满足）与长远利益（延迟满足）发生矛盾时，过度追求眼前利益，而厌恶等待长远利益的心理倾向。它体现了延迟满足能力的落后。

情绪对时间知觉的影响已是不争的事实，但关于 ADHD 儿童的情绪对时间知觉的影响的研究较少。研究 ADHD 儿童的情绪影响有助于临床上对 ADHD 儿童更好地进行干预。临床上必须符合 ADHD 的诊断标准才能做出诊断，本节研究的儿童被试虽来自学校，但这些儿童具有 ADHD 儿童的行为特点，因此本节研究将这些儿童定义为 ADHD 倾向儿童，并设计了行为实验，尝试探讨不同效价和唤醒度情绪对 ADHD 倾向儿童的时间知觉和延迟水平的影响，为 ADHD 倾向儿童的厌恶延迟的干预提供理论与现实依据。

二、实验一：ADHD 倾向儿童的时距估计与厌恶延迟

（一）研究对象

采用单盲法从天津市武清区某小学 3、4 年级共 12 个班级选取 ADHD 倾向儿童。

---

① Douglas, V. I., & Parry, P. A. (1983). Effects of reward on delayed reaction time task performance of hyperactive children. *Journal of Abnormal Child Psychology, 11* (2), 313-326.

② Luman, M., Oosterlaan, J., & Sergeant, J. A. (2005). The impact of reinforcement contigencies on AD/HD: A review and theoretical appraisal. *Clinical Psychology Review, 25* (2), 183-213；Sonuga-Barke, E. J. S. (2002). Psychological heterogeneity in AD/HD—A dual pathway model of behaviour and cognition. *Behavioural Brain Research, 130* (1), 29-36.

③ 杨斌让，陈楚侨，李建英，彭刚，张玲玲．（2011）．注意缺陷多动障碍儿童厌恶延迟研究．*中国儿童保健杂志, 19*（5），426-429；杨闯，郭兰婷，郭田友．（2005）．儿童注意缺陷多动障碍反应抑制、厌恶延迟和时间感觉的研究进展．*中国心理卫生杂志, 19*（3），176-178.

④ Sonuga-Barke, E. J., Taylor, E., Sembi, S., & Smith, J. (1992). Hyperactivity and delay aversion—i. the effect of delay on choice. *Journal of Child Psychology & Psychiatry & Allied Disciplines, 33* (2), 387-398.

第一步，选择 ADHD 倾向儿童。请儿童所在班级的班主任根据本班儿童的日常表现提供一些具有多动、注意力不集中倾向儿童的名单，并根据他们的情况填写康纳斯（Conners）简明症状问卷和斯诺佩评估量表（Swanson，Nolan，and Pelham-IV rating scales，SNAP-IV）。根据问卷计分结果，将多动指数大于 1.5 且 SNAP-IV 得分大于 1.8 的儿童视为 ADHD 倾向儿童。然后，对教师进行深入访谈，进一步了解儿童的情况，排除可能具有对立违抗障碍和品行障碍的儿童。共筛选出具有 ADHD 倾向的儿童 21 人，其中男生 17 人，女生 4 人，年龄为 9～12 岁。

第二步，选择正常组儿童。根据教师的观察选定正常组被试，选取了 17 名男生和 4 名女生。

第三步，匹配实验组与对照组。对所有儿童都进行瑞文标准推理测试，智商大于 80 的才可入组。所有被试均为右利手。正常组儿童和 ADHD 倾向儿童的瑞文标准推理测试成绩没有差异，结果见表 3-4。

表 3-4 正常组和 ADHD 倾向儿童的匹配情况[*M*（*SD*）]

项目	正常组	ADHD 倾向组	*t*	*p*
年龄	10.48（0.81）	10.57（0.93）	−0.354	0.454
瑞文测验成绩	49.17（2.13）	49.00（2.24）	0.420	0.238

另外，因筛选 ADHD 倾向儿童被试比较困难，本研究的三个实验均使用同一批被试。为了避免练习效应和疲劳效应，在实验一和实验二进行一周后再请这些儿童完成实验三。

（二）实验工具与材料

1. 瑞文标准推理测验

采用了张厚粲和王晓平修订的瑞文标准推理测验。[1]

2. 康纳斯（Conners）简明症状问卷

康纳斯（Conners）儿童行为问卷是筛查注意缺陷多动障碍的工具，适用于对 3～17 岁儿童的评估。该问卷共有品行问题、多动、注意缺陷-冲动、多动指数四个因子，其中多动指数因子又叫简明症状问卷（Abbreviated Symptom Question，ASQ），仅包括 10 个条目，用于筛查儿童多动症及追踪疗效更为简便有效。该量表信度、效度良好。本次研究采用教师评定问卷，以多动指数大于等于 11 分作为分界，得分大于此分即有多动症的可能。[2]

---

[1] 张厚粲，王晓平.（1989）. 瑞文标准推理测验在我国的修订. *心理学报*，（2），113-121.
[2] 于得澧，王磊，韩雪莹，杜亚松.（2004）. Conners 教师评定量表在注意缺陷多动障碍中的应用. *中国临床心理学杂志*，*12*（3），262-263.

3. 斯诺佩评估量表

斯诺佩评估量表（SNAP-IV）由斯旺森（Swanson）等依据《精神疾病诊断与统计手册（第四版）》（*Diagnostic and Statistical Manual of Mental Disorders，Fourth Edition，DSM-IV*），以 ADHD 的诊断体系为标准编制，用于筛查注意缺陷多动障碍，具有良好的信度、效度。该量表分为两个部分——注意力不足和多动/冲动，每部分包括 9 个项目，共 18 个项目。教师评定此量表得分在多动/冲动上的得分大于 1.20 和在注意力不集中上的得分大于 1.80 就有注意缺陷多动障碍的可能。[①]

4. 选择延迟任务

本实验采用选择延迟任务（choice delay task，CDT）范式，要求儿童在实验中重复做二选一的选择，即在 2s 后给予 1 分的奖赏和 30s 后给予 2 分的奖赏之间做出选择。但有小的修改：因需要被试对等待的时间进行估计，故不告知被试等待时间确切是多少秒，改为"在较短时间后获得 1 分和较长时间后获得 2 分之间"做选择，但所有等待的时间实际上都是 2s（较短时间）或 30s（较长时间）。

（三）实验设计

1. 变量

本次实验采用单因素重复测量实验设计。自变量为儿童类型（ADHD 倾向儿童、正常组儿童）。因变量如下：①儿童选择大额延迟奖励即"2 分"次数的百分比，将其作为考察儿童厌恶延迟的指标；②儿童对延迟等待时间的平均估计长度，反映了高估或低估目标时距的方向与程度。

2. 实验程序

使用 E-prime1.0 软件进行编程，所有实验任务均在电脑上呈现，被试在电脑上进行简单的按键反应即可。电脑显示器的分辨率为 1024×768，屏幕背景为白色，被试坐在距离电脑屏幕 30cm 的椅子上。实验在一间安静、隔音效果好的空教室进行。采用一对一的形式，由心理学专业研究生担任主试。主试填写完被试信息后，向被试说明实验流程及注意事项，即可开始实验。

被试先进行练习实验，熟悉实验流程。练习实验有 2 次，两种选择都需要让被试经历，如果第一次被试选择的是小额即时奖励，那么第二次就强制他选择大

---

① Bussing, R., Fernandez, M., Harwood, M., Hou, W., Wilson-Garvan, C., Swanson, J. M., & Eyberg, S. M (2008). Parent and teacher SNAP-IV ratings of attention deficit/hyperactivity disorder symptoms. *Assessment*, *15* (3), 317-328.

额延迟奖励；反之亦然。同时，要确保被试明白延迟等待的时间和获得分数之间的关系，并强调整个实验的时间由被试自己控制。实验前，还要告知被试在等待期间不要东张西望，最好看着电脑屏幕。因考虑到被试是小学生，理解能力有限，因此由主试讲解指导语，边讲解边让被试操作，直到被试明白实验流程后才进入正式实验。指导语如下：

这是一个关于选择和得分之间的游戏。你有10次二选一的机会。你需要在等待较短时间获得1分的奖赏和等待较长时间获得2分的奖赏之间做出选择。请你尽可能多得分。屏幕上会先呈现"+"，"+"消失后，将呈现代表选择的两个正方形。若选择1分的正方形，请按"F"；若选择2分的正方形，请按"J"。选择完毕后，经历等待时间，不同的选择将会使你经历不同的等待时间，获得相应的分数。时间到，屏幕将呈现你的得分情况。然后，你需要估计刚才等待的时间是多少秒，并将答案写在弹出的窗口上。写完后按"回车"键继续。

3. 统计分析

采用SPSS18.0对数据结果进行统计分析。

（四）结果与分析

表3-5显示，正常组和ADHD倾向儿童选择"2分"的次数百分比差异显著，$t=18.51$（$p<0.001$），且ADHD倾向儿童的选择次数远少于正常组儿童，说明ADHD倾向儿童存在厌恶延迟倾向。在对延迟等待的时间进行估计方面，两组儿童差异显著，$t=-9.22$（$p<0.001$），ADHD倾向儿童的平均估计长度显著大于正常组儿童，说明ADHD倾向儿童体验的时间感更长，这和以往的研究结果一致[1][2]。实验一的结果表明ADHD倾向儿童具有明显的厌恶延迟倾向，并且对等待的时间存在高估倾向。那么，在延时中插入不同效价和唤醒度的情绪图片能改善ADHD倾向儿童的任务表现吗？

表3-5　两组儿童选择2分次数百分比与延迟等待时间的平均估计长度[M（SD）]

项目	正常组（21）	ADHD 倾向组（21）	t
选择"2分"次数百分比（%）	87.14（6.44）	45.24（8.14）	18.51***
平均估计长度（s）	30.63（0.78）	32.83（0.77）	-9.22***

注：***$p<0.001$，下同

[1] Luman, M., Oosterlaan, J., & Sergeant, J. A. (2005). The impact of reinforcement contigencies on AD/HD: A review and theoretical appraisal. *Clinical Psychology Review*, 25 (2), 183-213.

[2] Smith, A., Taylor, E., Rogers, J. W., Newman, S., & Rubia, K. (2002). Evidence for a pure time perception deficit in children with ADHD. *Journal of Child Psychology and Psychiatry and Allied Disciplines*, 43 (4), 529-542.

三、实验二：不同效价情绪对 ADHD 倾向儿童时距估计和厌恶延迟的影响

（一）方法

1. 实验设计

本实验为 2（儿童类型：ADHD 倾向组、正常组）×2（图片类型：积极图片、消极图片）的混合实验设计。其中，儿童类型为被试间变量，图片类型为被试内变量，因变量仍为延迟选择和时间估计。

2. 实验材料

从中国情绪材料系统（Chinese Affective Picture System，CAPS）中选取积极图片和消极图片各 55 张，平衡唤醒度。

3. 实验程序

110 张图片都经过了编辑，以 4°×4° 的视角呈现在电脑屏幕的中间。与实验一不同的是，在每个延迟时间中插入 5 张情绪效价相同的图片，一张图片呈现 6s，留下的 10 张图片备用。同时，对积极情绪图片和消极情绪图片的顺序在不同的被试间进行了平衡。为了排除插入的情绪图片对被试选择延迟的影响，在实验前，主试要将实验中使用的情绪图片全部呈现给被试，让被试充分熟悉图片。

指导语与第一轮实验不同的是：①本轮有 20 次二选一的机会。②若被试选择了 2 分的正方形，在等待的时间里，会让其观看一些情绪图片，并请被试尽可能地感受图片传递的情绪。③如果前 10 次中的延迟时间里呈现积极图片，那么后 10 次就呈现消极图片；相反，如果前 10 次中的延迟时间里呈现消极图片，那么后 10 次就呈现积极图片。

（二）结果与分析

1. 两组儿童延迟等待的时间估计

为了和无情绪图片的情境比较，将实验一的结果放入其中一同比较，结果见表 3-6。

表 3-6　两组儿童的延迟等待时间的平均估计长度[M（SD）]　　　（单位：s）

类别	正常组（21）	ADHD 倾向组（21）
无情绪图片	30.63（0.78）	32.83（0.77）
积极情绪图片	30.27（0.67）	28.87（1.49）
消极情绪图片	30.99（0.83）	33.21（1.17）

分析表 3-6 的结果，图片类型主效应极其显著，$F(2, 80)=84.42$，$p<0.001$，说明儿童在三种图片条件下对延迟等待时间的平均估计长度有显著差异。儿童类型主效应显著，$F(1, 40)=28.83$，$p<0.001$，说明 ADHD 倾向儿童和正常儿童的时距估计差异显著。情绪图片类型和儿童类型的交互作用显著，$F(2, 80)=49.30$，$p<0.001$，说明不同情绪图片对两组儿童的主观时距有不同的影响。

进一步的简单效应分析结果表明，ADHD 倾向儿童在三种条件下的时距估计存在显著差异，$F(2, 60)=86.89$，$p<0.001$，说明 ADHD 倾向儿童的主观时距受到了不同情绪的影响。多重比较发现，积极情绪图片的平均估计长度显著短于无情绪图片、消极情绪图片的平均估计长度，且积极情绪图片的时距估计低于实际时间，说明积极情绪能够有效缩短 ADHD 倾向儿童知觉到的时间。正常组儿童的时距估计受不同情绪的影响，在消极情绪下，正常组儿童高估时间的程度最大。正常组儿童在三种图片类型下的时距估计呈显著差异，$F(2, 60)=4.61$，$p<0.05$。多重比较显示，积极情绪图片和消极情绪图片的时距估计呈显著差异，而消极情绪图片和无情绪图片的时距估计以及积极情绪图片和无情绪图片的时距估计之间不存在差异。

2. 两组儿童的厌恶延迟水平比较

两组儿童选择大额延迟奖励的次数百分比见表 3-7。

表 3-7 两组儿童选择大额延迟奖励的次数百分比[M（SD）] （单位：%）

类别	正常组（21）	ADHD 倾向组（21）
无情绪图片	87.14（6.44）	45.24（8.14）
正性情绪图片	88.10（7.50）	70.95（9.44）
负性情绪图片	84.76（6.02）	51.43（11.08）

对表 3-7 的数据进行重复测量分析，结果显示，情绪图片类型主效应显著，$F(2, 80)=48.84$，$p<0.001$，说明儿童在三种条件下选择大额延迟奖励的次数百分比呈显著差异。儿童类型主效应显著，$F(1, 40)=256.38$，$p<0.001$，说明 ADHD 倾向儿童和正常组儿童任务表现的差异显著。情绪图片类型和儿童类型的交互作用显著，$F(2, 80)=37.13$，$p<0.001$，说明不同情绪对两组儿童的任务表现产生了不同影响。

进一步的简单效应分析结果表明，ADHD 倾向儿童在三种情绪图片条件下的任务表现存在显著差异，$F(2, 60)=40.81$，$p<0.001$。多重比较发现，两两之间均存在显著差异。在积极情绪下，ADHD 倾向儿童选择大额延迟奖励的次数最多。积极情绪虽然在一定程度上改善了 ADHD 倾向儿童的厌恶延迟水平，但他们的任务

表现仍然和正常组儿童存在一定差距。究其原因，可能是 ADHD 倾向儿童的厌恶延迟倾向属于神经机制缺陷，形成的时间很长，不能通过一个简单的实验就得以改善，需要长期的系统干预。对两组儿童的任务表现做 t 检验，结果表明，无论何种情绪图片类型，ADHD 倾向儿童的表现均差于正常组儿童。但与消极情绪图片相比，在积极情绪条件下，ADHD 倾向组儿童选择大额延迟奖励的次数增加了。

实验二表明，积极情绪对 ADHD 倾向儿童时距估计和厌恶延迟水平有调节效应。那么，在控制情绪效价使其只有积极情绪的基础上，不同唤醒度的积极情绪对 ADHD 倾向儿童会有怎样的影响呢？

四、实验三：不同唤醒度情绪对 ADHD 倾向儿童时距估计和厌恶延迟的影响

（一）方法

1. 实验设计

采用 2（儿童类型：ADHD 倾向儿童、正常组儿童）×2（图片类型：高唤醒积极图片、低唤醒积极图片）的混合实验设计。因变量仍为厌恶延迟和时间估计。

2. 实验材料

从中国情绪材料系统中选取低唤醒积极情绪图片和高唤醒积极情绪图片各 55 张。情绪图片的处理和插入方式同实验二。

3. 实验程序

程序与实验二基本一致，只是在被试延迟等待的时间里插入的情绪图片有所不同。

（二）结果与分析

1. 两组儿童延迟等待的时间估计

为了和无情绪图片的情境进行比较，将实验一的结果放入其中进行比较，见表 3-8。

表 3-8　两组儿童延迟等待时间的平均估计长度[M（SD）]　　（单位：s）

类别	正常组（21）	ADHD 倾向组（21）
无情绪图片	30.63（0.78）	32.83（0.77）
低唤醒积极情绪图片	29.93（1.49）	29.10（3.36）
高唤醒积极情绪图片	29.39（1.18）	28.03（3.19）

对表 3-8 的数据进行重复测量方差分析，结果显示，情绪图片类型主效应显著，$F(2, 80)=46.46$，$p<0.001$，说明在不同唤醒度的情绪图片下，儿童延迟等待时间的平均估计长度显著不同；情绪图片类型和儿童类型的交互作用显著，$F(2, 80)=16.41$，$p<0.001$，说明不同情绪图片类型对两组儿童的影响是不同的。

简单效应分析的结果表明，无论唤醒度如何，积极情绪都有助于缩短 ADHD 倾向儿童的主观时距，且高唤醒积极情绪缩短的程度更大。在三种图片类型的条件下，正常组儿童的延迟等待的时距估计存在显著差异，$F(2, 60)=5.80$，$p<0.01$；ADHD 倾向儿童在三种图片类型下的延迟等待时间的时距估计呈显著性差异，$F(2, 60)=16.96$，$p<0.001$，这与努利安斯（Noulhiane）等[1]和张（Zhang）等[2]的研究结果一致。笔者推测可能是注意唤醒机制发挥了作用。因本节研究的延迟等待时间为 30s，生理唤醒机制的影响作用一般在刺激开始的 4s 内，超过 4s 后注意唤醒机制就开始发挥主导作用，干扰内部时钟机制开关闭合，促使个体低估时距。这与德鲁瓦-沃莱（Droit-Volet）等[3]、安格里利（Angrilli）等[4]的研究结果不一致，可能与本节研究采用的情绪诱发材料（标准化情绪材料库）不同有关吗？这有待进一步的研究来证实。

高、低唤醒积极情绪的主观时距差异呈边缘显著，说明高、低唤醒度对 ADHD 倾向儿童延迟等待时间的知觉的影响有差异但不大。

2. 两组儿童的选择厌恶延迟

两组儿童选择大额延迟奖励的次数百分比见表 3-9。对表 3-9 的数据结果做重复测量方差分析，结果显示，积极情绪图片类型主效应显著，$F(2, 80)=56.08$，$p<0.001$，说明在不同唤醒度的积极情绪图片条件下，儿童的任务表现不同。儿童类型主效应显著，$F(1, 40)=207.86$，$p<0.001$，说明两组儿童在三种唤醒度情绪图片条件下的表现差异显著。唤醒度不同情绪图片类型和儿童类型的交互作用显著，$F(2, 80)=46.92$，$p<0.001$，说明不同唤醒度情绪图片类型对两组儿童的影响是不同的。

[1] Noulhiane, M., Mella, N., Samson, S., Ragot, R., & Pouthas, V. (2007). How emotional auditory stimuli modulate time perception. *Emotion, 7*, 697-704.

[2] Zhang, X., & Zhou, X. L. (2007). Time perception of emotional events. *Progress in Natural of Science, 17*, 150-153.

[3] Droit-Volet, S., Meck, W. H., & Penney, T. B. (2007). Sensory modality and time perception in children and adults. *Behavioural Processes, 74*, 244-250.

[4] Angrilli, A., Cherubini, P., Pavese, A., & Manfredini, S. (1997). The influence of affective factors on time perception. *Perception Psychophysics, 59*, 972-982.

表 3-9　两组儿童选择大额延迟奖励的次数百分比[*M*（*SD*）]　　　（单位：%）

类别	正常组（21）	ADHD 倾向组（21）
无情绪图片	87.1（6.44）	45.24（8.14）
低唤醒积极情绪图片	87.14（5.61）	69.52（10.24）
高唤醒积极情绪图片	89.05（6.25）	75.24（10.30）

　　进一步的简单效应分析结果表明，ADHD 倾向儿童在三种唤醒度情绪图片类型条件下的厌恶延迟水平差异显著，F（2，60）=57.68，$p<0.001$，多重比较发现，两两条件之间均差异显著。其中，在高唤醒积极情绪条件下，ADHD 倾向儿童选择大额延迟奖励的次数最多，其次是低唤醒积极情绪条件，两种条件均好于无情绪图片的情况。

　　相比无情绪图片的条件，在低唤醒积极情绪和高唤醒积极情绪条件下，ADHD 倾向儿童选择大额延迟奖励的次数都有所增加，但在高唤醒积极情绪图片条件下，ADHD 倾向儿童选择大额延迟奖励的次数增加。这说明高唤醒积极情绪对于降低 ADHD 倾向儿童的厌恶延迟水平更加有效，不过依然没有达到正常儿童的水平。

五、分析与讨论

　　本节研究表明，ADHD 倾向儿童具有明显的厌恶延迟倾向，并且对等待的时间存在高估倾向，这与以往对 ADHD 儿童的研究结果一致。索兰托（Solanto）等发现，ADHD 儿童在选择延迟任务中的表现比正常儿童差，厌恶延迟明显。[1]马尔科（Marco）等采用选择延迟任务对 360 名 ADHD 儿童、349 名同胞及 112 名对照组儿童进行测试后发现，ADHD 儿童更多地选择小的而等待时间短的奖励。[2]ADHD 倾向儿童也像 ADHD 儿童一样体验到的时间感更长，在延迟任务的等待时体验到了更多的无聊，为了减少这种无聊感，他们倾向于选择即时奖励，这种冲动的行为特征是一种功能性的策略。

　　通过实验发现，与消极情绪相比，积极情绪能够缩短 ADHD 倾向儿童的时距估计、改善其厌恶延迟水平。丘奇（Church）采用了信息加工的观点提出了时距知觉的标量计时模型。[3]该模型假设，人脑中存在一个内部时钟，它是为主体感知外部刺激的持续时间提供信息依据的计时机制。时距知觉的情绪效应认为，根据

① Solanto, M. V., Abikoff, H., Sonugabarke, E., Schachar, R., Logan, G. D., & Wigal, T. (2001). The ecological validity of delay aversion and response inhibition as measures of impulsivity in AD/HD: A supplement to the NIMH multimodal treatment study of AD/HD. *Journal of Abnormal Child Psychology*, 29 (3), 215-228.

② Marco, R., Miranda, A., Schlotz, W., Melia, A., Mulligan, A., Müller, U., et al. (2009). Delay and reward choice in ADHD: An experimental test of the role of delay aversion. *Neuropsychology*, 23 (3), 367-380.

③ Church, R. M. (1984). Properties of the internal clock. *Annals of the New York Academy of Sciences, 423*, 566-582.

奥特利（Oatley）提出的情绪唤醒反应理论[①]，当人类面对情绪刺激时会诱发出两种唤醒，一是与自动化应激相关的生理唤醒，二是与自我应变能力评估相关的认知注意唤醒，这两种唤醒都影响了"内部时钟"的准确性，使主观时距与客观时距不一致。生理唤醒影响"内部时钟"，使主观时距加长，但生理唤醒也是会很快回落的，因此生理唤醒对时距知觉的影响是短暂的；而注意唤醒使主观时距缩短，安格里利（Angrilli）等推测[②]，随着时间的延续，在生理唤醒效应减退后，注意唤醒效应可能会逐渐显现出作用，并将在较长时距上占据主导。同时，结合 ADHD 儿童对负性刺激低唤醒这一情绪加工特征[③]，本节研究结果似可用该理论加以解释。ADHD 倾向儿童在积极情绪下知觉到的时距缩短，可能是因为在积极情绪下的唤醒度相对于消极情绪下的唤醒度更高，情绪引发的生理唤醒减退，而注意唤醒占据主导，从而使得知觉到的时距缩短。

本研究中使用的是 30s 的长时距，结果表明，ADHD 倾向儿童在积极情绪下的时距缩短，这也符合短时距高估、长时距低估的特点。同时，厌恶延迟是关于 ADHD 儿童动机缺陷的理论解释，而动机与情绪的关系极为复杂，情绪具有动机的功能，而且积极情绪具有组织良好行为的功能，所以积极情绪能够减弱厌恶延迟倾向。至于唤醒度对 ADHD 倾向儿童的时距知觉和厌恶延迟的影响，结果显示，积极高唤醒情绪能够显著地缩短 ADHD 倾向儿童的时距、改善厌恶延迟水平。这可能是因为积极的高唤醒情绪引发了更高的注意唤醒，使时距估计出现了明显的缩短，同时高唤醒的积极情绪也能激发更大的注意动机，减少延迟。

在未来有关 ADHD 倾向儿童心理特点的干预研究中，应增加情绪的因素，以进一步考察 ADHD 倾向儿童的时距估计和厌恶延迟水平，探索改善此类儿童时距估计和厌恶延迟水平的情绪干预措施。

---

① Oatley, K., & Jenkins, J. M. (1996). *Understanding Emotions.* Oxford: England Blackwell Publishers.

② Angrilli, A., Cherubini, P., Pavese, A., & Manfredini, S. (1997). The influence of affective factors on time perception. *Perception Psychophysics, 59*, 972-982.

③ 韩晶晶，张劲松，赵迎春．（2012）．注意缺陷多动障碍儿童青少年情绪加工特征研究．*中国儿童保健杂志，20*（7），591-594.

第二部分

以学生为中心的师生情绪传递

本部分在第一部分的基础上，立足于学生，探讨教师对学生的情绪传递。师生是一个互动群体中的两种角色，实际上两种角色之间的情绪是相互感染、相互传递的，即互为情绪信息的发出者和接收者。但我们的研究以学生为中心，因为学生情绪的产生与变化虽然受到自身、同学同伴、家长甚至社会因素的影响，但影响最大的仍然是教师，对于中小学生而言更是如此。因此，本部分将视角锁定在师生情绪流转循环中的一部分，即教师对学生情绪的传递，只将教师作为情绪信息的发出者，将学生作为情绪信息的接收者。本部分涉及的主体有教师和学生，涉及的情境有课堂和校园日常活动场所，涉及的情绪有教师的情绪、学生的情绪，特别是还有人际情绪。

这一部分以实证研究为主，内容包括师生情绪互动、师生情绪传递初探、师生课堂情绪传递和日常教育中的情绪传递，特别是教师对学生情绪的调节与影响。

第四章　师生情绪互动

　　师生互动中的情绪是在师生之间沟通与流转的情绪。教师作为教学活动的引领者，其情绪对学生有着至关重要的影响，学生的情绪会随着课堂活动的进行和与教师的交流而不断起伏变化。本章以学生的情绪为研究核心，注重教师的情绪表达与管理。因此，本章从师生互动开始，以探讨教师的情绪表达与管理为重点，兼谈学生的情绪与情绪体验以及师生情绪互动的影响因素。

第一节　师生互动概述

一、师生互动

　　对于"互动"这一概念，"互"可解释为交替、相互，"动"可解释为使起作用或变化，使感情起变化。结合这两个字的概念，"互动"可解释为使双方或多方之间彼此相互作用而起变化的过程。刘尧和戴海燕认为，课堂师生互动"就是互动者之间通过言语或非言语进行信息、思想、感情的交流，可以简单地概括为在某种情景下传递信息时产生的人际相互作用"[1]，说明了互动的形式和内容。综上所述，互动的本质在于两个或多个个体之间通过言语或非言语形式进行交流，其中的主要形式为言语形式，而内容主要有信息、态度与情感。

　　广义的师生互动是指师生之间的相互作用。冯灵林认为，具体来说，师生互动就是拥有知识的教师和希望获得知识的学生在特定情境中的相互影响、相互作用。[2]刘尧和戴海燕认为，"从本质上讲，师生互动是教师与学生由于教与学的关系所形成的一切相互影响和作用"[3]。谢红仔则认为，以往的研究对师生互动的解释注重认知方面，而忽略了师生互动的本质是一种情感的相互作用，并且师生互动不是一种静态的状态，而是一个动态的变化过程。他认为，"师生互动应该是教师和学生两个主体之间以一定的客体为媒介、均衡地发生显性或隐性的情感交互

① 刘尧，戴海燕. (2010). 课堂师生互动研究述评. 教育科学研究, (6), 66-69.
② 冯灵林. (2007). 英语课堂师生互动探究. 重庆理工大学学报（社会科学）, 21 (7), 158-160, 180.
③ 刘尧，戴海燕. (2010). 课堂师生互动研究述评. 教育科学研究, (6), 66-69.

作用以及由此带来的生命体验的过程"①。对此，王晓娟进一步分析认为：在课堂里，在师生互动这样的有机系统中，既有显性的成分，比如课堂上教师和学生之间的语言交流；又有隐性的成分，比如课堂上教师和学生之间的情感、态度等的传递。她认为师生互动具有交互性、连续性、网络性、主导性、双向性、系统性等特点。②

二、师生情感互动

（一）师生情感互动的概念

佐斌指出，师生之间的情感互动行为比认知行为要多，因此师生互动中更加需要强调师生的情感互动。③李泽学认为，师生之间的情感互动是指"教师用积极的心态影响学生的学习情绪，学生反过来以积极情感促进教师的教学热情，从而使师生之间形成良好的以情感促发展的人际环境，继而促进教学质量的提升"④。其实，现实的课堂教学环境中除了积极情感的互动，同样也存在着消极情感的互动。因此，之后的学者对师生情感的互动也规避了积极情感和消极情感的问题，统一用师生情感互动概括。杨丽丽认为，"师生情感互动可以被描述为一种交流形式，它融入于教学的各个环节，主要由教师发起，但在作用上依赖于学生在心理以及行为方面的反馈"⑤。此概念着重强调了师生情感互动的形式和主导者，但是在某种程度上也忽略了学生对教师的作用。张玲强调了师生情感互动是一种双向的过程⑥，即一方的情感状态影响另一方，反之亦然。这同时说明师生之间的情感互动存在积极和消极两种，积极的情感互动具有促进作用，而消极的情感互动具有阻碍作用，会让双方相互疏远。王晓娟认为，师生情感互动是指"在教育教学情境下，教师和学生开展教育教学活动时情感的激活及其在师生间、学生间的流动，从而相互作用、相互影响的过程。课堂师生情感互动，则是在课堂教学活动中，教师和学生围绕教材展开活动时情感因素的交互作用"⑦。因此，当教学中融入情感互动时，会在某种程度上削弱传统课堂中教师的主导地位，提高学生的自主学习能力和自信。

---

① 谢红仔．(2003)．情感互动是师生互动的实质．*教育导刊（上半月）*，(2)，61-64.
② 王晓娟．(2004)．我国师生情感互动研究现状及其展望．*上海师范大学学报（哲学社会科学·基础教育版）*，(1)，116-120.
③ 佐斌．(1998)．论人本主义学习理论．*教育研究与实验*，(2)，33-38，72.
④ 李泽学．(2002)．浅谈情感互动对教学的影响．*现代中小学教育*，(3)，61.
⑤ 杨丽丽．(2008)．大学英语课堂中的师生情感互动．*吉林省教育学院学报*，(8)，36-37.
⑥ 张玲．(2007)．论师生情感互动与教师期望效应的实现．*湖南第一师范学院学报*，7 (1)，60-62.
⑦ 王晓娟．(2004)．我国师生情感互动研究现状及其展望．*上海师范大学学报（哲学社会科学·基础教育版）*，(1)，116-120.

（二）师生情感互动的特点与类型

通过分析师生情感互动的概念不难看出，师生情感互动是教师和学生的双向情感交流的过程，其特点如下：①师生之间的情绪情感状态相互影响；②在师生情绪情感相互影响的过程中，教师是起主导作用的角色；③师生情感互动可以促进师生关系；④师生情感互动可促进师生间的认知、行为信息的互动；⑤师生课堂情感互动的具体内容和形式，是根据学生的班级规模、教师个性、学生的个人特质以及教学环境等多种因素进行调整和变化的。[①]

按照师生情感互动的效价，可以将师生情感互动分为两种类型：一种是积极的师生情感互动，起积极作用，促进教学活动的进行；另一种是消极的师生情感互动，起消极作用，在一定程度上会阻碍教学活动的进行。[②]

师生情感互动中的一种特殊形式就是教师期望效应，它是通过师生间的情感互动实现的。教师期望是指教师在对学生认知、感受的基础上产生的对学生行为结果的某种预测性认知，教师期望对学生学业成绩和行为表现的影响就是期望效应，这种期望效应分为积极和消极两种。[③]

（三）师生情感互动的作用

师生的情感互动发生在教育情境下，可以在课堂上，也可以在课堂外。师生的情感互动会影响教学过程，进而影响学生的学习和健康成长。

1）增强课堂教学的情绪氛围，使课堂在适当的情绪状态下进行。课堂教学中师生的情感相互影响、相互交流，形成了一个互为反馈的情感通路，并使课堂呈现出愉快轻松的情绪气氛。

2）融洽师生关系，增强学生学习的积极性和主动性。教师和学生能否发生情绪情感的共鸣，主要取决于师生之间情感互动的程度。教育心理学研究表明，教师的热情和关怀会使学生更加热爱该教师教授的学科。因此，教师与学生的情感互动有利于形成和谐的师生关系，增强学生的学习信心和学习的积极性、主动性。

3）促进学生知、情、意的和谐发展。教师热情地教，学生愉快地学，这样的师生情感互动会影响学生对教师传达的信息的吸收和理解，进而形成新的认知结构，体验并稳定自己的情绪情感，发展积极向上的行为习惯。

① 曾天德.（2002）. 大学课堂教学中师生情感互动的研究. *现代教育科学*,（5），39-42.
② 潘慧娟.（2014）. 师幼互动中的教师情绪研究. *教育教学论坛*,（47），250-251.
③ 郑海燕，刘晓明，莫雷.（2004）. 初二学生知觉到的教师期望、自我价值感与目标取向的关系研究. *心理发展与教育*, *20*（3），16-22.

4）影响学生的心理健康。良好的师生情感互动会让学生感受到教师投入的精力、支持和认可，从而使其自我价值感得到提升，从而进一步对学生的心理健康产生积极的影响。[1]

5）影响学生健全人格的培养。课堂教学中的师生情感互动是促进学生人格发展和培养学生创新能力的有效途径。学生会受到教师各种外显的和内隐的影响，因此，良好的师生情感互动对学生健全人格的养成具有积极作用。

第二节　师生互动中教师的情绪及其表达

一、教师情绪的影响作用

教师情绪不仅关系到教师自身的身心健康，也会直接影响学生的情绪体验，从而影响课堂教学乃至师生关系。

（一）对教师自身的影响

教师情绪对于教师职业来说有着特殊的意义。教师的情绪支配着教师对教育使命的履行，一方面教师情绪帮助教师完善自身发展，另一方面教师情绪也激励着教师积极进行教育活动。

（二）对学生发展的影响

教师情绪通过课堂教学对学生产生不同的影响，课堂教学是教师情绪对学生产生影响的主要途径。在课堂上，由于教师不同的情绪表现，教师的教学行为和言语会对学生发展产生不同的影响。教师情绪对于学生学习动机、师生关系和学生身心健康发展等方面有重要影响。

（三）对教学效果的影响

教师教学的艺术性表现在教学是一种激励式的情绪劳动形式。[2]教师情绪支持是高质量教学的关键环节，教师为提高学生的积极性和参与性提供了情绪支持。[3]

---

① 阮芳. （2009）. *师生情感互动及其影响因素研究*. 硕士学位论文，贵州师范大学.

② Liew, W. M. (2013). Effects beyond effectiveness: Teaching as a performative act. *Curriculum Inquiry, 43* (2), 261-288.

③ Wubbels, T., & Brekelmans, M. (2005). Two decades of research on teacher-student relationships in class. *International Journal of Educational Research, 43* (1-2), 6-24.

好的教学充满积极的情绪，优秀的教师会在教学中展示他们的热情，从而促使学生产生积极的学习动机。教师借助积极情绪进行灵活的和创造性的教学活动，能够激发学生的学习动机；相反，教师经常性地产生消极情绪则会损害这种灵活性和创造性，进而影响学生的学习效果。事实上，研究者对普通教师的情绪体验及其对师生生活的影响都给予了广泛的关注。例如，教师的愤怒和挫折等消极情绪会减弱教师的内在动机、增加学生的消极情绪体验。

（四）对师生关系的影响

在课堂教学过程中，教师的喜悦、愤怒、悲伤、厌恶等情绪会通过多种行为方式作用于学生，引起学生的不同情绪体验，从而影响双方的沟通交流、师生关系。[①]当教师处于教育教学环境时，其工作不仅是进行课堂教学，所有面对学生、面对教学的工作都需要教师进行适当的情绪劳动。有研究者将教育中的情绪传递链构建为（教师）情绪→情绪管理→正面情绪传递→（学生）正面情绪接受和负面情绪转化→自然管理→正面情绪→正能量→学习。[②]

情绪是人际交流的手段，良好的情绪传递有利于人际关系的和谐发展。教师恰当的情绪表达有助于提高学生的学习兴趣和效率，优化课堂教学氛围，使师生之间相处融洽，互动双方相互信任和尊重，有助于形成和谐的师生关系，从而大大提高学校教育的质量。而教师的不当的情绪表达则会使师生关系恶化，使学生产生抵抗或逆反心理，甚至导致学生出现偏激行为，最终将使得教育教学活动难以开展。

二、教师情绪的分类与指向对象

（一）教师情绪的分类

一般情况下，面对情绪相关主题，研究者会首先考虑该种情绪是状态的还是特质的。所谓状态，指的是个体在某段时间、某一情境中暂时体验到的感受。例如，某一节课上，教师在与学生的良好互动中感觉非常愉悦，这种愉悦感是暂时的。所谓特质，是指个体经常体验到的典型状态，比较稳定，常与个体的人格相关。例如，某些教师一进教室就会有意识地严肃起来，从面部表情到身体姿态都呈现出一种紧绷的状态。这种状态与成语"不苟言笑"非常类似，形象地展现出了这类教师的特质情绪。

① 郑志婷，佟雪峰.（2014）.教师消极情绪对师生关系的影响及对策. *苏州教育学院学报*，（5），93-97.
② 谭鑫予.（2013）.情绪传递功能在教育中的非学科性建设作用. *内蒙古师范大学学报（教育科学版）*，26（10），110-112.

另一种分类方式是根据情绪的维度进行划分。目前主流的情绪理论通常将情绪划分为两大维度：效价与唤醒度。根据效价，情绪可以划分为正性情绪和负性情绪。正性情绪又称积极情绪，通常是能给人带来愉悦感受的情绪，如高兴、愉悦等；负性情绪又称消极情绪，通常带给人不愉悦的体验，如悲伤、难过等。根据唤醒度，情绪可以被定义为由强到弱或由弱到强的一系列等级，可以很强，也可以很弱，如愉快的体验可以从一般的高兴、快乐到大喜、狂喜；愤怒可以从生气、发怒到大怒、狂怒、暴怒等。

就具体内容而言，情绪可以分成不同的种类（与前面章节中使用的基本情绪分类一样），如快乐、愤怒、悲伤、恐惧等。目前的研究发现，虽然教师在实际教育情境中会体验到各种各样的情绪，但就其频率而言，教师在课堂上最常体验到的情绪是快乐、自豪、热情、喜欢、失望和愤怒。[1]在一个专门测量教师情绪的量表的编制过程中，编制者就放弃了使用情绪维度的编制方法，而根据具体情绪种类编制量表，以测量教师最常体验的 3 种情绪——愉悦、愤怒、焦虑。[2]

（二）教师情绪的指向对象

可引起教师情绪变化的因素有许多，这与一般心理学对人的情绪的研究差异不大。但在工作中，教师情绪的指向对象与个体研究有些差异。作为教师，在课堂上既要面对作为个体的学生，又要面对作为班集体的学生——学生群体，其中学生群体或者是包括两个以上学生的小群体，或者是包含全班学生的大群体。具体到不同的班级中，哪种互动更多取决于教师的授课风格和年级等因素。就年级因素看，低年级教师对个体的关注要多一些，高年级教师对群体的关注要多一些。例如，在师幼互动中，许倩倩研究发现教师指向幼儿个体的情绪互动事件要多于群体，其中指向幼儿个体的主要以负性情绪互动事件为主。[3]在初中生样本中，曹一鸣等对初中数学课堂上师生互动主体类型进行的研究发现，初中课堂上的师班互动是师生互动的主体类型，且师班互动与师个互动交错进行。[4]

三、教师情绪的产生

在一般认识中，师生互动中的教师情绪往往是由学生或者与学生相关的事件

① Taxer, J. L., & Frenzel, A. C. (2015). Facets of teachers' emotional lives: A quantitative investigation of teachers' genuine, faked, and hidden emotions. *Teaching and Teacher Education*, *49*, 78-88.
② Frenzel, A. C., Pekrun, R., Goetz, T., Daniels, L. M., Durksen, T. L., Becker-Kurz, B., Klassen, R. M. (2016). Measuring teachers' enjoyment, anger, and anxiety: The teacher emotions scales (TES). *Contemporary Educational Psychology*, *46*, 148-163.
③ 许倩倩. (2013). *师幼互动中的教师情绪研究*. 博士学位论文，南京师范大学.
④ 曹一鸣，王玉蕾，王立东. (2008). 中学数学课堂师生话语权的量化研究——基于 LPS 项目课堂录像资料. *数学教育学报*, *17*（3），1-3.

导致的。例如，"我又惹老师生气了"形象地解释了学生对于教师情绪产生的认识。但研究者认为这并不是事实的全部。情绪的认知评价理论认为，并非单纯的事件本身影响了情绪的产生，更重要的是个体对事件的判断，例如对事件的认识。对事件认知的几个因素，如事件新异性、目标一致性、事件可控性等，决定着个体的情绪反应强度。[①]

孙彩霞和李子建在布朗芬布伦纳（Bronfenbrenner）的生态理论的基础上构建了教师情绪形成影响因素的生态地景，较全面地诠释了教师情绪产生的途径（图 4-1）。[②]教师情绪体验的形成依赖于教师个人与环境之间的互动。环境不仅指物理空间，也包含教师的人际交往、所处社会的文化环境、制度环境、组织环境等，所以教师的情绪既连接着教师个体的微观系统，也连接着教师背后的整个社会文化等宏观系统。限于本章主题，在此只对影响教师情绪微观因素中的学生因素做简单介绍。

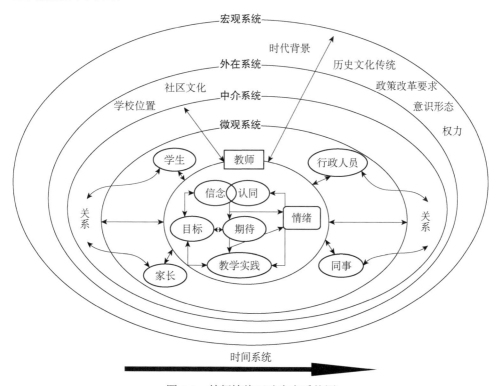

图 4-1　教师情绪互动生态系统图

资料来源：孙彩霞，李子建.（2014）. 教师情绪的形成：生态学的视角. *全球教育展望*, 43（7），67-75

[①] Moors, A., Ellsworth, P. C., Scherer, K. R., & Frijda, N. H. (2013). Appraisal theories of emotion: State of the art and future development. *Emotion Review*, 5 (2), 119-124.

[②] 孙彩霞，李子建.（2014）. 教师情绪的形成：生态学的视角. *全球教育展望*, 43（7），67-75，82.

教师与学生之间的情绪互动会影响教师的情绪。教师情绪来自师生之间的身份认同、共同目标、彼此期待与教学实践中的行为表现四者的交互耦合。身份认同是指教师对自我、对专业的理解和诠释，它产生在教师自我与环境的交互过程中。当师生双方的认同、期待、目标行为一致时，师生会产生情感上的共鸣，表现出热情、愉快、活力等状态，在实现共同目标的过程中相互欣赏与合作；当认同不对等、期待和行为落差大、目标迥异，师生关系便会紧张，产生失落、沮丧、焦虑、愤怒等消极情绪。当教师长期、持续地体验到消极情绪，进一步固化原有的信念与认同时，便容易产生职业倦怠，进而疏离学生。

四、教师情绪的表达

教师情绪表达的目的在于沟通师生关系和实现教育影响。徐志刚等认为教师情绪表达的过程是师生生命得以敞开的过程，也是师生生命获得生长的过程。[①]虞亚君等将教师情绪表达界定为：在课堂教学过程中，教师内在情绪体验不经调节直接表达出来或经过调节再表达出来的外部反应（言语反应和非言语反应）。[②]

（一）教师情绪表达的方式

1. 非言语表达

教师情绪的非言语表达方式主要包括教师的肢体动作、面部表情、语气语调、空间位置等。

1）肢体动作。教师的颈、肩、手、脚等构成的肢体动作及其变化发挥着传递信息、交流情绪的作用，它们既可以作为以声音传递情绪的辅助手段，同时也具有独立的传递情绪的价值。在课堂教学中，教师主要通过手势的变化、与学生之间的空间距离及对学生的肢体动作来传递情绪。例如，在具体的教学过程中，教师竖起大拇指表示赞赏、攥起拳头表示愤怒等。

2）面部表情。面部表情由眉毛、眼睛、鼻子、嘴巴以及脸部肌肉（脸颊）等的不同组合构成，不同的组合可以传递不同的表情。面部肌肉的不同组合使得人能做出各种不同的表情，每种表情都与其他表情有微妙的差异。[③]在教育活动中，教师的面部表情主要体现为眼神交流和微笑，教师经常通过亲密注视来传递对学生的喜爱、关怀等正性情绪，采用严肃注视传递负性情绪信息，引起成绩差或者

① 徐志刚，朱兴国．（2012）．教师情感表层表达探析．当代教育科学，（12），15-17.
② 虞亚君，张鹏程．（2014）．教师情绪表达的内涵、影响因素及策略研究．教学与管理（理论版），9，70-72.
③ 周国光．（1997）．体态语．北京：中央民族大学出版社.

不守纪律学生的注意。同样，学生通过教师的目光指向、瞳孔变化、眼神变化和目光接触时间来判断教师当时的情绪体验。

笔者以对教师热情的表达的研究为例来介绍教师的非言语表达方式。科林斯（Collins）对教师热情的非言语表达做了系统研究。①根据她对教师热情的操作性定义，一个在学生面前表现热情的教师应具有以下特征：①语调的运用；②与学生的目光接触；③丰富的手势与姿态；④走动；⑤有意义的面部表情；⑥生动的语句；⑦对学生观点和感受的接纳；⑧精力充沛。

随后，默里（Murray）对教师热情的行为指标进行了更为丰富的拓展，提出了 11 个行为观察指标：①使用幽默；②表达时抑扬顿挫；③展现面部表情；④走动；⑤不念课本；⑥看起来精力充沛；⑦微笑或者大笑；⑧使用手势；⑨表现出对学科的强烈兴趣感；⑩与学生保持目光接触；⑪说话轻柔（消极因素）。②

另外，屠国元和丁蕙关注到了教师非言语行为对课堂气氛的影响③，通过课堂实验研究发现，教师非言语行为与课堂气氛之间有着明显的正相关，学生对教师的非言语评价与对课堂气氛的评价具有较强的一致性。这表明教师的非言语行为会影响学生对教师的评价。同时，研究者推论学生的非言语行为也会影响教师的非言语行为。

2. 言语表达

言语表达是情绪传递的另外一个窗口。教师的教学言语是传递情绪、教学信息的基本方式。教师通过言语来表达情绪，也就是通过声音传递情绪，主要是通过语速、音量、语调变化来丰富语句传递的情绪信息。教师在课堂教学过程中的语速以每分钟 200～250 字为宜。④音量也是传递教师情绪的重要载体，教师在课堂上的音量既不能过大也不能过小，要根据教学需求来调节。语调是指讲话时声调高低抑扬顿挫的配置和变化，教师使用抑扬顿挫的言语可以使学生的注意力保持集中，从而达到最佳的课堂教学效果。

对于教师言语，宋其蕤和冯显灿编著了《教学言语学》⑤，试图建立一门研究"课堂教学言语"的独立学科；马显彬著有《教师语言学教程》⑥，不仅建立了理论体系，还提供了言语训练的方法。另外，沈贵鹏通过对初中课堂口头语言互动

① Collins, M. L. (1978). Effects of enthusiasm training on preservice elementary teachers. *Journal of Teacher Education*, 29 (1), 53-57.

② Murray, H. G. (1983). Low-inference classroom teaching behaviors and student ratings of college teaching effectiveness. *Journal of Educational Psychology*, 75 (1), 138-149.

③ 屠国元, 丁蕙. (2003). 教师非言语行为对课堂气氛的影响. *中南大学学报（社会科学版）*, 9（4）, 517-520.

④ 赵玉英. (2006). *课堂教学活动中的教师情感研究*. 硕士学位论文, 辽宁师范大学.

⑤ 宋其蕤, 冯显灿. (1999). *教学言语学*. 广州：广东教育出版社.

⑥ 马显彬. (2000). *教师语言学教程*. 广州：中山大学出版社.

的研究发现，教师与学生间的口头语言互动分为以下几种：教师提问、结果反馈、情感性的表扬或批评、个性化、教师言语风格、启发性、节奏、言语互动所占时间等。[①]其中，情感性主要是指教师在与学生互动过程中流露出的某种情感，比如肯定性情感和否定性情感。肯定性情感主要包括表扬、关心等；否定性情感主要是指批评、嘲讽、训斥、处罚等。教师对学业成功者通常采用正反馈，使用肯定性情感言语；而对学业失败者通常采用负反馈，使用否定性情感言语。

（二）教师情绪表达的规则

情绪表达规则是指个体在社会化过程中获得，用以指导特定社会情境下表现社会期望情绪的一套规则，它规定着个体在何种情境、对谁、应该表现出什么样的情绪，而不管个体内心真正的情绪体验是什么。[②]埃克曼和弗里森（Friesen）从文化差异的角度提出情绪表达规则的概念，认为情绪表达规则是个体在社会化过程中获得的，其作用是指导人在特定社会情境下表现出期望的情绪。[③]琼斯（Jones）等指出，情绪表达规则包括两种成分，分别为表情调节知识和情绪表达目标。[④]萨尔尼（Saarni）从情绪表达规则背后的动机因素的角度出发，提出两种情绪表达规则：文化表达规则和满足当前需要的规则。[⑤]

"当教师就要有教师的样子。"一方面，我们的社会文化在无形中塑造着每一位教师的职业形象；另一方面，作为具有较高负荷的情绪劳动者，教师又需要按照一定的工作目标来展现自己的情绪。教师情绪表达规则规定，为了更好地达成教育教学目标，教师在工作场合中要适当地表达情绪，具体如下。

1. 对待学生的情绪表达规则

师生关系是学校教育中最为核心的人际关系，良好的师生关系是教师发挥影响力的基础。师生间的情绪表达要做到以下几点：①真诚自然。教师在适当时机表现出对学生的关怀，这是师生有效沟通的前提。②接纳学生。教师应接纳学生真实的情绪反应，不压制、不任意评论，并尽力了解学生的心理，让学生知道教师也会理解学生，也是与学生站在同一战线的。③善意地展现自己的情绪。

① 沈贵鹏. (1997). 师生课堂口头言语互动研究. *教育科学*, (1), 23-25.
② 侯超. (2007). 儿童情绪表达规则的研究综述. *黑龙江教育学院学报*, 26 (2), 74-76.
③ Ekman, P., & Friesen, W. V. (1969). The repertoire of nonverbal behavior: Categories, origins, usage, and coding. *Semiotica*, *1* (1), 49-98.
④ Jones, D. C., Abbey, B. B., & Cumberland, A. (1998). The development of display rule knowledge: Linkages with family expressiveness and social competence. *Child Development*, 69 (4), 1209-1222.
⑤ Saarni, C. (1988). Children's understanding of the interpersonal consequences of dissemblance of nonverbal emotional-expressive behavior. *Journal of Nonverbal Behavior*, 12 (4), 275-294.

质性研究结果表明，教师能够自然地对学生表达积极情绪。对于消极情绪的表达，教师普遍表示需要控制，尽量不把它们带到课堂上来，会选择缩小甚至伪装的方式来加以压制，然而有时候消极情绪还是会影响到教学。[①]

2. 与家长相处的情绪表达规则

研究发现，教师在与学生家长相处时，直接表达正面情绪，对于负面情绪多采用掩盖的方法。教师和家长进行沟通时通常采用以下情绪表达规则：①同理心。教师设身处地地、无条件地接纳家长，思考对方怎么想，感觉如何。②主动。教师主动与家长接触，并经常联系。良好的合作关系来自平时建立起来的互信，而不是在发生事情后才想要进行沟通来化解问题。③亲切。教师和家长沟通时，要面带微笑、态度谦和、语气热诚。④事实描述，慎选言辞。教师与家长谈论学生的问题时，只针对实际问题作事实性描述。[②]

3. 与同事相处的情绪表达规则

教师在与同事相处时以融洽互助为情绪基调。这种情绪基调形成了一种群体情绪氛围，决定了在教师群体中什么是最适宜的情绪表达方式。在个体层面，同事之间的情绪表达方式取决于人与人的关系亲密程度：对于朋友式的同事，教师能够积极、主动、真实地表达内在的情绪感受；对于非朋友式的同事，教师则恰当地表达积极情绪，一般不表达消极情绪；对于关系不好的同事，教师对于积极情绪与消极情绪皆避免表达。

4. 教师情绪表达规则的差异

研究表明，教师对女生、低年级学生、学习成绩优异和乖巧的学生更多地表达积极情绪，对他们的忍耐性也更强；对于单亲、离异和贫困家庭的学生的情绪表达更为委婉，以免对他们造成伤害。教师的教龄越长，控制情绪的能力越强，表达情绪的方式越灵活；性格内向的教师在表达情绪时选择抑制的可能性更大；相对于任课教师，班主任为了在学生中树立威信，更倾向于表达中性情绪。[③]

另外，中小学教师工作情境中的情绪表达存在冲突，主要表现为对学生的情绪表达冲突、对同事和领导的情绪表达冲突、对学生家长的情绪表达冲突。

尹洪彪通过对几位中国教师的访谈研究，总结出了中国教师情绪表达的特点：刀子嘴、豆腐心。[④]研究者以情绪劳动理论为基础进行研究发现，一方面，中国教

① 陈丽．（2012）．*中小学教师情绪表达冲突及其相关研究*．硕士学位论文，广州大学．
② 陈丽．（2012）．*中小学教师情绪表达冲突及其相关研究*．硕士学位论文，广州大学．
③ 陈丽．（2012）．*中小学教师情绪表达冲突及其相关研究*．硕士学位论文，广州大学．
④ Yin, H. (2016). Knife-like mouth and tofu-like heart: Emotion regulation by Chinese teachers in classroom teaching. *Social Psychology of Education*, 19 (1), 1-22.

师的表层劳动包括假装自己有某种情绪（例如自嘲），或者夸大某些情绪表达（例如表现得特别愤怒，其实事情很小），再或者有意地与学生保持距离。这些有意而为之的情绪表现展现在学生面前，就形成了教师"刀子嘴"的形象；另一方面，教师非常明确自己的所作所为。从深层劳动层面而言，教师都会对学生的事件重新关注或者重新解释。例如，有的教师谈到，"如果你把那些学生犯的错当作教学生活的全部，那么你一定会特别痛苦，但如果你能认识到它只是工作的一部分，在你的教学生涯中其实还有很多其他乐趣，那么你就不会那么受挫"。也有教师谈到，"我从来不真地跟他们置气，他们仅仅是孩子，这点事又算得了什么"。这些对情境的重新解释从侧面表现出教师对学生的"豆腐心"。

（三）教师情绪表达的内容

1. 教师正性情绪表达的内容

正性情绪也称为积极情绪或者正向情绪。罗素（Russell）等曾提出，正性情绪就是当事情进展顺利时，你想微笑时产生的那种好的感受。[①]教育中最常见的正性情绪是教师对学生的爱。这种爱基于教育组织要求和学生发展需要，称为教育爱。蒙台梭利（Montessori）说："儿童是每一个人温情和爱的感情汇聚的唯一聚点。一谈到儿童，人的内心就会变得温和、愉快。整个人类都享受他所唤起的这一深厚情绪。儿童是爱的源泉。"[②]教师对学生的正性情绪表达主要有如下内容。

1）喜爱。教师对学生的喜爱满足了学生安全的需要、归属和爱的需要，这些喜爱给学生带去愉悦、开心等积极情绪体验。

2）关怀。教师关怀学生对学生有积极的教育意义，它能培养出有能力关心他人、具有爱心的学生。在教师的关怀、关心之中，学生学会了如何分辨关心、接受关心，并学会如何关心别人。

3）满意。教师的满意表达了对学生价值的肯定，可以促使学生更加努力地学习，让他们享受到成功的喜悦。

4）期望。教师的期望是"对孩子发展的各种可能性的耐心和忍耐、信念和信任"的情绪[③]。心理学家罗森塔尔（Rosenthal）和雅各布森（Jakobson）曾在加利福尼亚州的一所学校做过一个著名实验。[④]新学期，校长对两位教师说："根据过

---

① Russell, J. A., & Barrett, L. F. (1999). Core affect, prototypical emotional episodes, and other things called emotion: Dissecting the elephant. *Journal of Personality and Social Psychology*, 76 (5), 805-819.
② 蒙台梭利.（1993）.*蒙台梭利幼儿教育科学方法*. 任代文，译. 北京：人民教育出版社.
③ 马克斯·范梅南.（2001）.*教学机智：教育智慧的意蕴*. 李树英，译. 北京：教育科学出版社.
④ 罗森塔尔，雅各布森.（2003）.*课堂中的皮格马利翁：教师期望与学生智力发展*. 唐晓杰，崔允漷，译. 北京：人民教育出版社.

去三四年来的教学表现，你们是本校最好的教师，为了奖励你们，今年学校特地给你们挑选了一些最聪明的学生。记住，这些学生的智商比同龄的孩子都要高。"一年之后，这两个班级的学生成绩是全校最优秀的，甚至比其他班学生的分数高出好几倍。但实际上，这些孩子是在所有孩子中随机选择的，其智商与同龄孩子并无显著差异。正是教师对学生的期待，对实验组学生的深切期望和设想的区别对待，使得他们的智力比对照组学生得到显著的增进。这就是著名的罗森塔尔效应。埃里克森认为小学阶段是"勤奋对自卑"的矛盾冲突阶段，而教师的期望能帮助学生顺利度过这一阶段。

2. 教师负性情绪表达的内容

负性情绪亦称消极情绪或者负向情绪。适切的负性情绪表达是开展教育活动、促进学生发展以及保持教师身心健康发展所需要的。在课堂教学过程中，教师负性情绪表达的主要内容有愤怒、担忧和失望。

1）愤怒。愤怒是一种强烈的不快感。"教师非常清楚自身在工作中想要达成的目标，而当他们在达成目标的过程中遭到阻碍时，就会表现出愤怒。阻碍源自诸多方面，大体包括同事、管理者、家长、学生及社会。"[1]在课堂教学中，教师巧妙地表达愤怒可以起到促进学生发展的作用。教师要适切地表达愤怒，最好是"修正过的愤怒"，即经过调整、怒气受到控制、不会伤害到他人的愤怒情绪。[2]

2）担忧。教师对于学生的担忧是负责任和关爱的表现。

3）失望。教师对于没达到他们期望的学生最初是抱有耐心的，相信只要再等等，他们肯定能达到要求，可是随着时间的推移，如果学生一直没有达到要求，教师就会对学生产生失望的情绪。

（四）教师情绪表达的层级

霍克希尔德（Hochschild）提出情绪表达具有深层与表层两个层次。[3]深层表达表现出的是自己真正感受到的情绪，而这些情绪被认为是必要的；表层表达表现出的是被期待的适当行为，但不是自己真正感受到的情绪。通俗地讲，"表里一致"的情绪表达属于深层表达，"表里不一"的情绪表达属于表层表达。

1. 教师情绪的深层表达

教师情绪的深层表达是一种自然流露的情绪表达。这种表达最能体现教师内

---

① P. A. Schutz. (2010). *教育的感情世界*. 赵鑫，等译. 上海：华东师范大学出版社.

② 孔维民.（2007）. *情感心理学新论*. 长春：吉林人民出版社.

③ Hochschild, A. R. (1983). *The Managed Heart: Commercialization of Human Feeling*. Berkeley: University of California Press.

心的真实世界，学生对这种情绪表达是十分敏感的。

深层表达可以分为主动深层表达和被动深层表达。教师情绪的主动深层表达与教师情绪的表层表达在某些方面是一致的，主要表现在都需要对自己的内在情绪的真实体验进行压制，表达符合组织要求的情绪，但主动深层表达比表层表达的主观努力程度要大。

2. 教师情绪的表层表达

不符合教育要求的情绪是不利于教育教学和学生的，于是教师通过调整自己的情绪使自己向学生表达的情绪是符合教育要求的。内心是非愉悦的体验但表现出来的却是愉悦的表情，这种表达被称为正性情绪的表层表达；内心是愉悦的体验但表现出来的却是非愉悦的表情，这种表达被称为负性情绪的表层表达。

教师情绪表达的表层性特征在教师的课堂教学中起到了非常重要的作用，不仅有助于保持良好的课堂气氛，也有助于课堂教学的顺利进行。徐志刚对此进行了研究，得出以下四个结论：①在情绪的表层表达中，教师更乐于表达负性情绪，在情绪的深层表达中，教师更乐于表达正性情绪；②年长的、教龄较长的教师比较容易采取正性情绪的表层表达，不过50岁以上的教师在情绪主动深层表达方面的意识会明显减弱；③中年级教师采用正性情绪表层表达的意识弱于高年级教师，采用负性情绪表层表达的意识却显著强于高年级教师；④女性教师比男性教师更容易采取主动的深层表达。[①]

（五）影响教师情绪表达的因素

1. 教师方面

1）人格因素。人格是指一个人的思想、情绪及行为的特有统合模式，这种独特模式包含一个人区别于他人的、稳定而统一的心理品质。有着不同人格的教师会使用不同的情绪表达方式。教师了解自己的人格特点，找到适合自己的情绪表达策略，更有利于教学任务的完成。格罗斯和约翰（John）认为，"外倾性"和"神经质"两种人格特征会影响个体的情绪表达。[②]外向的人喜欢与人接触，充满活力，经常感受到积极情绪。神经质反映了个体常体验消极情绪的倾向和情绪不稳定性。高神经质个体更容易体验到诸如愤怒、焦虑、抑郁等消极情绪。由此可见，教师应该了解自己的人格特征，只有这样才能更好地表达自己的情绪。

2）教师的年龄、教龄、教授科目和性别差异。年龄越大、教龄越长的教师使

① 徐志刚．（2011）．*小学教师情感表达及其德育价值研究*. 博士学位论文，南京师范大学.
② Gross, J. J., & John, O. P. (1997). Revealing feelings: Facets of emotional expressivity in self-reports, peer ratings, and behavior. *Journal of Personality and Social Psychology*, 72 (2), 435-448.

用情绪言语表达的意识更强；文科教师的情绪表达明显多于理科教师；低、中年级教师使用情绪言语表达的频率要高于高年级教师；女性教师、30 岁以上教师、教龄长于 3 年的教师、低年级教师更倾向于用肢体语言表达情绪。[1]

2. 学生方面

学生情绪因素是指学生在课堂中产生的情绪对教师情绪表达的影响。研究表明，学生情绪是影响教师情绪感染表达的一个重要因素。王潇等认为，情绪感染指的是当人们下意识地模仿他人的表情时，通过感受每分每秒的情感回应，人们能够在他人的情绪中感受到自己。[2]在课堂上，教师会受到学生情绪的感染，下意识地模仿学生的情绪，进而表达出与学生相似的情绪。因此，教师不仅需要及时监控自己的情绪状态和变化，还要及时根据学生的情绪状态和变化来恰当地表达自己的情绪，以便有效地将学生的情绪反应引导到教学目标需要的方向上。

3. 课堂情境因素

课堂情境因素是指师生之间关于课堂规则、气氛、组织与内容等的认识对教师情绪表达的影响。当师生之间对规则、组织、气氛与内容等的认识达成一致时，课堂气氛就会很和谐，教师也更愿意表达积极的情绪。相反，如果师生之间对规则、组织、气氛与内容等的认识不一致，就会影响教学的效果，教师更愿意表达消极情绪。周青霞等[3]、尚金梅[4]都认为，不同的课堂情境会影响教师的情绪表达。例如，在学生认真听课、课堂纪律良好的教学情境中，教师会利用面部表情、体态和语言来表达丰富的情绪，从而收到良好的教学效果。相反，讲课过程中若有学生捣乱，破坏原本良好的课堂秩序，就会导致教师情绪低落，更多地表达消极情绪。[5]

五、课堂情境下教师对学生情绪的知觉与教师情绪的表达

（一）课堂情境下教师对学生情绪的知觉

课堂情境下教师对学生情绪的知觉属于教师情绪智力范畴。有研究者采用访谈法，对中国及新加坡的 8 名教授创造力课程的教师进行了深度访谈，结果发现，

① 徐志刚.（2011）. *小学教师情感表达及其德育价值研究*. 博士学位论文，南京师范大学.
② 王潇，李文忠，杜建刚.（2010）. 情绪感染理论研究述评. *心理科学进展*，18（8），1236-1245.
③ 周青霞，王异芳，王争艳.（2011）. 大学生情绪表达影响因素研究. *中国学校卫生*，32（5），554-555.
④ 尚金梅.（2007）. *情境的社会属性对大学生情绪表达的影响*. 硕士学位论文，西南大学.
⑤ Sutton, R. E., & Wheatley, K. F. (2003). Teachers' emotions and teaching: A review of the literature and directions for future research. *Educational Psychology Review*, 15 (4), 327-358.

教师在教学过程中对学生的情绪知觉主要通过以下途径实现：学生行为、师生同步及结果表现。[1]教师对学生情绪的处理经常与争吵行为有关。实际上，教师很难知道学生的真实情绪，尤其是在东亚文化背景下，大多数教师只能通过学生的外在行为表现观察他们的情绪。教师还通过与学生情绪保持同步，即情绪感染的形式来识别学生情绪，师生同步是师生之间一系列方向一致的互动，建立在亲密的、良好的师生关系的基础之上。这种关系本身就传递着师生间的正性情绪。最后一种途径是对学生的结果表现进行观察。从过程这个角度来看，不难发现教师和学生可能会经历各种不同的情绪。但是，这样的情绪不仅反映在过程中，同样会在课程结束时表现出来。例如，其中一位受访教师表示，他的学生在上完课会非常开心。这表明学生的部分情绪反应是在完成课程之后产生的。课程的结果与收获影响着学生的情绪反应。这是一种结果情绪，又可以被称为目标导向的情绪。以上三种途径可以帮助教师有效地知觉和理解学生的情绪。

（二）课堂情境下教师情绪的表达

教师情绪表达应因"事"而异。在课堂教学中，在知识传授的过程中，教师应以鼓励等正性情绪去帮助学生接受和内化知识。但是，在维持课堂秩序的过程中，教师的负性情绪表层表达是必需的，这有助于维持正常的课堂教学秩序，保证课堂的教学质量。

教师需要对学生表达发自内心的喜爱、关心、满意等正性情绪，而在需要向学生表达愤怒、失望、担心等负性情绪时，教师应进行表层的表达。

教师在课堂教学中的感情表达应当多样化。教师情绪表达的载体主要有言语、肢体动作以及面部表情等。教师在进行情绪表达时要注意表达形式的"搭配"使用，不能局限于一种表达形式。

教师不仅要重视对优等生和后进生的情绪表达，还要重视对中等生进行情绪表达。在课堂教学活动中，教师在情绪表达对象范围上存在"两头大，中间小"的现象，重视对优等生和后进生的情绪表达，而忽视了对中等生的情绪表达。"优等生""中等生""后进生"是对学生的一种具有情绪色彩的称呼，教师重视对学生情绪的表达，其中的"学生"就应该包括班级里的每一位学生，教师要"一视同仁"地对学生进行情绪表达。

---

[1] Wai, K., & Siu, M. (2014). Problems and possibilities to enhance non-local work-integrated learning experience for postgraduate design research. *International Journal of Quality Assurance in Engineering and Technology Education*, 3 (3), 68-87.

第三节 教师情绪管理

一、教师情绪管理概述

田园指出，教师情绪管理是指教师通过对自身情绪状态的主动影响，控制自己的消极情绪，不把负性情绪带到教学中，更不发泄到学生身上。[①]孙有福把中小学教师情绪管理的内涵界定为四个方面：建立情绪疏导机制，克服消极情绪；自觉养成积极健康的情绪情感；教师要把握学生情绪情感发展的特征，并正确对待他们的情绪变化；教师要具备走进学生情感的本领。[②]邹燕关于小学教师情绪管理的个案研究说明，教师情绪管理包括两个层面：教师个人情绪管理和学校对教师的情绪管理。[③]教师个人情绪管理是教师对自身的情绪状态进行识别、分析和调节的过程。学校对教师的情绪管理是指学校的管理者对教师群体的情绪进行认识、协调、引导和控制，挖掘和培植教师的情绪智商，使教师保持良好的情绪状态。从管理学角度开展的研究认为，教师情绪管理是指学校管理层通过教师考评、民主管理等一系列管理措施，对学校内部个体和群体的情绪进行干预、调节和引导，建立和维护整体良好情绪状态的一种现代管理方法。[④]国外对教师情绪管理的研究起步较早，目前主要采用实证研究，侧重探讨教师情绪管理的影响因素、重要性及对策等。[⑤]

通过上述梳理发现，教师情绪管理内涵的界定主要从主体、对象、内容三个层面进行。在主体方面，大多数学者认为教师情绪管理是指教师情绪自我管理，但也有学者认为其包括教师情绪自我管理和教师情绪他人（主要是指学校和教育行政部门）管理。在对象方面，一些研究认为教师情绪管理仅仅是对教师自身情绪的管理，而另外一些研究认为还应包括对学生情绪的管理和对整个课堂气氛的管理。在内容方面，大多数研究只强调对消极情绪的管理，只有少数学者认为对积极情绪的维持与消极情绪的减少同样重要。

根据情绪管理的内涵，本书把教师情绪管理界定为教师对自己的情绪有清醒

① 田园．（2004）．教师的情绪管理．*河北教育（教学版）*，91.
② 孙有福．（2002）．中小学教师情绪管理初探．*思想·理论·教育*，（z1），93-95.
③ 邹燕．（2010）．*小学教师情绪管理的个案研究*．硕士学位论文，天津师范大学．
④ 傅玉蓉，付新民．（2010）．重视教师"情绪管理"促进教师可持续发展．*西南农业大学学报（社会科学版）*，（6），227-228.
⑤ 胡琳梅，张扩滕，龚少英，李晔．（2016）．情绪调节策略对教师工作投入的影响——课堂情绪和教师效能感的中介作用．*教师教育研究*，28（1），49-54.

的认识，然后通过各种方法对情绪进行调适，以使自己处于一种积极情绪状态，或为达到教学目的适度地表达消极情绪的过程。

二、教师情绪管理的内容

教师情绪管理的内容主要包括情绪觉察、情绪分析及情绪调适。

（一）情绪觉察

情绪觉察是情绪管理的基础，是指透过心理或生理状态来觉察自己或他人的情绪，认清情绪的影响。要想有效地管理情绪，第一步就要先觉察到自己或他人的情绪状态。教师要敢于正视自己的内心感受，遇到情绪问题时不逃避，而是要主动运用心理学理论去觉察自己的情绪，认识到自己真正存在什么情绪，以及这样的情绪对自己造成了什么影响。

（二）情绪分析

情绪分析是有效情绪管理的第二步。情绪分析是指运用心理学理论，了解引发情绪的原因。只有了解了引发情绪的原因，才能从根本上解决情绪问题，消除不良情绪。教师在遇到情绪问题时，要运用心理学的理论分析引发自己情绪的原因，缓和及转换情绪。

（三）情绪调适

情绪调适是指采取某些策略来缓解或转化自己及他人的情绪，维持良好情绪。教师要主动运用心理学和管理学的科学方法，积极调适自己的情绪，消除不良情绪，维持良好情绪。学校及社会要根据对教师的内在需求、内在感受觉察的结果以及分析结果，积极地采取应对措施来对教师进行情绪管理。

三、教师情绪管理的途径与方法

教师情绪管理中，教师、学校以及社会是紧密相关的。因此，推进教师情绪管理需要社会和学校的支持与帮助，社会、学校的关心和支持是教师情绪管理的主要外部途径，而教师自身情绪维护系统更加重要，是教师情绪管理的核心。

（一）社会建立稳固的教师情绪管理支持系统

社会的关心和支持对推进教师情绪管理有很大的作用，社会要在政策上积极营造利于推进教师情绪管理的环境，切实提高教师的社会地位，使他们处于良好的情绪状态中。

社会对教师期望程度的高低会对教师的情绪状况产生不同的影响。社会对教师有较高期望，会使教师感受到自我价值，但是如果期望过高，则会过犹不及，会给教师造成无形的压力，影响教师的情绪。但如果社会对教师的期望过低，会使教师感到不被尊重，工作没有动力。所以，社会对教师的期望要合理化，不能把所有的责任都推给教师。

（二）学校完善教师情绪管理关心支持系统

学校是教师的主要生活、工作空间，学校管理制度、学校环境等都会严重影响教师的情绪反应。因此学校管理者要充分认识和掌握情绪管理理论，积极完善教师情绪管理的关心支持系统，为教师提供宽松、和谐的学校环境，给予教师以人文关怀，满足教师需要，建立教师情绪管理体系，帮助教师的情绪向正向方面转换。

教师情绪管理体系是一个包括情绪教育、情绪测评和情绪管理服务于一体的完整体系。情绪教育就是学校要给教师传授情绪和情绪管理方面的知识，使教师更好地认识、理解情绪，掌握情绪管理策略。情绪测评就是对教师的情绪定期进行测评，及时发现教师的情绪变化。情绪管理服务就是为教师进行情绪管理提供服务，如建立情绪宣泄室、设立心理咨询室等。

（三）教师建立自身的情绪维护系统

教师要学习运用情绪管理的方法。首先，察觉自己真正的情绪，不要压抑自己的情绪；其次，了解引发情绪的原因；最后，寻求方法调节情绪。情绪调节的具体方法包括缓和情绪法和转移法。

1）缓和情绪法。教师在工作中遇到情绪问题时，可以先采用缓和情绪的方法来避免和制止情绪的进一步恶化，以保证生活和工作的正常进行。缓和情绪的方法有身心松弛法和倾诉法。身心松弛法是利用生理和心理的交互影响，使生理和心理两方面同时达到放松的效果。倾诉法是找熟悉和信赖的他人诉说自己的想法，并寻求对方理解、关心和情绪安慰的方法。精神分析理论强调每个人基本上都有与他人沟通的强大精神需要，与人交谈具有缓和、抚慰、稳定情绪的作用。所以，当有不良情绪时，可以找家人、朋友、亲戚或同事谈一谈，倾诉是最好的情绪纾解方式。

2）转移法。转移法又称移情法。在遭遇不良情绪的困扰时，为了减轻和消除不良情绪，可以把注意力由不良情绪和思维中转到自己感兴趣的工作或其他事情上，使自己较快地从不良情绪中解脱出来，达到心理平衡，如参加一些体育或娱乐活动、看电视、听音乐、进行短途旅行、上网或者做家务，这些都可以使情绪得到调节。

第四节　师生互动中的学生情绪

一、师生互动中学生情绪表达的形式与特点

（一）学生情绪表达的形式

孙俊才等通过问卷对中小学生的情绪表达方式进行了研究，结果发现，中小学生会更多地表达和夸大高兴情绪，更多地减弱愤怒情绪，更多地控制、修饰和掩饰轻蔑情绪。[①]通过年级分析发现，八年级学生会比五年级学生更多地减弱情绪，特别是减弱愤怒情绪和厌恶情绪，五年级学生比八年级学生更多地夸大情绪，特别是夸大厌恶、悲哀、恐惧三种负性情绪。这表明八年级学生比五年级学生更注重从社会效益实现的角度选择情绪表达方式。

（二）学生情绪表达与教师情绪体验的关系

研究发现，学生上课时的非言语行为与教师的情绪体验有密切关系。情绪感染理论告诉我们，如果学生发现教师情绪很积极，他们就会模仿这些行为进而通过非言语行为表现出来。莫泰（Mottet）和毕比（Beebe）将学生的非言语反应定义为学生对非言语线索的使用[②]，这些线索表明学生在认真听讲和积极参与课堂。总的来说，非语言反应很重要，它是检验教师交流和学生参与的指标。

二、课堂情境下学生的情绪体验

目前，学界普遍认为情绪是由主观情绪体验、面部表情、生理反应构成的。但目前学界对情绪表情、情绪生理的研究较多，而对情绪体验的研究较少。所谓情绪体验，是指脑的感受状态，是心理活动的一种带有独特享乐色调的知觉和意

---

① 孙俊才，卢家楣，郑信军.（2007）.中小学生的情绪表达方式认知及其与同伴接纳的关系. *心理科学*, *30*（5），1052-1056.

② Mottet, T. P., & Beebe, S. A. (2000). Emotional contagion in the classroom: An examination of how teacher and student emotions are related. *Arousal Patterns*, 36.

识。[①]学生在课堂上的情绪体验是指学生在课堂这一情景下，在与教师互动的过程中，对教师情绪和班级心理氛围的感知。学生在课堂上的情绪体验与其情绪调节、学习效率、道德发展、身心健康都有明显相关。

陶光学研究了小学生在课堂上的消极情绪体验，总结了两类学生的感受：一类是聪明灵活的学生，他们学习新知识的速度很快，对学习过程的体验良好，总感觉老师讲得太慢或者其他学生学得很慢；另一类学生对课堂的感受是"难熬"、漫长，他们害怕发言，无法参与到课堂中去，有一种孤独的情绪感受。[②]这种情况在农村课堂上表现更为明显。对此，他提出了三种调控策略：营造和谐的师生关系，激发学生的进取精神；发挥学生的主动性，引导学生自主学习；教师转变关系，努力营造和谐的课堂气氛。

另外，朱晓斌和邢赛春通过问卷和量表相结合的方法，对两所小学四年级、六年级学生进行研究。[③]结果发现，六年级学生的课堂学业情绪显著高于四年级学生；四年级、六年级女生的课堂学业情绪显著高于男生。

张鹏程采用问卷法，对中学生的课堂情绪体验进行了研究。[④]调查发现，中学生课堂情绪体验丰富，积极情绪显著多于消极情绪。情绪体验存在显著的性别和年级差异：男生的积极情绪体验显著高于女生，消极情绪体验显著低于女生；初中生的消极情绪体验显著低于高中生，且初三和高三年级是两个明显的突增点；初中生的积极情绪体验显著高于高中生，且初三和高三年级是两个明显的骤降点。另外，调查还发现中学生的课堂情绪体验的性质与其学习成绩具有一定的关联性，认为自己在班级学习成绩越好的学生，越容易产生积极的情绪体验；反之，认为自己在班级成绩越差的学生越容易产生消极的情绪体验。

第五节　影响师生情感互动的因素

一、教师因素

1）教师素质。教师素质是影响师生关系的核心因素，也是影响课堂互动的重要因素。教师素质不仅包括教师的专业知识、教育知识与技能，同时也包括师德。教师师德缺失会使学生产生厌恶情绪，从而影响师生情绪的互动。

---

① 乔建中. (2003). *情绪研究：理论与方法*. 南京：南京师范大学出版社.

② 陶光学. (2008). 浅谈小学生课堂消极情绪的调控. *读与写（教育教学刊）*, 5（7），153-153.

③ 朱晓斌, 邢赛春. (2011). 小学生课堂学业情绪与写作成绩的关系研究. *宁波大学学报（教育科学版）*, 33（3），18-21, 104.

④ 张鹏程. (2014). *中学生课堂情绪体验研究*. 博士学位论文, 上海师范大学.

106 教育中的情绪传递

2）教师的非言语行为。在课堂教学过程中，教师和学生的互动很多时候是通过非言语行为进行的，因此非言语行为必然会影响师生情感的互动。

3）对待学生的态度。教师对待学生的态度会在一定程度上影响师生关系，良好的师生关系是师生情感互动的基础，教师对学生的关怀、付出、体贴等积极的态度都会对师生情感互动起到积极的作用[1]。

4）教师特质。教师的人格是一种稳定的影响因素，对师生情感交流产生潜在影响。[2]例如，有激情的教师可以有效调动课堂氛围，同时也可以激发学生的热情，学生的热情反过来又会影响教师的情绪，从而形成一种良性循环。[3]

5）教师对学生的评价。教师对学生的正面评价会调动学生的积极性，增强学生的自信心，有利于积极的师生情感互动。[4]

二、学生因素

1）学生对待学习的态度。学生对待学习的态度会在一定程度上影响学生对教师的情绪，从而影响师生之间的关系，进而影响师生之间的情感互动。

2）学生对教师的要求。学生对教师的要求是否得到满足，也会影响师生关系的品质，从而影响师生之间的情感互动。[5]

3）学生势力（指学生在师生互动中敢于发表不同看法的态度和人数）。学生势力的强弱会影响师生之间的互动，学生势力强，师生互动频率就会高，从而会产生积极的师生情感互动。[6]

三、教师与学生相互作用因素

1）师生关系观。影响师生互动最主要的因素就是师生关系，新型的师生关系观强调以学生为主体，让学生感受到自身的付出和关怀有利于塑造良好的师生关系，从而在师生间形成良好的情感互动。[7]

2）师生的代际差异。师生之间的代际差异是客观存在的，这种差异会影响师生关系，从而影响师生之间的情感交流。

[1] 阮芳．(2009)．*师生情感互动及其影响因素研究*．硕士学位论文，贵州师范大学．
[2] 李金华．(2005)．师生情感互动对学生健全人格的养成．*许昌学院学报*，*24*(6)，146-147．
[3] 谢红仔．(2003)．情感互动是师生互动的实质．*教育导刊（上半月）*，(2)，61-64．
[4] 阮芳．(2009)．*师生情感互动及其影响因素研究*．硕士学位论文，贵州师范大学．
[5] 阮芳．(2009)．*师生情感互动及其影响因素研究*．硕士学位论文，贵州师范大学．
[6] 阮芳．(2009)．*师生情感互动及其影响因素研究*．硕士学位论文，贵州师范大学．
[7] 阮芳．(2009)．*师生情感互动及其影响因素研究*．硕士学位论文，贵州师范大学．

四、教学内容

1）切入点。教师如果能在向学生教授教学内容的过程中找到学生比较感兴趣的切入点，就会充分调动学生的积极性，从而增加师生之间积极的情感互动。[①]

2）教学方法。教师在教学方法的设计中渗透更多的情感成分，有利于创造积极的师生情感互动。[②]

五、教学环境

1）教学模式。传统的以教师传道授业解惑为中心的教学模式缺乏教师和学生之间的重复互动，已经不能满足教学的需要，而以学生为中心的新型教学模式增加了师生间的情感互动，有助于调动学生的积极性。[③]

2）学校民主化和课堂民主化。学校民主化作为塑造和谐人际关系的大前提，可以引发教师的积极情绪，从而形成积极的课堂情感互动。课堂的民主化更是师生平等互动的首要条件，可以营造一种积极的情感互动[④]。

3）应试教育体制。在应试教育的环境下，教学注重认知方面的交流，而缺乏情感方面的交流，这不利于引发积极的师生情感互动。[⑤]

4）座位安排。威拉德·沃勒（Willard Waller）最早从课堂生态学的角度提出课堂的空间结构会影响课堂的人际互动。随后的研究也说明，座位的安排会影响师生之间的互动和师生的态度，从而影响师生间的情感互动。[⑥]

5）班级规模。西尔弗施泰因（Silverstein）等的研究指出，课堂上学生的人数不可过多，一旦人数过多，就会使教师分心，进而影响学生的课堂参与度。[⑦]

---

① 谢红仔.（2003）. 情感互动是师生互动的实质. *教育导刊（上半月）*,（2），61-64.
② 李金华.（2005）. 师生情感互动对学生健全人格的养成. *许昌学院学报*, 24（6），146-147.
③ 阮芳.（2009）. *师生情感互动及其影响因素研究*. 硕士学位论文, 贵州师范大学.
④ 谢红仔.（2003）. 情感互动是师生互动的实质. *教育导刊（上半月）*,（2），61-64.
⑤ 李金华.（2005）. 师生情感互动对学生健全人格的养成. *许昌学院学报*, 24（6），146-147.
⑥ 转引自曾慧芳.（2010）. 影响学生参与课堂教学的主要因素探析. *教学与管理*,（8），3-5.
⑦ 转引自曾慧芳.（2010）. 影响学生参与课堂教学的主要因素探析. *教学与管理*,（8），3-5.

第五章　师生情绪传递初探

教师作为最古老的职业之一，无论从历史发展还是对每一个人来说，都起着很重要的作用。在教师与学生的朝夕相处中，教师的一句话、一个动作甚至一个微小的情绪变化都可能会影响学生的情绪，甚至影响学生一生的发展。所以，对教师和学生的情绪进行研究是非常重要和必要的。

本章包括两节。第一节对师生情绪传递的初步探讨，调查中小学教师的情绪，之后请学生回忆自己与教师之间曾发生的情绪事件、当时的情绪以及现在的感受。该研究从师生之间的情绪记忆出发，了解学生接收教师的情绪后有怎样的反应，特别是留下了怎样的记忆，主要目的是分析情绪传递有无发生。第二节采用日记法，了解中学生在日常校园生活中与教师有关的情绪事件、教师的情绪和学生自己的情绪，主要的目的是了解日常师生情绪传递的频率。

第一节　中小学教师的情绪及其对学生情绪的影响

一、导言

教师情绪在教育教学中发挥着越来越重要的作用。达马西奥（Damasio）等认为情绪可分为三个层次，分别是背景情绪、主要情绪和社会情绪。[1]笔者认为这三种情绪层次对教师的工作很重要，具体到师生群体，其中的背景情绪是那些来自其他班级的教师和学生的情绪；主要情绪是教师自己体验到的情绪感觉，如快乐、喜悦、愤怒、失望、焦虑、烦躁等。陈秀敏发现，教师的情绪健康水平会影响他们的教学能力，教师情绪表现积极与否，不仅关系到自身的身心健康，也会直接影响学生积极情绪情感的养成和人格的健全发展。[2]

① Damasio, H., Tranel, D., Grabowski, T., Adolphs, R., & Damasio, A. (2004). Neural systems behind word and concept retrieval. *Cognition*, *92* (1), 179-229.
② 陈秀敏. (2010). 教师情绪表现与效能感的相关研究. *中国健康心理学杂志*, *18*（6），672-674.

学生情绪易受到教师情绪的影响。在与学生接触的过程中，教师的负性情绪会被学生感知到，伤害学生的自尊，降低学生的自信心。[1]更有甚者会激起学生的逆反心理，学生在以后的学习中以不学该教师所教的课来对抗教师或者故意惹教师生气。值得注意的是，学生的这种对抗行为会加剧教师的负性情绪。

当一个人经历的心理压力、痛苦、紧张等影响到同一社会环境中其他人的心理压力、痛苦、紧张等水平时，就发生了交叉传递。[2]交叉传递是一个双向的、个体间的压力、紧张等的传播过程。[3]在教育教学中，教师的情绪会传递给学生，并被学生感知到，同样，学生的情绪也会影响教师的情绪。

教师是教学过程中情绪信息的发出者，当教师处于教育教学环境时，其工作内容不仅包括开展课堂教学，其他面对学生、面对教学的工作过程也需要教师进行适当的情绪劳动，即发出积极情绪和适当表达消极情绪。那么，现实中教师在教育教学中的情绪状态如何，尤其是教师情绪的最重要承受者——学生对教师的情绪有怎样的感知和感受？教师的情绪对学生的心理健康成长又有何影响？对于这些问题，似乎人人都可谈感受，但上升到科学研究层面的探讨还比较匮乏。

因此，本次研究立足于教育教学情境，一方面用检测表的方式直接获取教师情绪状态的自检结果；另一方面采用访谈法了解中小学生对教师情绪状态的感知与感受，从而探讨教师情绪状态对学生情绪乃至心身发展的影响，为今后教师的情绪研究及师生之间的积极情绪传递研究提供依据。

二、研究方法

（一）研究对象

对象一：教师。对天津市中小学教师共发放问卷 350 份，剔除无效问卷 65 份，回收有效卷 285 份，有效回收率为 81.42%。其中，男教师 88 人，女教师 197 人；小学教师 82 人，初中教师 52 人，高中教师 151 人；一线任课教师 263 人，非一线任课教师 21 人，1 人教师身份信息缺失。

对象二：学生。选取自对象一中某些教师所带班级的在校学生进行书面访谈，共 108 人，其中初中生 26 人，高中生 82 人。另选取大学生 57 人。对象二共 165 人，其中男生 82 人，女生 83 人。

---

[1] 庞军朋.（2009）. *教师负性情绪对学校德育的影响研究*. 硕士学位论文，上海师范大学.

[2] Westman, M., & Etzion, D. (1995). Crossover of stress, strain and resources from one spouse to another. *Journal of Organizational Behavior, 16* (2), 169-181.

[3] Westman, M., Etzion, D., & Chen, S. (2009). Crossover of positive experiences from business travelers to their spouses. *Journal of Managerial Psychology, 24* (3), 269-284.

（二）研究工具

1. 调查工具

采用钟杰和钱铭怡编制的中文情绪形容词检测表。[①]该量表包括四个维度：烦躁（fidget，F）；愉快与兴奋（happy and excited，HE）；痛苦与悲哀（pain and sad，PS）；愤恨（angry and hate，AH）。编制者报告的各维度一致性信度和分半信度均在 0.8 以上，效标关联效度较好。HE 为正性情绪维度，其余为负性情绪维度。采用 5 点计分，情绪体验很弱记 1 分，较弱记 2 分，一般记 3 分，较强记 4 分，很强记 5 分。例如，被试选择了"愤怒的"选项，感到情绪体验很强则记 5 分，感到情绪体验很弱则记 1 分。

采用 SPSS16.0 对数据进行统计分析。

2. 访谈及材料处理

以写一篇作文的形式对学生进行书面访谈，了解学生感知、感受到的教师情绪状态及其对学生的影响。要求学生写一篇题为"我和老师之间印象深刻的一件事"的小文章，具体要求包括："①必须是你与教师之间的事；②请写出发生的时间；③详细描述教师当时的情绪表现（包括动作、言语等）；④描述你当时的情绪；⑤写出现在你回忆起来时的情绪；⑥描述这件事对你的影响。"字数要求为：大学生写 800 字，高中生写 600 字，初中生写 400 字。

对访谈搜集到的材料进行整理，核对材料的真实性，检查材料的可信度、清晰度。首先，仔细阅读大学生访谈材料，对材料进行初级编码，编码内容主要有情绪性质（V）、教师性别（G）、教师角色（R）、教师年龄（AG）、事件发生时间（T）、情绪的类别（C），然后再阅读所有材料并归类。其次，对材料进一步提取、归类，并对情绪进行二次编码，编码类别主要有愉快（H）、自豪（P）、放松（R）、愤怒（A）、焦虑（AN）、羞愧（S）、失望（D）、厌烦（B）、兴趣（I）、轻蔑（CO）、委屈（GR）、悔恨（RE）、感激（GR），最后统计频次并分析。

三、研究结果

（一）教师情绪状态的调查结果

1. 教师情绪的总体情况

285 名教师的情绪状态得分如下：烦躁（F）为 17.58±8.11、愉快与兴奋（HE）

---

① 钟杰，钱铭怡.（2005）. 中文情绪形容词检测表的编制与信效度研究. *中国临床心理学杂志, 13*（1），8，9-13.

为 17.53±6.18、愤恨（AE）为 14.92±7.60、痛苦与悲哀（PS）为 11.61±5.29。可见，教师在教育教学情境中既体验正性情绪如愉快兴奋，又体验负性情绪如烦躁，二者得分几乎无差异，在四种情绪状态中得分均较高；排在第三位的为愤恨情绪，得分最低的情绪种类为痛苦与悲哀。

2. 不同性别、是/否一线任课、所处不同学校的教师的情绪状态

表 5-1 显示，在愉快与兴奋（HE）维度上存在性别差异，男教师得分高于女教师，但是效应量较小（d=0.3207）；在负性情绪的三个维度上，一线教师得分均差异高于非一线教师，且效应量为中等及以上。

表 5-1 不同性别、是/否一线任课教师的情绪状态[M（SD）]

项目	性别				是否一线任课			
	男	女	t	d	一线任课	非一线任课	t	d
F	17.17（7.70）	17.77（8.29）	−0.573		17.98（8.19）	13.00（5.35）	2.738*	0.623
HE	18.89（6.80）	16.93（5.80）	2.493*	0.3207	17.36（6.15）	19.71（6.40）	−1.684	
PS	11.64（5.08）	11.59（5.40）	0.063		11.80（5.38）	9.43（3.41）	1.986*	0.452
AE	15.45（7.79）	14.68（7.52）	0.794		15.19（7.71）	11.76（5.32）	2.001*	0.455

注：*p<0.05，下同

表 5-2 显示，在负性情绪的三个维度上，初中教师得分均最高；在烦躁和愤恨两个维度上，小学教师得分均高于高中教师，但在痛苦与悲哀维度上小学教师和高中教师得分之间无显著差异。在愉快与兴奋情绪维度上，初中教师得分低于小学教师和高中教师，高中教师和小学教师得分之间无显著差异。

表 5-2 中小学教师的情绪状态

项目	小学	初中	高中	F	LSD
F	18.00（6.23）	23.90（10.60）	15.18（6.75）	26.624***	2>1>3
HE	17.78（5.88）	13.94（7.00）	18.60（5.60）	12.002***	1>2，3>2
PS	11.28（4.32）	14.92（6.84）	10.64（4.70）	14.088***	2>1，2>3
AE	15.19（5.85）	19.65（10.70）	13.14（6.40）	15.776***	2>1>3

注：1代表小学，2代表初中，3代表高中。括号外的数据为平均数，括号内的数据为标准差

（二）书面访谈中学生对教师及其情绪的描述

对 165 名学生的书面访谈材料进行分析，结果如下。

1. 学生描述的情绪事件中的教师基本情况

表 5-3 显示，学生描述的情绪事件大多发生在女教师与学生之间，这些情绪事件涉及班主任和非班主任教师均在 80 人以上，情绪事件发生时教师的年龄大多为 31～45 岁。

表 5-3 情绪事件中的教师基本情况描述

项目	教师性别			教师角色			教师年龄/岁			
	男	女	缺失	班主任	非班主任	缺失	≤30	31～45	>45	缺失
频数/人	60	95	10	83	81	1	35	63	36	31
百分比/%	36.36	57.58	6.06	50.30	49.09	0.61	21.21	38.18	21.82	18.79

2. 学生描述的教师情绪特点

表 5-4 显示，在学生的描述中，师生之间的情绪事件大多发生在初中阶段，其次是小学阶段，高中和大学阶段发生得较少。在 57 名大学生中，只有 10 人描述的情绪事件发生在大学阶段。在这些情绪事件中，令学生难忘的多为负性情绪事件。

表 5-4 情绪事件发生的时间及当时的情绪事件性质

项目	发生时间				情绪事件性质		
	小学	初中	高中	大学	正性	负性	缺失
频数/人	46	81	28	10	62	102	1
百分比/%	27.88	49.09	16.97	6.06	37.57	61.82	0.61

3. 情绪事件中学生感知到的教师情绪、学生当时的情绪及学生描述时的情绪

通过对学生访谈资料进行编码统计发现，情绪事件中的具体情绪种类描述多达 13 种，即愉快、自豪、放松、愤怒、焦虑、羞愧、失望、厌烦、兴趣、轻蔑、委屈、悔恨和感激。

图 5-1 显示，学生感知到的教师情绪中负性情绪居多，特别是愤怒和失望。教师的负性情绪对学生的影响明显，即愤怒、失望等负性情绪容易被学生感知到，并使学生产生了愤怒、焦虑、羞愧、委屈等负性情绪，说明教育情境中的"情绪污染"严重。另外，对比学生感知到的教师情绪和学生当时的情绪可以看出，学生在情绪事件发生时感知到的教师的情绪反应如愉快、自豪、放松、厌烦，和学生自己当时的情绪反应存在相对一致性，而学生在情绪事件发生时感知到的教师愤怒、失望情绪和学生自己当时的焦虑、羞愧、委屈等情绪反应不一致。

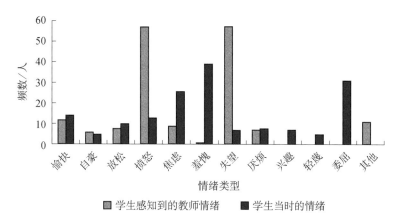

图 5-1 访谈中学生感知到的教师情绪和学生情绪的统计图

四、分析与讨论

（一）教师情绪状态的特点

整体来看，多数教师处于正性情绪状态下，一方面可能是由于我国重视教育事业、重视教师群体，经常开展教师心理健康教育；另一方面，可能是由于教师队伍整体素质提高，掌握合理有效的情绪调节策略，能够始终以积极向上的心态去面对生活、面对工作。但不容忽视的是，和愉快与兴奋等积极情绪相抗衡的是他们的消极情绪，如烦躁情绪等，并且教师的愤恨情绪也较多，而一线教师的负性情绪更多。这是否是因为中小学教师的工作比较繁杂和琐碎、在校时间长，抑或是中小学教师与学生之间的接触较多，是否与"经常与有倦怠感的同事交流有关学生问题的教师，最可能感受到同事的负性态度"有关？[1]还有待进一步探讨。

初中教师的负性情绪多于小学教师和高中教师，可能与他们面对的是正处于青春期的学生有关。另外，压力情境也对情绪传递有一定的影响，在压力情境下，个体更容易产生较多的负性情绪。[2]

（二）学生对教师特点、情绪事件及教师情绪状态的感受

本次访谈采用单盲设计，学生并不知道实验目的。因此，访谈材料能真实地反映学生的感受。整体而言，学生描述的情绪事件多发生在其与 31～45 岁初中女

[1] Bakker, A. B., & Schaufeli, W. B. (2010). Burnout contagion processes among teachers. *Journal of Applied Social Psychology, 30* (11), 2289-2308.

[2] Howard, D. J., & Gengler, C. (2001). Emotional contagion effects on product attitudes. *Journal of Consumer Research, 28* (2), 189-201.

班主任之间，情绪事件多为负性的，说明初中阶段负性情绪事件对学生的影响较大、持续时间较长。特别是在这些材料中，学生对教师在愤怒情绪状态下的表现的描述具体而生动，如"因为害怕，我没有去看老师，但我能够从语气中听出老师这次真的很生气"，"她（教师）用毒辣、尖锐的眼神看着我，眼中透着愤怒与失望"等，读后让人犹如身临其境。有的学生直接写道："现在想起来都好像历历在目，甚至能唤起自己恐惧、愤怒的情绪。"

学生描述教师出现愤怒情绪的情形有很多，例如，教师发现平时成绩不错也听话老实的学生偶尔没达到要求或犯错时，往往表现出明显的失望和愤怒。如果教师继续反应过激，如当着全班学生的面批评、叫家长来学校等，会使这类学生感到自尊心受挫，不能接受。学生出现没背出单词、上课没回答出公式等问题时，教师会生气、失望，有学生甚至认为"在后来的课上，我似乎感觉到了老师一直很针对我"。

尽管当时感到愤怒和委屈，但是多数学生在当下描述情绪事件时还是表达了对教师的感激之情，如"至此我永远忘不了那日日增进的成绩和她那始终如一的鼓励"，"他就像个暖水壶，外边是冷的，里面是热的，他骂我是因为他看重我"，"或许与您发生过矛盾，但更多的还是浓浓的感激之情"。有的学生写道："现在想起这件事才知道本质原因是（他使用）典型的'激将法'"，这说明学生当下描述时，设想自己处于教师的位置时的感受，理解了教师对于自己的期望。正如班杜拉认为的，情绪传递是一个有意识的信息加工过程①，它会使个体设想自己处于他人的位置时会有怎样的感受，以更好地理解他人的情绪。

（三）教师的情绪状态与学生感知到的教师情绪

教师情绪状态的检测结果说明，初中教师的负性情绪最多，正性情绪较少；小学教师的负性情绪比高中教师略多，而正性情绪没有差异。对学生访谈材料的分析也发现，学生回忆的与教师之间印象深刻的事件多为负性情绪事件，且多发生在初中阶段，其次为小学阶段，高中阶段的最少。师生间的情绪传递具有循环效应：一方面，学生的情绪受到教师负性情绪状态的影响；另一方面，学生的负性情绪又加剧了教师的负性情绪，形成了一种不良循环。例如，有些学生面对教师的负性情绪，会故意"捣蛋"刺激教师，如有学生说"我之后就一直在和她对着干，她越生气，我越开心"。

从图 5-1 可以看出，一方面，学生感知到的教师愉快、自豪、放松、厌烦情绪和学生自己当时的情绪存在相对一致性。这与情绪感染的发生机制"觉察—模

---

① Bandura, A. (1969). *Principles of Behavior Modification*. New York: Holt, Rinehart & Winston.

仿—反馈—情绪产生"的过程一致①，其结果是情绪信息的发出者和接收者出现了情绪趋同。另一方面，学生感知到教师的愤怒、失望情绪时，学生自己当时的情绪反应则是焦虑、羞愧、委屈等，二者出现不一致或者不对应。尽管观察者的情绪会受到表达者情绪的影响，但是二者的情绪并未很好地发生聚合。②也就是说，对情绪表达者即教师的一些情绪，如愤怒，学生的反应可能是愤怒，但更可能是羞愧和委屈，这不是教师对学生的情绪感染，而是教师的情绪成为学生情绪的前因事件，对学生的情绪起到了一种诱发或激发作用，教师有意无意间将情绪传递给了学生。正如乔布（Job）等的肌电图研究发现的③，外群体的恐惧情绪诱发了参与者的厌恶情绪，而外群体的愤怒情绪却诱发了参与者的恐惧情绪。另外，当与其他任课教师相比时，令学生印象深刻的更多是与班主任之间发生的事，可能是由于班主任要管理学生的日常学习，与学生交流的频率高，学生的情绪更容易受到班主任情绪的影响。

在学生的访谈资料中，有大量关于教师因为学生学业问题而对学生产生愤怒、失望、厌恶等负性情绪的描述。教师的确是"恨铁不成钢"，希望通过这样的沟通方式让学生警醒并努力提高学业成绩，但教师的这些情绪表达很容易激起学生尤其是中学生的逆反心理，使学生反抗教师，即"因为这个老师批评我，我就不喜欢这个老师，也不喜欢他所教的课"。如此下去，不仅会影响学生一时的情绪，还会影响其对不同学科的兴趣，甚至会影响整体学业成绩和心身健康。因此，应重视教育中情绪传递的研究，特别要注意不要让负性情绪"污染"教师和学生的心理。

第二节　中学生感知的教师情绪与对应的学生情绪

一、导言

本次研究采用了日记法。日记法是在一段时间内让被试通过每日完成调查问卷或者结构化的自我报告的方式，来收集数据和资料的一种纵向的研究方法。它要求被试依据当时或当天的经历和体验，记录当时或当天的情绪、行为或思想。④

① 张奇勇，卢家楣，闫志英，陈成辉．（2016）．情绪感染的发生机制．*心理学报*，48（11），1423-1433.
② Lundqvist, L. O. & Dimberg, U. (1995). Facial expressions are contagious. *Journal of Psychophysiology*, 9 (3), 203-211.
③ Job, V. D. S., Fischer, A., Doosje, B., Wigboldus, D., Hawk, S., & Rotteveel, M., et al. (2011). Convergent and divergent responses to emotional displays of ingroup and outgroup. *Emotion*, 11 (2), 286-298.
④ Bolger, N., Davis, A., & Rafaeli, E. (2002). Diary methods: Capturing life as it is lived. *Annual Review of Psychology*, 54 (1), 579-616.

日记法的根本优点在于被试在自然的、自发的背景下报告事件或者体验，可以与通过传统的设计获得的资料达到互补。①另外，可以通过缩短经历事件或体验与记录的时间来大幅度减少回顾错误的可能性。并且，日记法调查问卷中的题目相对简洁，避免了因为题目冗长而导致被试产生厌倦和反感。

但日记法也有其局限性，尤其是和传统的调查方案设计相比，日记法研究通常需要对被试进行详尽的说明来确保被试充分理解。②另外，为了获得可靠和有效的数据，需要大量、反复地填写和收集调查问卷数据，所以相比于其他类型的调查研究，日记法研究需要参与者付出更多的精力。

近几十年，日记法研究的应用领域非常广泛，包括个性发展进程、婚姻家庭的交互作用、情绪情感、应激、工作投入、职业倦怠、心理干预等。菲尼（Feeney）选取了193对已婚夫妇，用问卷法和日记法对夫妻间依恋关系、夫妻行为、婚姻满意度进行了评估。③阿尔梅达（Almeida）运用日记法对469名男性和562名女性经历日常应激事件的坚韧性与易感性进行了研究。④库比亚克（Kubiak）等运用日记法对青少年的情绪性饮食与日常烦心事件进行了研究。⑤另有研究者用日记法研究了员工的工作投入，他们选取一定数量的员工，要求其在连续的工作日或工作周内每天在规定时间内报告他们经历的情感事件、情绪体验和工作投入。⑥

国内应用日记法进行的研究也较多。如赵莉和雷雳在同伴欺凌问题研究中使用了日记法，在规定的时间内，采用标准化的被试自行记录方式，让被试记录其对受到同伴欺凌的主观感受。⑦崔爽使用日记法对失业的父母对子女的行为问题进行了研究，让被试在一段时间内记录父母是否吵架、激烈程度与自己的感受及行为。⑧王芳和许燕运用日记法，通过回收电子文档日记的形式对22名高校教师职

① Reis, H. T. (1994). Domains of experience: Investigating relationship processes from three perspectives. In R. Erber, & R. Gilmore (Eds.), *Theoretical Frameworks in Personal Relationships* (pp. 87-110). Mahwah: Erlbaum.
② Reis, H. T., & Gable, S. L. (2000). Event-sampling and other methods for studing everyday experience. In T. H. Reis & M. C. Judd (Eds.), *Handbook of Research Methods in Social and Personality Psychology* (pp. 190-222). New York: Cambridge University Press.
③ Feeney, J. A. (2010). Attachment, marital interaction, and relationship satisfaction: A diary study. *Personal Relationships*, 9 (1), 39-55.
④ Almeida, D. M. (2005). Resilience and vulnerability to daily stressors assessed via diary methods. *American Psychological Society*, 14 (2), 64-68.
⑤ Kubiak, T., Vögele, C., Siering, M., Schiel, R., & Weber, H. (2008). Daily hassles and emotional eating in obese adolescents under restricted dietary conditions—the role of ruminative thinking. *Appetite*, 51 (1), 206-209.
⑥ Bledow, R., Schmitt, A., Frese, M., & Kühnel, J. (2011). The affective shift model of work engagement. *Journal of Applied Psychology*, 96 (6), 1246-1257；Petrou, P., Demerouti, E., Peeters, M. C. W., Schaufeli, W. B., & Hetland, J. (2012). Crafting a job on a daily basis: Contextual correlates and the link to work engagement. *Journal of Organizational Behavior*, 33 (8), 1120-1141.
⑦ 赵莉, 雷雳. (2003). 关于校内欺负行为中受欺负者研究的述评. *心理科学进展*, 11（6）, 668-674.
⑧ 崔爽. (2007). *失业家庭夫妻争吵对子女问题行为的影响——一项日记追踪法研究*. 硕士学位论文, 沈阳师范大学.

业枯竭的原因和内部关系进行了研究。①林丹瑚等使用日记法对 30 名高校教师如何处理工作-家庭关系上进行了 14 天的追踪研究，包括工作-家庭关系的特点（工作-家庭冲突、工作-家庭促进）及其与工作特征（工作要求、工作控制）、性别等变量之间的关系。②朱莉等采用日记法对大学生毕业的求职过程进行了研究，以了解求职过程中的情绪状态变化及行为。③

教师应通过声音、语言、表情、玩笑、变化、赞赏等表现方式将学生带入良好的情绪状态之中。④一方面，教师表达的情绪内容通过情绪表达传递给学生，学生感受、感知到教师的情绪信息；另一方面，学生表达的情绪内容及对教师表达情绪产生的情绪反应也会传递给教师。这样会在教师与学生之间形成一个情绪信息的循环往复回路，促进学生与教师之间的情绪互动。

在学校教育领域，尤其是对于生理和心理上处在"狂风暴雨""叛逆期"的中学生而言，他们在与教师每日的学习及生活的交流互动中感知、感受教师情绪，极易受到教师情绪的感染和接受教师情绪的传递，从而影响自身的情绪。学生每日的情绪不仅影响自身对科学文化知识的吸收、能力的提升，还会影响师生关系的和谐发展甚至是心理的健康发展。为此，我们试图采用日记法，请中学生每日记录对教师情绪的感知、感受，以此来探究教师与学生之间的情绪感染和传递。

二、研究方法

（一）研究对象

选取天津市武清区某中学初中二年级某班 35 人（男生 17 人，女生 18 人）和某中学高中二年级某文科班 58 人（男生 15 人，女生 43 人）作为被试。剔除由于各种原因（事假、病假、周五晚自习走读回家等）未能坚持参与全程追踪调查的被试，最终保留初中二年级被试 26 人（男生 9 人，女生 17 人），平均年龄为 13.50 ± 0.51 岁；高中二年级被试 37 人（男生 10 人，女生 27 人），平均年龄为 16.30 ± 0.46 岁。

（二）情绪调查表

根据《中小学教师的情绪及其对学生的情绪传递初探》⑤一文中采用学生情

① 王芳，许燕．（2007）．日记式追踪研究高校教师职业枯竭的产生原因及内部关系．*心理学探新*，27（4），42-47.
② 林丹瑚，王芳，郑日昌，蒋奖．（2008）．高校教师工作家庭关系的日记式追踪研究．*心理科学*，31（3），692-695.
③ 朱莉，侯志瑾，于媛芳．（2014）．大学毕业生求职过程的日记式追踪研究．*西北工业大学学报（社会科学版）*，34（4），100-104.
④ 宋斐．（2006）．高校课堂教学中师生情绪互动研究．*辽宁教育研究*，（3），64-66.
⑤ 马惠霞，苏鑫，刘静．（2016）．中小学教师的情绪及其对学生的情绪传递初探．*教育理论与实践*，36（26），31-33.

绪回忆法得到的情绪种类制订情绪调查表（详见附录二）。该情绪调查表包括以下内容：当天发生的感受最深刻的与教师有关的情绪事件、学生感知和感受到的教师情绪，以及学生自身的情绪感受。让学生评定各种情绪感受的强度，采用 5 点计分，1 代表"有点"，2 代表"明显"，3 代表"较明显"，4 代表"很明显"，5 代表"特明显"。教师情绪和学生情绪均包含 14 种，即愉快、自豪、放松、愤怒、焦虑、羞愧、失望、厌烦、兴趣、轻蔑、委屈、悔恨、感激、内疚。

（三）研究过程

采用日记法，每日在取样班学生的放学时或晚自习固定时间，让学生花几分钟的时间填写情绪调查表。填完后即收回。

日记法记录的具体时间安排如下：初中二年级为 2015 年 10 月 26—30 日、11 月 9—13 日（周一至周五）；高中二年级为 2015 年 11 月 2—6 日、11 月 16—20 日（周一至周五）。整个研究过程历时近 1 个月，每班收集两周共 10 天的数据。在每周的第一天，主试会向被试说明填写情绪调查表的注意事项，每日回收数据后会检查确保没有项目漏填或由于误解说明而产生填写错误。在第一天和最后一天，赠送每位被试小礼物（中性笔、橡皮等）。为保护被试隐私，使其真实地填写情绪调查表，主试会说明保密原则，并且每次收回调查表时都立即放入档案袋内，避免被其他被试看到。

（四）数据处理

对于所收集的学生填写的"感受最深刻的与教师相关的情绪事件"内容，首先依据事件性质将其分为积极事件或消极事件；其次依据与教师情绪事件有关的对象主体的不同，将其划分为本人（自己）、他人（除自己以外的个体或团体）、团体（包含自己的 2 人及以上的团体）三种。最终将事件划分为以下 7 种类型。

类型一：与自己有关的积极事件，例如，"我答对问题，（老师）对我说了声 very good"，"刘老师说我写字有长进"，"我身为她的课代表，两个月来努力工作，（她）给我一个苹果"等。

类型二：与他人有关的积极事件，例如，"同学作文切题，文笔优美，结构清晰"，"同学的政治成绩为年级第一，表扬了这位同学"，"同学做作业时的发型好玩，笑了一晚上（是善意的）"等。

类型三：与团体有关的积极事件，例如，"会操比赛老师带领我们练操，取得了较好的结果"，"老师今天讲课更幽默风趣了，同学们与老师积极互动"，"理解我们昨天时间不够，数学作业难，没有强制所有人交齐作业"等。

类型四：与自己有关的消极事件，例如，"我默写错误太多且没有及时找她重新默写，老师生气"，"因为我擅自出校门而找我谈话"，"因为我这次考试没考好而批评了我，让我回去努力，不要假学习"等。

类型五：与他人有关的消极事件，例如，"有同学睡觉，老师让他站起来听"，"抽查政治作业，发现有几个人没有完成"，"老师批评其他宿舍扣分严重"等。

类型六：与团体有关的消极事件，例如，"我们的期中成绩不好，没有好的学习态度，上课时情绪有点失控"，"要突击期中考试，还有很多卷子没讲，所以占了我们一整节音乐课，音乐课已经快一个月没上过了"，"全班有很多同学默写没有过关，还没有一个人去找她重新默写，她发火了，可我们真的忙到没有时间找她"等。

类型七：无法判断的事件（表述不清或并非事件），例如"可爱"。

采用 SPSS19.0 统计软件录入与处理数据。

三、研究结果

（一）学生记录的引发师生情绪的事件类型

表 5-5 显示，初二学生 10 天内记录的情绪事件共 260 件。其中，类型三所占的比例最高，为 50.38%；其次是类型一，所占比例为 43.08%。类型二、类型五的频次及所占比例均为 0。

高二学生 10 天内记录的情绪事件共 370 件。其中，除类型六所占比例最高（为 40.54%），类型一、类型三、类型四、类型五等的所占比例都较为均衡。除无法判断的类型七外，类型二所占比例最低，为 5.14%。

表 5-5 学生记录的引发师生情绪的事件类型

事件类型	初二学生记录的情绪事件				高二学生记录的情绪事件			
	频次	M	SD	百分比/%	频次	M	SD	百分比/%
一	112	4.31	3.19	43.08	46	1.24	1.61	12.43
二	0	0	0	0	19	0.51	0.73	5.14
三	131	5.04	3.33	50.38	52	1.41	1.34	14.05
四	5	0.19	0.40	1.92	49	1.32	1.55	13.24
五	0	0	0	0	52	1.41	1.24	14.05
六	6	0.23	0.59	2.31	150	4.05	2.26	40.54
七	6	0.23	0.51	2.31	2	0.05	0.23	0.54
合计	260			100.00	370			99.99

注：因四舍五入，部分数据之和不是 100%

（二）学生感知、感受到的教师情绪和学生情绪的描述统计

1. 学生感知、感受到的教师情绪和学生情绪

将所有 14 种情绪按照积极情绪、消极情绪和具体情绪种类进行描述统计，结果见表 5-6。10 天内，初二学生感知、感受到的教师积极情绪比消极情绪水平高，高二学生感知、感受到的教师消极情绪比积极情绪水平高。初二学生的积极情绪比消极情绪水平高，高二学生的消极情绪比积极情绪水平高。

表 5-6　学生感知、感受到的教师情绪与学生的情绪

年级	情绪类别	学生感知、感受到的教师情绪		学生情绪	
		M	SD	M	SD
初二	积极情绪	21.69	9.39	82.85	50.30
	消极情绪	0.69	1.19	1.96	2.95
高二	积极情绪	8.30	5.08	28.03	24.05
	消极情绪	10.81	5.53	44.92	27.96

2. 学生感知、感受到的教师情绪的具体类别

如表 5-7 所示，初二学生 10 天内感知、感受到的教师出现频次较多的三种情绪分别为愉快、放松、兴趣，所占比例分别为 34.71%、28.87%、17.53%；感知、感受到的频次最少的教师情绪为轻蔑、内疚，所占比例均为 0。高二学生 10 天内感知、感受到的教师情绪频次较多的几种为愉快、焦虑、失望、愤怒，所占比例分别为 17.96%、17.54%、16.27%、16.27%；感知、感受到的教师情绪频次较少的为悔恨，所占比例为 0.14%。

表 5-7　学生感知、感受到的教师情绪的具体类别

感知、感受到的教师情绪类别	初二学生				高二学生			
	频次	M	SD	百分比/%	频次	M	SD	百分比/%
愉快	202	7.77	2.05	34.71	127	3.43	1.97	17.96
自豪	64	2.46	3.09	11.00	36	0.97	1.12	5.09
放松	168	6.46	2.85	28.87	87	2.35	2.11	12.31
愤怒	2	0.08	0.27	0.34	115	3.11	1.93	16.27
焦虑	5	0.19	0.57	0.86	124	3.35	2.07	17.54
羞愧	2	0.08	0.27	0.34	3	0.08	0.28	0.42
失望	2	0.08	0.27	0.34	115	3.11	2.04	16.27
厌烦	5	0.19	0.49	0.86	21	0.57	1.07	2.97
兴趣	102	3.92	3.51	17.53	53	1.43	1.71	7.50

续表

感知、感受到的教师情绪类别	初二学生				高二学生			
	频次	*M*	*SD*	百分比/%	频次	*M*	*SD*	百分比/%
轻蔑	0	0.00	0.00	0.00	7	0.19	0.57	0.99
委屈	1	0.04	0.20	0.17	9	0.24	0.60	1.27
悔恨	1	0.04	0.20	0.17	1	0.03	0.16	0.14
感激	28	1.08	2.00	4.81	4	0.11	0.39	0.57
内疚	0	0.00	0.00	0.00	5	0.14	0.54	0.71

3. 感知、感受到教师情绪后学生的情绪

表 5-8 显示，初二学生 10 天内出现频次较多的三种情绪为愉快、放松、自豪，所占比例分别为 30.85%、25.99%、14.59%。出现频次最少的情绪为委屈，所占比例为 0.15%。高二学生 10 天出现频次较多的三种情绪为焦虑、愉快、羞愧，所占比例分别为 15.94%、11.40%、9.89%。出现频次最少的情绪为轻蔑，所占比例为 1.41%。

表 5-8　学生情绪的具体类别

学生情绪类别	初二学生				高二学生			
	频次	*M*	*SD*	百分比/%	频次	*M*	*SD*	百分比/%
愉快	203	7.81	2.17	30.85	113	3.05	1.81	11.40
自豪	96	3.69	3.37	14.59	40	1.08	1.40	4.04
放松	171	6.58	2.89	25.99	86	2.32	1.72	8.68
愤怒	3	0.12	0.33	0.46	59	1.59	1.82	5.95
焦虑	7	0.27	0.60	1.06	158	4.27	2.39	15.94
羞愧	3	0.12	0.33	0.46	98	2.65	1.80	9.89
失望	3	0.12	0.33	0.46	41	1.11	1.24	4.14
厌烦	4	0.15	0.37	0.61	92	2.49	2.00	9.28
兴趣	90	3.46	3.69	13.68	59	1.59	1.46	5.95
轻蔑	2	0.08	0.27	0.30	14	0.38	0.83	1.41
委屈	1	0.04	0.20	0.15	33	0.89	1.24	3.33
悔恨	4	0.15	0.37	0.61	57	1.54	1.66	5.75
感激	68	2.62	3.19	10.33	48	1.30	1.56	4.84
内疚	3	0.12	0.33	0.46	93	2.51	1.98	9.38

4. 学生感知、感受到的教师情绪与学生情绪的性别差异

高二男女生感知、感受到的教师积极情绪有差异，女生感知、感受到的教师积极情绪水平显著高于男生（表 5-9）。感知、感受到教师情绪后，学生的情绪得分不存在性别差异。

表 5-9　不同性别学生感知、感受到的教师情绪强度的差异

年级	情绪类别	男		女		t
		M	SD	M	SD	
初二	学生感知、感受到的教师积极情绪	23.33	11.40	20.82	8.39	0.64
	学生感知、感受到的教师消极情绪	0.56	1.13	0.76	1.25	−0.42
高二	学生感知、感受到的教师积极情绪	5.50	4.86	9.33	4.84	−2.14*
	学生感知、感受到的教师消极情绪	12.80	8.26	10.07	4.09	1.00

（三）学生感知、感受到的教师情绪与学生情绪的相关

表 5-10 和表 5-11 的结果显示，初二、高二学生感知、感受到的教师积极情绪与学生的积极情绪呈极其显著正相关。初二、高二学生感知、感受到的教师的消极情绪与学生的消极情绪呈显著正相关，相关系数分别为 0.602 和 0.471。

表 5-10　初二学生感知到的教师情绪与学生情绪的相关

情绪类别	学生积极情绪	学生消极情绪	学生感知、感受教师积极情绪
学生积极情绪	—		
学生消极情绪	0.036	—	
学生感知、感受到的教师积极情绪	0.815***	0.136	—
学生感知、感受到的教师消极情绪	−0.366	0.602**	−0.343

注：**p<0.01，下同

表 5-11　高二学生感知、感受教师情绪与学生情绪的相关

情绪类别	学生积极情绪	学生消极情绪	学生感知、感受到的教师积极情绪
学生积极情绪	—		
学生消极情绪	0.295	—	
学生感知、感受到的教师积极情绪	0.689***	0.089	—
学生感知、感受到的教师消极情绪	−0.175	0.471**	−0.323

表 5-12 显示，学生感知、感受到的教师具体情绪种类与学生的具体情绪种类大多相关显著。其中，学生感知、感受到的教师的愉快、放松、兴趣等积极情绪与学生的多种积极情绪（如愉快、自豪、放松等）呈极其显著正相关。学生感知、感受到的教师的愤怒、焦虑、失望等消极情绪与学生的多种消极情绪（如焦虑、羞愧、厌烦、内疚等）呈极其显著负相关。然而，学生感知、感受到的教师的羞愧、厌烦、委屈、悔恨和内疚情绪与学生的各种具体情绪呈低相关，甚或不相关。

表 5-12　学生感知、感受教师具体情绪种类与学生具体情绪种类的相关

类别	愉快	自豪	放松	愤怒	焦虑	羞愧	失望	厌烦	兴趣	轻蔑	委屈	悔恨	感激	内疚
愉快	0.857***	0.402**	0.621***	-0.298*	-0.652***	-0.688***	-0.462***	-0.506***	0.416**	-0.109	-0.368**	-0.420**	0.179	-0.608***
自豪	0.343**	0.483***	0.292*	-0.143	-0.213	0.051	-0.143	-0.123	0.504***	0.152	0.089	0.176	0.439***	-0.064
放松	0.692***	0.482***	0.821***	-0.274*	-0.578***	-0.466***	-0.253*	-0.410**	0.394*	0.033	-0.203	-0.341**	0.407***	-0.466***
愤怒	-0.698***	-0.265*	-0.550***	0.518***	0.718***	0.749***	0.454***	0.568***	-0.157	0.177	0.334**	0.528***	-0.138	0.810***
焦虑	-0.670***	-0.364**	-0.559***	0.474***	0.750***	0.701***	0.459***	0.608***	-0.129	0.252*	0.390**	0.553***	-0.031	0.669***
羞愧	-0.093	-0.007	-0.143	0.004	0.099	0.058	-0.223	0.058	-0.083	0.037	-0.073	0.004	0.068	-0.069
失望	-0.716***	-0.318**	-0.555***	0.479***	0.738***	0.792***	0.605***	0.625***	-0.192	0.172	0.502***	0.536***	-0.186	0.753***
厌烦	-0.140	-0.065	-0.193	0.222	0.122	0.193	-0.011	0.365**	0.020	0.320*	0.099	0.276*	0.082	0.196
兴趣	0.451***	0.497***	0.456***	-0.120	-0.330**	-0.144	-0.180	-0.280*	0.749***	0.145	0.087	0.118	0.531***	-0.131
轻蔑	-0.245	-0.200	-0.167	0.395**	0.247	0.241	0.048	0.400**	-0.034	0.512***	0.351**	0.258*	0.046	0.126
委屈	-0.196	-0.186	-0.176	0.222	0.219	0.136	0.016	0.222	0.097	0.060	0.179	0.191	-0.055	0.066
悔恨	0.020	0.195	0.083	0.034	-0.018	0.144	0.106	-0.031	-0.008	-0.083	0.122	0.214	-0.008	0.056
感激	0.408**	0.408**	0.386**	-0.110	-0.337**	-0.166	-0.196	-0.214	0.351**	0.159	-0.155	0.039	0.591***	-0.178
内疚	-0.259*	-0.015	-0.147	0.157	0.280*	0.288*	0.146	0.059	-0.163	0.122	0.195	0.168	-0.104	0.259*

注：行为学生的情绪，列为学生感知、感受到的教师情绪

（四）教师角色与情绪事件多发的科目（课程）

初二年级的主科科目为语文、数学、英语，高二年级文科班的主科科目为语文、数学、英语、政治、历史、地理。初二班级班主任所任科目为物理，高二文科班级班主任所任科目为历史。一般情况下，多数学生会喜欢班主任任教的科目和主科科目，这也可能是情绪事件在这些科目的课堂上多发的主要原因。

表 5-13 显示，10 天内，初二、高二学生的情绪事件的多发科目的共同点为以主科科目和班主任所任科目为主，不同点在于高二学生发生情绪事件的科目比初二学生的更加多样化。

表 5-13　初二、高二学生发生情绪事件的科目

初二学生			高二学生		
发生情绪事件的科目	频次	百分比/%	发生情绪事件的科目	频次	百分比/%
语文	58	22.31	历史	69	18.65
数学	53	20.38	语文	34	9.19
英语	60	23.08	地理	56	15.14
生物	1	0.38	数学	43	11.62
物理	85	32.69	英语	89	24.05
政治	1	0.38	生物	9	2.43
体育	1	0.38	音乐	1	0.27
其他	1	0.38	政治	49	13.24
			物理	3	0.81
			体育	2	0.54
			美术	13	3.51
			其他	2	0.54

四、分析与讨论

本研究采用的是日记法，其特点是在一段时间内，学生每日完成调查问卷，收集到的数据和资料是连续的，属于纵向研究方法。它要求被试依据当时或者当天的经历和体验，记录当时或当天的事件和情绪。[①]据此我们得到了有关引发中学师生情绪的事件、师生的情绪状态、师生情绪的关联等非常有用的信息。

（一）引发情绪的事件分析

10 天内两个年级学生记录的引发师生情绪的事件合计有 630 件，每日约 63 件，可见情绪事件在中学师生中是频发的，但是初二学生和高二学生记录的情绪

---

① Bolger, N., Davis, A., & Rafaeli, E. (2002). Diary methods: Capturing life as it is lived. *Annual Review of Psychology, 54* (1), 579-616.

事件差异较大。①高二年级师生的情绪事件多；②初二年级师生的情绪事件多为团体、个体均有且积极的事件，而高二年级发生的则多是团体的消极事件；③在不均衡性上，初二班级未记录与他人有关的积极、消极情绪事件。这可能主要是由年级/年龄差异造成的。年龄小的初二学生仅关注与自己有关、与团体有关的积极情绪事件，而高二学生更多关注与团体有关的消极情绪事件。

　　从情绪的发展来看，虽然初中生和高中生都处在青春期阶段，但初中生年龄相对偏小、所学的科学文化知识和人生阅历比高中生相差一个阶段，初中生对情绪的感受和理解能力相对自我中心化、极端化。从情绪事件来看，引发高中生情绪的事件较广泛，与初中生相比，高中生对情绪的感受和理解更加丰富、多元化、社会化，更能感知、感受到他人经历的一些正性或负性事件产生的情绪及其对自己情绪的影响，情绪的发展变化更为复杂。

（二）学生感知、感受到的教师情绪和学生情绪的对应关系分析

　　初二学生使用日记法记录的 10 天内感知、感受到的教师积极情绪比消极情绪多，高二学生感知、感受到的教师消极情绪比积极情绪（包括频次与强度，下同）多。相应地，初二学生的积极情绪比消极情绪多，高二学生的消极情绪比积极情绪多。从具体的情绪种类来看，初二学生感知、感受到的频次较多的教师情绪为愉快、放松、兴趣，相应地，初二学生出现频次较多的三种情绪为愉快、放松、自豪；高二学生感知、感受到的频次较多的教师情绪为愉快、焦虑、失望、愤怒，相应地，高二学生出现频次较多的情绪为焦虑、愉快、羞愧。另外，从性别差异上看，高二男女生在感知、感受教师积极情绪方面有差异，女生感知、感受到的教师积极情绪显著多于男生，在感知、感受到教师情绪后，学生的情绪不存在性别差异。

　　从这些结果可以看出，首先，无论是情绪的效价还是具体类别来，师生情绪都有明显的对应关系。其次，初二年级师生的积极情绪较多，而高二年级师生的消极情绪较多，这可能与取样班级整体的班风、不同科目教师的风格有关。但更可能是由初中、高中的压力不同造成的。在高中，无论是教师的工作压力还是学生的学习压力都更大。另外，高二男生和女生感知、感受到的教师积极情绪存在差异。这可能是高二女生的年龄接近成年女性，而一般来说女性更容易受情绪的感染。

（三）学生感知、感受到的教师情绪与学生情绪的相关分析

　　从分年级师生情绪的相关系数看，初二学生的积极情绪与其感知、感受到

的教师的积极情绪高相关，初二学生的消极情绪与其感知、感受到的教师的消极情绪呈中相关；高二学生的积极情绪与其感知、感受到的教师的积极情绪呈中等程度相关，高二学生的消极情绪与其感知、感受到的教师的消极情绪呈中等程度相关。无论在哪个年级，学生的积极情绪与其感知、感受到的教师积极情绪之间的相关值，都高于其消极情绪与其感知、感受到的教师的消极情绪的相关值。这是否是因为积极情绪比消极情绪更易于在师生之间感染与传递？还需要进一步研究。

从具体的情绪类别来看，学生感知、感受到的教师的具体情绪种类与学生相应的具体情绪种类大多相关显著。其中，学生感知、感受到的教师的愉快、放松、兴趣情绪与学生的愉快、放松情绪呈极其显著正相关。学生感知、感受到的教师的愤怒、焦虑、失望等消极情绪与学生的多种消极情绪（愤怒、焦虑、羞愧、失望、厌烦、悔恨、内疚）呈极其显著负相关。学生感知、感受到的教师的羞愧、厌烦、委屈、悔恨和内疚情绪与学生的各种具体情绪呈低相关，甚或不相关。这也许是因为，学生因教师的愉快情绪而感到愉快，但在面对教师的羞愧、尴尬等消极情绪时，不会直接产生相对应的情绪。因为羞愧属于自我意识情绪，自我意识情绪的产生要有一个自我反思的过程，即需要回忆当时的经历以及情绪感受。而基本情绪，如害怕、悲伤、愤怒等在产生过程中虽然可能也会有自我评价过程的卷入，但不是必需的。[①]

（四）教师角色身份与学生感受深刻的教师情绪事件分析

本研究结果显示，在初二、高二学生感受深刻的情绪事件中，教师所任科目的共同点为以与主科科目和班主任所任科目相关的情绪事件为主。在社会心理学中，影响人际关系的因素之一就是熟悉性。在整体课程安排中，主科科目所占比例相对于副科科目更高，这些科目的教师每日和学生接触的机会也更多，所以学生受主科教师情绪感染和传递的概率就更高。同时，在中学阶段，无论是教师、学生、家长，抑或社会，对主科与副科的认识均不同，当然重视程度也就不相同。虽然班主任可能不是教授主科科目的教师，但由于班主任这一角色身份的特殊性，除了正常的课堂教学与学生接触外，还要管理班级的日常事务，和学生的交流、接触更加频繁，所以班主任及班主任所任科目的情绪事件占学生感受深刻的情绪事件的比例更高。相比初二学生，在高二学生感受深刻的情绪事件中，教师所任科目的种类更加多样化，这和高中所学科目相比初中更加丰富，内容难度加深，且学生的业余兴趣广泛、爱好更多有关。

[①] 孙凌，郑雅文，王丹．(2016). 自我抽离对消极情绪的影响. *中国临床心理学杂志*, (6), 1097, 1098-1100.

五、本研究的教育启示

从教师的角度而言，本研究结果显示，教师的情绪可以被学生感知、感受到，情绪可以传递与感染，且发生的场所不仅在课堂上，还发生在课下与学生的交流互动中。这就要求教师不仅要在课上管理好自身的情绪，而且也要在课下与学生的接触中做好自身的情绪管理。教师在课上的情绪管理体现在上课时教师使用的语音、语调及教姿、教态上，这些不仅会影响学生对教师讲授的知识内容的掌握与吸收，更会影响学生的情绪，从而影响师生之间的关系。这就首先要求教师在课上根据讲授的具体学科及内容，采用适宜的语音、语调及教姿、教态。例如，语文教师应根据课文内容中出现的不同人物的性格、特点以及跌宕起伏的情节，采用不同的情绪情感，绘声绘色地朗读，这样会加深学生对每个人物及情节刻画的记忆与理解。其次，在每一节课的课堂上，教师应多与学生进行交流互动，配合使用一些赞许性、鼓励性的眼神、语言及手势动作，并辅以微笑的表情。教师应尽量记住每一位学生的姓名，让学生体会到他们被教师关注。最后，还需要注意的是，无论是单独批评某学生还是当着其他学生的面批评某学生（能不当着其他学生的面批评，尽量不要当着其他学生的面批评），都应注意言语措辞、语气及姿态，做到"动之以情，晓之以理""对事不对人"。中学生正处在叛逆期，批评不当可能会产生相反的效果。在课下与学生的交流互动中，教师应该把学生当作朋友，与他们聊一些轻松、愉快的话题，关心他们的生活起居及身心健康。例如，当学生身体不舒服或者面带愁容时，教师的嘘寒问暖会使学生感受到温暖并满怀感激之情。同时，教师要多参与学生的课外集体活动，多和学生接触，拉近师生之间的距离。例如，教师与学生一起做课间操，陪学生一起长跑，一起参与学生体育活动课的篮球、足球比赛等。特别是班主任教师，他们在班级管理和建设中有重要作用，无论是课堂上正常的教学工作还是日常生活中，与学生的交流互动都十分频繁，更应该管理好自己的情绪。

从学生的角度而言，其主要任务是学习科学文化知识，除此之外，还要学会调节自己的情绪，处理好与教师、学生之间的关系。在课上，学生要积极和教师互动，促进师生之间积极情绪的流动及循环；在课下，学生要多与教师进行交流，有解决不了的生活上的困难或存在困惑时及时寻求教师的帮助。同时，应正确看待教师的批评、教导，甚至是惩罚，当受到教师批评时不要逆反、顶撞或者一蹶不振，应反思自身的错误，认识到教师批评的出发点是想让其进步向上，并积极改正错误，把消极情绪转化为积极情绪。学生还应理解教师的工作，如果教师拖堂或者占课，其主要是为了保证学生知识掌握的完整性和连续性，牺牲自己的休息时间不辞辛苦地继续讲授，并不是有意为难学生。此外，学生还应该理解教师，除了"教师"工作角色，教师还承担了多种社会角色，难免会受到一些难以处理的私人情绪或者事务的困扰。

从学校的角度而言，应开展、推进和完善心理健康教育工作。首先，要为学生开设心理健康教育的相关课程，不仅注重学生智商的提高，还应注重培育学生情商的发展，让学生学习更多的心理知识，让其学会如何更好地调节、处理情绪，提高与他人人际交往的能力，促使其身心全面健康发展。其次，要定期为教师举办心理沙龙或讲座，减轻教师的心理压力，释放教师的负面情绪，谨防并消除职业倦怠给教师和学生带来的不良影响。再次，还可以举办一些促进师生关系的课外活动，使师生可以在课下走进彼此的生活、拉近距离，例如师生乒乓球、篮球、足球联谊赛、春游等。最后，学校应不断提升学校心理健康教育教师的能力，配备更多相关的仪器设施，提高重视程度和加大投入力度，为学生和教师的心理健康教育服务提供软件和硬件上的双重保障。

从宏观社会政策的角度而言，政府应制定、改革和完善相关的法律法规政策，并保证其顺利地实施，还应加大教育领域的资金投入，促进青少年身体健康、心理健康全面发展。例如，天津市 2016 年推行了教师资格证制度的改革，不仅重视考查教师的学科知识、教育知识，更加大了对教师综合素质和学科教学能力的考查。在学生方面，体育成绩已被纳入中学生中考成绩，身体素质成为衡量中学生综合成绩的一项标准，笔者建议今后将心理素质的测量也纳入其中。

第六章　师生课堂情绪传递

　　课堂是师生情绪产生、发展、沟通、流转的主要场所。在课堂上，教师的一举一动都被学生看在眼里、记在心里。第五章的研究就表明，教师的情绪表达无论是有意识的还是无意识的，都会被学生觉察到，即使时隔很久，学生也记得当时发生的情绪事件、教师的情绪及学生自己的情绪反应，有的学生在回忆时仍然有身临其境的感觉。具体到每一天的每一个学生，都有与教师有关的情绪事件发生，而学生的日记只记录了引起情绪反应最严重的情绪事件、教师的情绪，以及学生接受情绪事件影响和教师情绪的传递后的情绪。

　　本章为课堂师生情绪传递研究。第一节采用问卷法，要求教师在开课时和下课前分别识别自己的情绪状态，学生不仅要识别上课时和下课前教师的情绪状态，还要识别自己的情绪状态，即以一节课为时间单位，来研究教师对学生的情绪传递。第二节研究课堂上的情绪传递，不过研究者以参与者的身份，以情绪事件为单位，实地观察教师愉快、愤怒情绪的表达和学生对教师情绪表达的即时反应。

第一节　中小学课堂情绪传递：
师生情绪的关系

一、导言

　　近年来，关于教师情绪与学生的课堂参与[1]、学习动机[2]、学业成就[3]、学业压力[4]等的关系的研究较多，这些研究关注的多是教师情绪与学生学习结果的关系，

① Reyes, M. R., Brackett, M. A., Rivers, S. E., White, M., & Salovey, P. (2012). Classroom emotional climate, student engagement, and academic achievement. *Journal of Educational Psychology*, 104 (3), 700-712.

② Reyes, M. R., Brackett, M. A., Rivers, S. E., White, M., & Salovey, P. (2012). Classroom emotional climate, student engagement, and academic achievement. *Journal of Educational Psychology*, 104 (3), 700-712.

③ Klusmann, U., Richter, D., & Lüdtke, O. (2016). Teachers' emotional exhaustion is negatively related to students' achievement: Evidence from a large-scale assessment study. *Journal of Educational Psychology*, 108 (8), 1193-1203.

④ Oberle, E., & Schonert-Reichl, K. A. (2016). Stress contagion in the classroom? The link between classroom teacher burnout and morning cortisol in elementary school students. *Social Science and Medicine*, 159, 30-37.

即教师情绪的人际效应，但对教师情绪与学生情绪关系的关注不多，特别是较少关注课堂中师生的动态情绪及其相互影响。实际上，作为课堂中起主导作用的教师，其在教授知识技能和传递信息的过程中也伴有情绪信息的传递，甚至情绪信息的传递决定了传递的认知内容被接受的数量和质量。因此，课堂中教师情绪与学生情绪关系的研究就显得更为重要。

帕金森认为，个体在登记对方表情时社会认知评价也会发生，即人际情绪传递可能存在两个过程：情绪感染和认知评价。[1]范•克里夫（van Kleef）将这两个过程整合到一个模型中，提出了情绪的社会信息模型（emotions social information，EASI）[2]，即表达者在表达自身的情绪时能够为观察者提供信息，观察者继而利用这些信息进行认知推断并产生情感反应。例如，当表达者表现出愤怒时，他向对方传递出的信息就是对方的表现并没有达到要求，需要改正。观察者在看到这一表情后进行经验判断，并调整自己的行为。在教学情境中，相比接受微笑教师给出学习建议的学生，接受愤怒教师建议的学生对学习材料更敏感。[3]

情绪感染和情绪传递相似，指的都是情绪从一方传递到另一方的过程。[4]到目前为止，情绪传递研究大部分集中在亲密关系领域，对教育情境下的情绪传递的探讨较少。莫泰（Mottet）和毕比（Beebe）最先关注课堂情境下的情绪感染现象，发现教师和学生在课堂上的非言语行为和情感反应呈正相关，且相比教师的非言语行为，学生的非言语行为更能预测他们的情感反应。[5]从情绪感染的角度看，这是学生在接收到教师行为后的反馈刺激造成的。弗伦泽尔（Frenzel）等对1542名中学生和其对应的71名教师进行了愉悦情绪调查。[6]研究选取两个时间点（七年级期末和八年级期中），同时向学生和对应教师发放问卷，学生分别报告在两个时间点的课堂愉悦体验以及他们知觉到的教师热情，教师则只在第二个时间点报告课堂愉悦体验。多层结构方程模型分析显示，控制了七年级学生的愉悦情绪后，八年级教师的愉悦体验和学生的愉悦体验显著相关，教师热情作为中介因素影响了两者的关

---

① Parkinson, B. (2011). Interpersonal emotion transfer: Contagion and social appraisal. *Social and Personality Psychology Compass, 5* (7), 428-439.

② van Kleef, G. A. (2016). *The Interpersonal Dynamics of Emotion.* New York: Cambridge University Press.

③ von Doorn, E. A., van Kleef, G. A., & van der Pligt, J. (2014). How emotional expressions shape prosocial behavior: Interpersonal effects of anger and disappointment on compliance with requests. *Motivation and Emotion, 39* (1), 128-141.

④ Butler, E. A. (2011). Temporal interpersonal emotion systems. *Personality and Social Psychology Review, 15* (4), 367-393.

⑤ Mottet, T. P., & Beebe, S. A. (2000). Emotional Contagion in the Classroom: An Examination of How Teacher and Student Emotion Are Related. *Arousal Patterns, 36.*

⑥ Frenzel, A. C., Goetz, T., Lüdtke, O., Pekrun, R., & Sutton, R. E. (2009). Emotional transmission in the classroom: Exploring the relationship between teacher and student enjoyment. *Journal of Educational Psychology, 101* (3), 705-716.

系。贝克尔（Becker）等基于情绪的交叉传递（cross-over）理论，采用经验取样法对 149 名学生进行了为期 10 天的数据采集，这个过程中学生需要报告他们感知到的教师的情绪状态、教学行为以及学生自己的情绪状态。结果显示，学生感知到的教师情绪和学生自己的情绪显著相关，且教师情绪能够解释部分的学生情绪。①

　　尽管上述研究将情绪传递/情绪感染的概念引入学业情境中，但是它们依然有一些不足之处。第一，虽然证实了师生之间存在情绪传递，但是大都使用单方主体的数据代替两方的互动数据。如莫泰和毕比以及贝克尔等在数据收集时都只收集学生的单方数据，而情绪传递是互动双方在情感上的交流，单从学生角度收集学生知觉到的教师情绪和学生自己情绪的报告可能会造成共同方法偏差。②第二，上述研究忽略了情绪传递的时间维度，即一方情绪产生后才能影响另一方的情绪。巴特勒（Butler）认为，情绪的动态变化需要两个人以及时间共同参与才能发挥作用。③弗伦泽尔等的研究虽然选取了两个时间点，但设置第一个时间点的作用在于测量学生的基线数据作为控制变量，这样就导致学生和教师的数据几乎是同时取得的，相互之间缺乏情绪传递在时间上的顺序性。④第三，上述研究多关注特征性情绪，忽视了状态情绪。如奥伯尔（Oberle）等⑤和克卢斯曼（Klusmann）等⑥对教师情绪枯竭与学生情绪、学业成就的关系研究，其评定的是学生和教师的特征性情绪而非状态情绪。这种评定方式的不足之处在于可能会产生回顾偏见⑦，而且有可能反映的只是个人的情绪信念而不是真实的情绪状态⑧。弗伦泽尔等研究的课堂上的愉悦情绪

---

① Becker, E. S., Goetz, T., Morger, V., & Ranellucci, J. (2014). The importance of teachers' emotions and instructional behavior for their students' emotions—An experience sampling analysis. *Teaching and Teacher Education, 43*, 15-26.

② Podsakoff, P. M., MacKenzie, S. B., Lee, J. Y., & Podsakoff, N. P. (2003). Common method biases in behavioral research: A critical review of the literature and recommended remedies. *Journal of Applied Psychology, 88* (5), 879-903.

③ Butler, E. A. (2015). Interpersonal affect dynamics: It takes two (and time) to Tango. *Emotion Review, 7* (4), 336-341.

④ Frenzel, A. C., Goetz, T., Lüdtke, O., Pekrun, R., & Sutton, R. E. (2009). Emotional transmission in the classroom: Exploring the relationship between teacher and student enjoyment. *Journal of Educational Psychology, 101* (3), 705-716.

⑤ Oberle, E., & Schonert-Reichl, K. A. (2016). Stress contagion in the classroom? The link between classroom teacher burnout and morning cortisol in elementary school students. *Social Science and Medicine, 159*, 30-37.

⑥ Klusmann, U., Richter, D., & Lüdtke, O. (2016). Teachers' emotional exhaustion is negatively related to students' achievement: Evidence from a large-scale assessment study. *Journal of Educational Psychology, 108* (8), 1193-1203.

⑦ Carson, R. L., Weiss, H. M., & Templin, T. J. (2010). Ecological momentary assessment: A research method for studying the daily lives of teachers. *International Journal of Research & Method in Education, 33* (2), 165-182.

⑧ Robinson, M. D., & Clore, G. L. (2002). Belief and feeling: Evidence for an accessibility model of emotional self-report. *Psychological Bulletin, 128* (6), 934-960；Härtel, C. E. J., & Page, K. M. (2009). Discrete emotional crossover in the workplace: The role of affect intensity. *Journal of Managerial Psychology, 24* (3), 237-253；Goetz, T., Bieg, M., Lüdtke, O., Pekrun, R., & Hall, N. C. (2013). Do girls really experience more anxiety in mathematics? *Psychological Science, 24* (10), 2079-2087.

是一种状态情绪，但只是单一种类的情绪。①

　　本部分研究在两个时间点（课前、下课前）对教师、学生双方的多种情绪状态进行即时评定，从而获得两类主体在不同时间点的多种情绪及其变化，进而分析教师对学生的人际情绪效应。根据情绪的社会信息模型推测，课堂情境下教师对学生的情绪传递，既有无意识情绪感染的过程，也有学生的认知推断过程，其中学生的认知（感知教师情绪）在教师情绪对学生情绪的传递中作为中介因素发挥作用。

　　已有的多数人际情绪传递研究集中在夫妻关系、父子和母子关系等亲密关系领域。与已有研究不同的是，本部分研究针对教育情境中教师和学生之间的情绪传递；以往教育领域中的情绪传递研究只从教师或学生单方面取样，本部分则从师生双方取样；前述研究评定的大都是特质性情绪，本部分则是对师生的状态性情绪进行评定；前述研究均忽略了情绪传递的时间维度，本部分进行情绪评定时则首先考虑时间先后问题。本部分的假设如下：在课堂情境下，教师课前正性情绪和学生课堂（课前、下课前）的正性情绪呈正相关；教师课前负性情绪和学生课堂（课前、下课前）的负性情绪呈正相关。教师课前正性情绪可以预测学生课堂正性情绪；教师课前负性情绪可以预测学生课堂负性情绪。学生感知到的教师正性情绪在课堂师生正性情绪传递中起中介作用；学生感知到的教师负性情绪在课堂师生负性情绪传递中起中介作用。

二、研究方法

（一）研究设计与对象

1. 研究设计

　　本部分以中小学课堂师生情绪传递为取样单元，评估内容包括课前师生情绪状态（教师自评、学生自评）和课前学生感知的教师情绪；下课前师生情绪状态（教师自评、学生自评）和下课前学生感知的教师情绪。这样的研究设计使我们可以了解教师及学生在课前、下课前的情绪变化，特别是学生课堂情绪与教师情绪的关系，以及学生感知到教师课前情绪对其课堂情绪的影响（即情绪传递）。

2. 研究对象

　　研究对象为来自天津、河北、山西、山东的中学（高中、初中）以及小学（五、六年级）的两个对应群体，含有 88 名教师和其授课的 88 个班级的 2892 名

---

① Frenzel, A. C., Goetz, T., Lüdtke, O., Pekrun, R., & Sutton, R. E. (2009). Emotional transmission in the classroom: Exploring the relationship between teacher and student enjoyment. *Journal of Educational Psychology, 101* (3), 705-716.

学生。剔除其中 3 个有缺失值的教师数据及其所教班级的数据，最终获得的有效数据包括 85 名教师及其教授的 85 个班级的 2789 名学生的问卷回答结果。基本情况见表 6-1。

表 6-1　研究对象的基本情况

类别		教师		学生	
		人数/人	百分比/%	人数/人	百分比/%
性别	男	19	22.35	1441	51.67
	女	66	77.65	1348	48.33
学段	中学	30	35.29	1024	36.72
	小学	55	64.71	1765	63.28
学科	语文	33	38.82	1126	40.37
	数学	29	34.12	980	35.14
	英语	23	27.06	683	24.49

（二）问卷

本次研究根据佩克伦（Pekrun）等[1]的学业情绪问卷、特里格韦尔（Trigwell）[2]的教师情绪问卷、马惠霞等[3]对中小学教师和学生的访谈研究结果选取和编制条目。问卷包括教师用情绪状态问卷、学生用情绪状态问卷和感知的教师情绪状态问卷。问卷内容包括 14 个情绪词，分正性情绪和负性情绪两个维度，正性情绪词包括愉快的、自豪的、放松的、有兴趣的、感激的、有活力的；负性情绪词包括愤怒的、尴尬的、焦虑的、羞愧的、有挫折感的、失望的、厌烦的、内疚的。其中，教师问卷采用 7 级评分，由 1 到 7 代表"完全不符合"到"完全符合"；学生问卷采用 5 级评分，由 1 到 5 代表"完全不符合"到"完全符合"。以每个维度总分比项目数来代表被试在该维度上的得分。

教师用情绪状态问卷、学生用情绪状态问卷和感知的教师情绪状态问卷的内容相同。区别在于，教师用问卷只有情绪状态条目，请教师根据指导语对自己当时的情绪状态进行评估；而学生用问卷包括两列，第一列为学生对教师当时情绪状态的感知，以"我觉得老师现在——"为前提，对感知的当时任课教师的每一

[1] Pekrun, R., Goetz, T., Titz, W., & Perry, R. P. (2002). Academic emotions in students' self-regulated learning and achievement: A program of qualitative and quantitative research. *Educational Psychologist*, 37 (2), 91-105.

[2] Trigwell, K. (2012). Relations between teachers' emotions in teaching and their approaches to teaching in higher education. *Instructional Science*, 40, 607-621.

[3] 马惠霞，苏鑫，刘静．（2016）．中小学教师的情绪及其对学生的情绪传递初探. *教育理论与实践*, 36（26），31-33.

种情绪状态进行 5 级评分，第二列为学生的情绪状态，以"我现在——"为前提，由学生评估自己当时的情绪状态。

教师用问卷和学生用问卷中均包括性别、当时所上课程（语文、数学、英语）、所在年级（中学的、小学的年级）以及填问卷的时间（课前、下课前）。

教师和学生分别于课前和下课前填写问卷。

（三）数据分析

85 名教师与 2789 名学生的数据为嵌套数据，因此，本部分采用了两种数据分析技术，一种为描述性统计，用于比较男女教师、不同课程教师、不同年级教师和学生在课前和下课前的情绪差异；课前、下课前学生感知的教师情绪的差异；以及教师课前与下课前的情绪，学生课前与下课前的情绪，以及学生感知的教师情绪等变量间的关系。另一种为用 Mplus7.0 进行两水平的结构方程模型分析，检验教师课前情绪对学生课堂情绪的预测作用，以及学生感知到的教师情绪在课堂师生情绪关系中的中介效应。其中的"学生的课堂情绪得分"为下课前情绪得分减去课前情绪得分所得的差值。

三、研究结果

（一）教师与学生课前和下课前的情绪、学生课前和下课前感知的教师情绪及其关系

1. 教师课前、下课前的情绪

表 6-2 表明，85 名中小学教师的下课前负性情绪得分显著高于课前情绪得分（Cohen' d=0.184），其中女教师下课前负性情绪得分显著高于课前负性情绪得分（Cohen' d=0.226）。另经计算得知，中学教师的下课前负性情绪得分显著高于小学教师[t（83）=2.034，p=0.045，Cohen' d=0.466]。其他方面无差异。

表 6-2 教师课前、下课前的情绪得分及其变化[M（SD）]

类别		课前情绪	下课前情绪	t	p
正性情绪		5.22（1.45）	5.25（1.40）	−0.189	0.850
负性情绪		1.84（1.05）	2.05（1.24）	−2.279	0.025
正性情绪	男	5.44（1.41）	5.36（1.45）	0.343	0.736
	女	5.15（1.46）	5.21（1.40）	−0.332	0.741
负性情绪	男	1.95（1.26）	2.02（1.32）	−0.433	0.670
	女	1.81（0.99）	2.06（1.23）	−2.284	0.026

续表

类别		课前情绪	下课前情绪	t	p
正性情绪	中学	5.02（1.59）	5.04（1.42）	−0.108	0.915
	小学	5.33（1.37）	5.35（1.39）	−0.155	0.878
负性情绪	中学	2.18（1.29）	2.41（1.38）	−1.305	0.202
	小学	1.66（0.85）	1.85（1.12）	−1.882	0.065
正性情绪	语文	5.23（1.44）	5.30（1.57）	−0.284	0.778
	数学	5.16（1.54）	5.20（1.24）	−0.203	0.841
	英语	5.28（1.40）	5.22（1.40）	0.158	0.876
负性情绪	语文	1.96（1.12）	2.09（1.35）	−0.879	0.386
	数学	1.71（1.07）	1.85（1.16）	−1.365	0.183
	英语	1.85（0.95）	2.24（1.19）	−1.795	0.086

2. 学生感知的教师课前、下课前的情绪及其变化

表 6-3 表明，2789 名学生感知的教师下课前负性情绪值显著低于课前负性情绪值（Cohen' d=0.055）。其中，男生感知到的教师负性情绪值都显著高于女生感知到的[t（2786.67）=4.137，p<0.001，Cohen' d=0.156；t（2786.50）=3.338，p=0.001，Cohen' d=0.120]。

表 6-3　学生感知的教师课前、下课前的情绪值及其变化[M（SD）]

类别		课前情绪	下课前情绪	t	p
正性情绪		3.43（0.93）	3.40（1.00）	1.639	0.101
负性情绪		1.83（0.90）	1.78（0.92）	4.425	<0.001
正性情绪	男生	3.43（0.98）	3.42（1.05）	0.517	0.605
	女生	3.43（0.88）	3.39（0.95）	1.926	0.054
负性情绪	男生	1.90（0.92）	1.83（0.95）	3.561	<0.001
	女生	1.76（0.87）	1.72（0.88）	2.638	0.008
正性情绪	中学	3.51（0.80）	3.46（0.94）	1.757	0.079
	小学	3.38（1.00）	3.37（1.04）	0.659	0.510
负性情绪	中学	2.01（0.97）	2.11（1.02）	−0.245	0.807
	小学	1.68（0.81）	1.58（0.79）	6.121	<0.001
正性情绪	语文	3.36（0.89）	3.39（0.91）	−1.473	0.141
	数学	3.53（0.95）	3.55（1.04）	−0.915	0.360
	英语	3.40（0.96）	3.21（1.06）	5.248	<0.001
负性情绪	语文	1.88（0.88）	1.77（0.92）	5.943	<0.001
	数学	1.80（0.93）	1.71（0.90）	4.020	<0.001
	英语	1.81（0.86）	1.88（0.94）	−2.571	0.010

中学生感知的教师课前、下课前正性情绪无差异；小学生感知的下课前教师负性情绪值显著低于课前负性情绪值（Cohen' d=0.125）。小学生与中学生感知的教师的课前、下课前正性情绪差异显著[t（2507.51）=3.748，p<0.001，Cohen' d=0.140；t(2321.66)=2.453, p=0.014, Cohen' d=0.090]、负性情绪差异显著[t(1834.80)=11.805，p<0.001，Cohen' d=0.378；t（1735.99）=14.218，p<0.001，Cohen' d=0.601]，即小学生感知的教师课前、下课前的正性情绪值与负性情绪值均分别低于中学生感知到的。

学生在语文课、数学课感知的教师课前、下课前的正性情绪值不存在显著差异，感知到的教师下课前负性情绪值都显著低于课前负性情绪值（Cohen' d=0.122；Cohen' d=0.098）；与此相反，学生在英语课感知到的教师下课前正性情绪值显著低于课前正性情绪值（Cohen' d=0.188），而下课前负性情绪值显著高于课前负性情绪值（Cohen' d=0.078）。学生在不同学科课堂上感知到的教师课前正性情绪值差异显著[F（2，2786）=9.703，p<0.001，partial η^2=0.007]。其中，学生在数学课感知到的教师课前正性情绪值高于语文课和英语课（p<0.001；p=0.004），学生在语文课和英语课感知到的教师课前正性情绪并无显著差异（p=0.365）；学生不同学科课堂上感知到的教师课前负性情绪值的差异边缘显著[F（2，2786）=2.671，p=0.069，partial η^2=0.002]；学生在不同学科课堂上感知到的教师下课前正性情绪值存在显著差异[F（2，2786）=24.618，p<0.001，partial η^2=0.017]。其中，学生在数学课感知到的教师下课前正性情绪值显著高于语文课、英语课（p<0.001；p<0.001），学生在语文课感知到的教师情绪值显著高于英语课（p<0.001）；学生在不同学科课堂上感知到的教师下课前负性情绪值存在显著差异[F（2，2786）=7.040，p=0.001，partial η^2=0.005]，其中，学生在英语课感知到的教师下课前负性情绪值显著高于语文课和数学课（p=0.010；p<0.001），学生在语文课和数学课感知到的教师情绪值并无显著差异。

3. 学生课前、下课前的情绪

表 6-4 表明，学生下课前的正性情绪得分显著高于课前（Cohen' d=0.040），下课前的负性情绪得分显著低于课前（Cohen' d=0.042）。男生下课前的正性情绪得分显著高于课前的得分（Cohen'd=0.077），负性情绪得分显著低于课前的得分（Cohen'd=0.051）；女生下课前的负性情绪得分显著低于课前的得分（Cohen' d=0.033）。通过计算得知，男生下课前的正性情绪得分显著高于女生[t（2785.32）=3.567，p<0.001，Cohen' d=0.139]；无论是课前还是下课前，男生的负性情绪得分都显著高于女生[t（2786.78）=2.568，p=0.010，Cohen' d=0.095；t（2786.95）=2.097，p=0.036，Cohen' d=0.074]。结合表 6-3 和表 6-4 以及其他检验结果，男

生感知的教师负性情绪值高于女生，男生的情绪变化也比女生明显。

表 6-4 学生课前、下课前的情绪及其变化[M（SD）]

类别		课前情绪	下课前情绪	t	p
正性情绪		3.61（0.98）	3.65（1.01）	−2.810	0.005
负性情绪		1.79（0.95）	1.75（0.95）	3.351	0.001
正性情绪	男生	3.64（1.04）	3.72（1.05）	−3.235	0.001
	女生	3.57（0.90）	3.58（0.96）	−0.525	0.599
负性情绪	男生	1.83（0.98）	1.78（0.98）	2.537	0.011
	女生	1.74（0.91）	1.71（0.92）	2.210	0.027
正性情绪	中学	3.49（0.91）	3.47（0.96）	0.561	0.575
	小学	3.68（1.01）	3.76（1.02）	−3.957	<0.001
负性情绪	中学	2.16（1.08）	2.13（1.06）	1.374	0.170
	小学	1.58（0.79）	1.53（0.80）	3.218	0.001
正性情绪	语文	3.56（0.94）	3.65（0.96）	−3.753	<0.001
	数学	3.71（0.99）	3.78（1.02）	−2.631	0.009
	英语	3.55（1.00）	3.49（1.05）	1.976	0.049
负性情绪	语文	1.80（0.94）	1.73（0.94）	3.600	<0.001
	数学	1.76（0.96）	1.69（0.94）	2.963	0.003
	英语	1.81（0.96）	1.85（0.98）	−1.141	0.254

中学生的课前、下课前正性情绪与负性情绪得分均不存在显著差异（Cohen' d=0.021；Cohen' d=0.028）；小学生下课前的正性情绪得分显著高于课前的得分（Cohen' d=0.079），下课前的负性情绪得分显著低于课前的得分（Cohen'd=0.063）。通过计算得知，中学生课前、下课前的正性情绪得分显著低于小学生[t（2325.54）=−5.340，p<0.001，Cohen'd=0.195；t（2250.61）=−7.571，p<0.001，Cohen'd=0.290]；中学生课前、下课前的负性情绪得分都显著高于小学生[t（1671.50）=15.030，p<0.001，Cohen' d=0.639；t（1691.34）=15.687，p<0.001，Cohen'd=0.664]。比较表 6-3 和表 6-4，与小学生相比，中学生感知的教师情绪变化更明显，中学生的正性、负性情绪变化也更加明显。

语文课、数学课学生的下课前正性情绪得分显著高于课前的得分（Cohen' d=0.095；Cohen' d=0.069），负性情绪得分显著低于课前的得分（Cohen' d=0.075；Cohen'd=0.074）；英语课学生的下课前正性情绪得分却显著下降（Cohen' d=0.059），负性情绪得分变化不显著（Cohen'd=0.041）。不同学科学生的课前正性情绪得分差异显著[$F(2, 2786)=7.694$, $p<0.001$, partial $\eta^2=0.005$]，其中，数学课学生的课前正性情绪得分显著高于语文课和英语课学生（$p<0.001$；$p=0.002$），语文课和英语课学生的课前正性情绪得分不存在显著差异（$p=0.958$）；不同学科学生的课前负性情绪得分无显著差异[$F(2, 2786)=0.816$, $p=0.442$, partial $\eta^2=0.001$]；不同学科学生的下课前正性情绪得分差异显著[$F(2, 2786)=16.960$, $p<0.001$, partial $\eta^2=0.012$]，其中，数学课学生的下课前正性情绪得分显著高于语文课和英语课学生（$p=0.003$；$p<0.002$），语文课学生的下课前正性情绪得分显著高于英语课学生（$p=0.001$）；学生下课前的负性情绪得分存在显著的学科差异[$F(2, 2786)=5.413$, $p=0.005$, partial $\eta^2=0.004$]，其中，英语课学生的下课前负性情绪得分显著高于语文课和数学课学生（$p=0.014$；$p=0.001$），语文课和数学课学生的得分并不存在显著差异（$p=0.342$）。

4. 教师和学生的课前、下课前情绪和学生感知的教师课前、下课前情绪的相关（包括个体水平和班级水平）

表 6-5 和表 6-6 中对角线以上的是在班级水平上（$N=85$）求得的相关系数，即先求出每个班级学生情绪的平均值，获得 85 对教师-学生数据。教师情绪、学生情绪、学生感知的教师情绪两两计算积差相关。对角线以下的是在个人水平上（$N=2789$）求得的相关系数，是 2789 名学生课前情绪、下课前情绪、学生感知的教师课前及下课前情绪之间的相关。a 代表了二者之间不可以做相关，这是因为对于多水平的数据结构来说，用斯皮尔曼积差相关并不能够充分分析多水平的关系。

表 6-5　教师、学生课前和下课前正性情绪与学生感知的教师课前、下课前正性情绪的相关

师生正性情绪	1	2	3	4	5	6
1. 教师课前情绪	—	0.560**	0.231*	0.166	0.209	0.137
2. 教师下课前情绪	a	—	0.142	0.235*	0.201	0.223*
3. 学生感知的教师课前情绪	a	a	—	0.780**	0.570**	0.454**
4. 学生感知的教师下课前情绪	a	a	0.647**	—	0.486**	0.591**
5. 学生课前情绪	a	a	0.734**	0.647**	—	0.838**
6. 学生下课前情绪	a	a	0.608**	0.766**	0.637**	—

表 6-5 显示，教师课前、下课前的正性情绪与学生感知的教师课前、下课前的正性情绪为低正相关（0.231，0.235），学生感知的教师课前、下课前的正性情绪与学生课前、下课前的正性情绪则为中高度相关（班级水平 0.570，0.591；个人水平 0.734，0.766）。

表 6-6 教师、学生课前和下课前负性情绪与学生感知的教师课前、下课前负性情绪的相关

师生负性情绪	1	2	3	4	5	6
1. 教师课前情绪	—	0.752**	0.547**	0.513**	0.503**	0.466**
2. 教师下课前情绪	a	—	0.417**	0.442**	0.312**	0.324**
3. 学生感知的教师课前情绪	a	a	—	0.896**	0.663**	0.587**
4. 学生感知的教师下课前情绪	a	a	0.699**	—	0.603**	0.688**
5. 学生课前情绪	a	a	0.908**	0.863**	—	0.949**
6. 学生下课前情绪	a	a	0.888**	0.926**	0.735**	—

表 6-6 显示,教师课前、下课前的负性情绪与学生感知的教师的课前、下课前的负性情绪为中度正相关(0.547,0.442),学生感知的教师课前、下课前的负性情绪与学生课前、下课前的负性情绪则为接近高度相关或高度相关(班级水平 0.663,0.688;个人水平 0.908,0.926)。

样本中的 2789 名学生嵌套于 85 个教学班及其对应的 85 名教师,为充分考察教师情绪与学生情绪之间的关系,采用多层结构方程模型进行分析。

(二)课堂中教师对学生的情绪传递

1. 教师课前情绪对学生课堂情绪的预测

本部分中,学生情绪的变异包含两部分:其一是班级内水平上学生个体的变异;其二是班级间水平上学生整体的变异。因此,本研究在班级内水平上分析班级内学生的个体效应,在班级间水平上分析班级之间的效应。在 Mplus 中,两个水平的效应是被同时估计的。本研究在班级间水平分别创建了教师课前正性情绪对学生课堂正性情绪、教师课前负性情绪对学生课堂负性情绪的回归模型(模型1、模型2)。两个模型的拟合结果如表 6-7 所示,路径系数如表 6-8 所示。

表 6-7 模型 1、模型 2 的拟合指标

模型	n	χ^2	df	CFI	TLI	RMSEA	SRMR 班级间	SRMR 班级内
模型 1	2789	90.322	62	0.990	0.987	0.013	0.077	0.026
模型 2	2789	443.456	123	0.944	0.933	0.031	0.084	0.038

表 6-8 教师课前情绪预测学生课堂情绪的路径系数

项目	学生课堂正性情绪			学生课堂负性情绪		
	估计值	标准误	p	估计值	标准误	p
教师课前正性情绪	−0.237	0.107	<0.05	—	—	—
教师课前负性情绪	—	—	—	0.447	0.1	<0.001
R^2		0.056			0.2	

由表 6-7 可知,模型 1、模型 2 的拟合程度良好。模型 1 检验了教师课前正性

情绪对学生课堂正性情绪的预测作用；模型 2 检验了教师课前负性情绪对学生课堂负性情绪的预测作用。

由表 6-8 可知，教师的课前正性情绪能够显著预测学生的课堂正性情绪（$\beta_{正性}=-0.237$，$p<0.05$），教师的课前负性情绪能够显著预测学生的课堂负性情绪（$\beta_{负性}=0.447$，$p<0.001$）。R^2 结果显示，教师的课前正性解释了 5.6% 的学生课堂正性情绪，教师的课前负性情绪解释了 20% 的学生课堂负性情绪。

2. 学生感知的教师情绪在课堂师生情绪关系中的中介效应

模型 3 检验了学生感知的教师正性情绪在课堂师生情绪关系中的中介作用，模型 4 检验了学生感知的教师负性情绪在课堂师生情绪关系中的中介作用。模型拟合结果如表 6-9 所示，路径系数如图 6-1、6-2 所示。

表 6-9　模型 3、模型 4 的拟合指标

模型	N	χ^2	df	CFI	TLI	RMSEA	SRMR 班级间	SRMR 班级内
模型 3	2789	701.830	185	0.919	0.904	0.032	0.128	0.032
模型 4	2789	1350.815	352	0.918	0.907	0.032	0.100	0.036

由表 6-9 可知，除班级间水平的标准化残差均方根（SRMR 班级间）稍高，模型 3、模型 4 的其他拟合指标均在可接受范围内。虽然可以继续寻找最佳拟合模型，但当前模型拟合指标足够胜任描述本部分的目的，可以继续检验估计参数。[1]

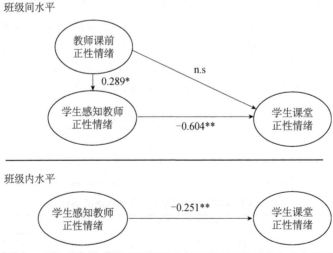

图 6-1　学生感知的教师正性情绪对教师课前正性情绪与学生课堂
正性情绪关系的中介作用路径图

① Ronald H. H., & Scott L. T. (2015). *An Introduction to Multilevel Modeling Techniques-MLM and SEM Approaches Using Mplus*, Third Edition. Hove: Routledge.

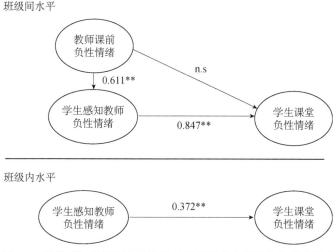

图 6-2 学生感知的教师负性情绪对教师课前负性情绪与学生课堂
负性情绪关系的中介作用路径图

由图 6-1、图 6-2 可知，模型 3、模型 4 和拟合良好，教师课前情绪能够显著预测学生感知的教师情绪（$\beta_{正性}$=0.289，$p<0.05$；$\beta_{负性}$=0.611，$p<0.01$），学生感知的教师情绪又显著预测学生的课堂情绪（$\beta_{正性}$=-0.604，$p<0.01$；$\beta_{负性}$=0.847，$p<0.01$）。教师情绪对学生情绪的直接路径不再显著（$\beta_{正性}$=-0.023，$p=0.871$；$\beta_{负性}$=-0.096，$p=0.485$）。在模型 3 中，在班级内水平上，学生感知的教师正性情绪解释了 6.3% 的学生课堂正性情绪变异；在班级间水平上，教师的课前正性情绪和学生感知的教师正性情绪共同解释了 39.2% 的学生课堂正性情绪变异。在模型 4 中，在班级内水平上，学生感知的教师负性情绪解释了 13.8% 的学生课堂负性情绪变异；在班级间水平上，教师负性情绪和学生感知的教师负性情绪共同解释了 74.9% 的学生课堂负性情绪变异。相比模型 1 和模型 2，加入学生感知的教师情绪因素后，学生课堂情绪的变异得到了更多的解释。Mplus 同时给出了模型第二水平的间接效应的估计，两个模型的班级间水平的间接效应都达到了显著水平（$\beta_{正性间接}$=-0.174，$p<0.05$；$\beta_{负性间接}$=-0.517，$p<0.01$）。与负性情绪相比，课堂上学生接受教师的正性情绪传递并不是很明显，当加入学生感知的教师正性情绪后，也仅解释了 39.2% 的学生正性情绪变异，而教师的负性情绪则解释了近 4/5 的学生负性情绪。

四、分析与讨论

本部分以情绪的社会信息模型[①]为基础，即学生是在观察到教师的情绪信息

[①] van Kleef, G. A. (2016). *The Interpersonal Dynamics of Emotion*. New York: Cambridge University Press.

后，进而利用这些信息进行认知推断并产生的相应情绪反应。研究发现，在教师情绪对学生情绪的传递中，学生情绪的产生既有教师的情绪感染，又有学生的认知评价的影响，即在中小学师生课堂情绪传递中，情绪的社会信息模型是适用的。同时，我们通过多层结构方程模型分析发现，学生感知的教师情绪是教师课前情绪与学生课堂情绪之间的关键中介变量。

本部分的描述性结果表明，课堂中教师的情绪在变化，学生对教师情绪及其变化的感知在变化，学生的情绪也随之变化，并且这些变化的趋势是一致的。教师的负性情绪水平在下课前高于课前；中学生比小学生更明显地感知到了教师的情绪及其变化；中学生的情绪变化比小学生明显。教师课前、下课前的正性情绪与学生感知的教师课前、下课前正性情绪，以及教师课前、下课前的负性情绪与学生感知的教师课前、下课前负性情绪低中度正相关；学生感知的教师课前、下课前正性情绪与学生的课前、下课前正性情绪，以及学生感知的教师课前、下课前负性情绪与学生的课前、下课前负性情绪则为中高度正相关。这证明了我们的假设：教师情绪、学生感知到的教师情绪和学生情绪之间关联紧密，教师情绪影响学生情绪，教师是传递情绪信息的核心人物。笔者借鉴弗伦泽尔等的研究[1]，并在其基础上增加了情绪类别，考虑了情绪传递的时间顺序，本研究对于教师的教学与学生的学习来说具有更重要的意义。另外，女教师的课堂情绪变化较明显，中学男生比中学女生感知的教师情绪及教师情绪的变化更明显，其原因有待进一步研究。

有研究表明，负性情绪比正性情绪更能诱发情绪感染[2]，因为负性情绪比正性情绪能够吸引更多的注意和反应倾向，即情绪存在负性偏向[3]。斯普尔和凯利认为，负性情绪，尤其是与威胁相关的一些情绪，可能比正性情绪或者说那些没有威胁的情绪更有感染性。[4]特别是负性情绪中愤怒情绪的感染，表现出明显的无意识传递。[5]负性情绪本身包含对人来说更重要的信息，因此负性情绪似乎比正性情绪更容易传递出去。本研究表明，中小学师生课堂负性情绪的相关系数均大于正性情

---

[1] Frenzel, A. C., Goetz, T., Lüdtke, O., Pekrun, R., & Sutton, R. E. (2009). Emotional transmission in the classroom: Exploring the relationship between teacher and student enjoyment. *Journal of Educational Psychology, 101* (3), 705-716.

[2] Barsade, S. G. (2002). The ripple effect: Emotional contagion and its influence on group behavior. *Administrative Science Quarterly, 47* (4), 644-675.

[3] Andrews, V., Lipp, O. V., Mallan, K. M., & König, S. (2011). No evidence for subliminal affective priming with emotional facial expression primes. *Motivation and Emotion, 35,* 33-43; Dannlowski, U., Ohrmann, P., Bauer, J., Kugel, H., Arolt, V., Heindel, W., et al. (2007). Amygdala reactivity predicts automatic negative evaluations for facial emotions. *Psychiatry Research, 154,* 13-20; Kaffenberger, T., Brühl, A. B., Baumgartner, T., Jancke, L., & Herwig, U. (2010). Negative bias of processing ambiguously cued emotional stimuli. *Neuro Report: For Rapid Communication of Neuroscience Research, 21* (9), 601-605.

[4] Spoor, J. R., & Kelly, J. R. (2004). The evolutionary significance of affect in groups: Communication and group bonding. *Group Processes and Intergroup Relations, 7,* 398-412.

[5] Kelly, J. R., Iannone, N. E., & Mccarty, M. K. (2015). Emotional contagion of anger is automatic: An evolutionary explanation. *British Journal of Social Psychology, 55* (1), 182-191.

绪的相关系数，说明教师的负性情绪更易被学生觉察，从而产生更强烈的情绪传递效应。本次研究还显示，中国中小学教师在课堂上的情绪变化为负性情绪逐渐增加，因此，教师必须进行情绪劳动，调整自己的课堂情绪，特别是要减少自己的负性情绪。课堂是教授知识和技能的场所，教师在课堂上的主要任务是传递认知信息。但伴随认知信息传递的情绪信息传递也不可忽视，它会直接影响认知信息传递后被接收到的数量和质量。另外，在中学阶段，学生对教师情绪信息的感知和感受更加敏感，中学教师更应注意调节自己的情绪。

情绪传递有领域特异性吗？数学课堂与语文、英语课堂相比，学生有更明显的正性情绪增加、负性情绪减少的现象，与以往研究得出的学业情绪有领域特异性的结论[1]存在一致性。英语课堂与数学、语文课堂又不同，学生存在负性情绪增加、正性情绪减少的现象。特别是同为语言类课程的语文和英语课堂差异较为明显。这是否为中国中小学生学习第二语言的情绪特点，还有待进一步研究。

五、本研究的局限

师生情绪传递应是互相的，本研究仅以教师为核心人物，探讨了教师对学生的情绪传递。今后的研究还应考虑学生对教师课堂情绪的影响。本次研究中，教师课堂情绪变化具有负性情绪增加的特点，这与教学内容、教学环境有关，应该更与学生的听课状态、情绪等有关。

本研究以一节课为取样单元。若能以时间为线索[2]，如在一个学期的不同阶段（开学初、期中和期末）各取一节课，也许结果会有不同。本研究只取中小学师生的样本，反映的是基础教育的特点，若取大学师生为样本生，可能能够展示出专业教育的特点。

第二节　中学教师课堂愉快、愤怒情绪表达与学生反应的观察研究

一、导言

研究学生核心素养的结构与测评、培养与提升已成为教育科研的重要工作之

---

① Goetz, T., Frenzel, A. C., Pekrun, R., Hall, N. C., Ludtke, O. (2007). Between-and within-domain relations of students' academic emotions. *Journal of Educational Psychology, 99* (4), 715-733.

② Becker, E. S., Goetz, T., Morger, V., & Ranellucci, J. (2014). The importance of teachers' emotions and instructional behavior for their students' emotions—An experience sampling analysis. *Teaching and Teacher Education, 43*, 15-26.

一．课堂教学是培养学生核心素养的主要环节与重要场所。在课堂教学中，教师不仅向学生传授知识、技能，让学生学会学习，还应注意与学生进行情绪、情感的互动和交流，以促进学生核心素养的全面和谐发展，使学生健康成长。近年来，关于教师情感素质[①]、教师情绪劳动[②]的研究逐渐增多。但这些研究多从教师单一视角展开，对教师与学生之间的情绪双向互动过程关注甚少。

教师情绪表达应是师生情绪情感沟通与交流的第一环节。[③]在教学过程中，教师有意或无意地将其内在情绪体验通过言语或者非言语的形式表现出来就是教师的情绪表达。[④]有研究者对课堂教学视频进行观察发现，数学课堂上教师拥有话语的主导权[⑤]，在绝大多数课程中，教师比学生拥有更多的话语机会，教师的话语量要远多于学生[⑥]。同时，非言语的情绪表达如眼神、面部表情、肢体动作等在教师的教学中也发挥着非常重要的作用。[⑦][⑧]教师教学中常用的非言语表达包括声音、手势、身体运动、眼神接触、面部表情、音调、空间距离、行为表现、姿势和着装等。[⑨]有研究者利用 Observer 行为观察分析软件对教师课堂讲授视频中的手势语进行了研究，发现优秀教师通常会将手势语和板书相结合，并且教师得奖等级越高，手势语的使用也越多。[⑩]

有研究表明，教师在与学生交往中通常会比较自由地表达自己的积极情绪，而对消极情绪通常会根据情境的不同采取不同的表达策略，当学生出现违反纪律等情况时，教师可能会夸大自己的愤怒情绪以表示对学生的警告[⑪]；当学生没有取

① 吕颖，乔建中．（2004）．新课程观对教师情感素质的要求．*教育探索*，（11），98-99；马多秀．（2013）．论教师专业发展的情感维度．*教育理论与实践*，33（4），37-40；王俊山，卢家楣．（2015）．中小学班主任情感素质的调查研究．*心理与行为研究*，13（1），52-58.

② 周海霞，龚玲．（2013）．教师情绪劳动研究述评．*中国电力教育*，26，108-109；秦旭芳，刘慧娟．（2016）．教师情绪劳动失调窘境与理性化调控．*教育发展研究*，36（10），41-45；周厚余．（2016）．积极心理学视角的特殊教育教师情绪劳动策略研究．*教师教育研究*，28（1），61-66，88.

③ 徐长江，费纯，丁聪聪，刘迎春．（2013）．教师情绪表达规则的性研究．*教师教育研究*，25（4），50，68-73；魏净霞，潘双婵．（2016）．教师情绪表达浅议——学生眼中"好脾气"老师视角．*教育与教学研究*，30（5），78-82；王慧，朱小蔓．（2018）．论当下教师情感表达的三个主要误区．*教育科学研究*，（1），50-52.

④ 虞亚君，张鹏程．（2014）．教师情绪表达的内涵、影响因素及策略研究．*教学与管理*（*理论版*），9，70-72.

⑤ 潘亦宁，王珊，刘喻，唐洪秀．（2015）．初中数学课堂上的师生互动研究——基于视频案例的分析．*教育理论与实践*，35（8），59-61

⑥ 赵冬臣，马云鹏，张玉敏，韩玉婷．（2014）．小学数学课堂师生话语的定量研究——以 13 节优秀课例为例．*上海教育科研*，12，46-49.

⑦ 董梅，张烨．（2013）．论课堂教学中的教师非言语行为．*教育与教学研究*，27（2），31-33，87.

⑧ 赵明星．（2016）．课堂教学中教师非言语教学艺术评价研究．*新课程研究旬刊*，8（3），101-103.

⑨ Haneef, M., Faisal, M. A., Alvi, A. K., & Zulfiqar, M. (2014). The role of non-verble communication in teaching practice. *Science International, 26* (1), 513-517.

⑩ 白学军，梁菲菲，张涛，田丽娟，文宇翔，陈宗阳．（2009）不同获奖等级青年教师手势语的量化研究．*宁波大学学报*（*教育科学版*），31（4），48-53.

⑪ 徐长江，费纯，丁聪聪，刘迎春．（2013）．教师情绪表达规则的质性研究．*教师教育研究*，25（4），50，68-73.

得理想成绩时，教师可能会换位思考，抑制自己的消极情绪。在课堂的情绪互动过程中，教师并非总是表达自己的真实情绪，很多时候他们会有意识地对自身的真实情绪进行隐藏，尤其是消极的情绪体验[①]，但这些情绪状态总会在有意或无意中通过其他方式表现出来[②]。在课堂教学的不同情境下，教师会表达多种不同的情绪，其中比较常见的情绪是愉快和愤怒[③]，而且不管是愉快情绪还是愤怒情绪，教师情绪表达的强度都比较适中[④]。另外，在课初、课中和课末的情绪表达中，专家教师的表情显著多于新手教师。[⑤]专家教师的情绪表达比较平稳，新手教师的情绪表达则相对丰富。[⑥]新手教师对手势语的使用量多于专家教师，但新手教师通常会使用更多的无意义手势语。[⑦]

范·克里夫的情绪社会信息模型是在考虑了情感的社会功能、情感表达作用、情绪调节、文化影响等重要性的基础上提出的。[⑧]该模型的行为主体包括情绪表达者和观察者。当情绪表达者表达出某种情绪时，观察者根据不同的社会情境，经过推理过程，对情绪表达者的态度、意图等进行推测，并据此对情绪表达者做出相应的情感反应。[⑨]根据这一模型，教师在授课过程中总会通过言语或非言语的方式来表达自己的情绪，当我们把教师作为情绪表达者时，学生很自然地就成了观察者。

当教师表达不同情绪时，学生在感受到不同课堂氛围的同时也会产生不同的反应。[⑩]从教师的角度来看，当教师使用身体语言与学生交流时，学生会关注教师

① 田学红. (2010). 教师的情绪劳动及其管理策略. *教育研究与实验*, 3, 67-70；Hagenauer, G., & Volet, S. E. (2014). "I don't hide my feelings, even though I try to": Insight into teacher educator emotion display. *Australian Educational Researcher*, 41 (3), 261-281.

② Sutton, R. E., & Wheatley, K. F. (2003). Teachers' emotions and teaching: A review of the literature and directions for future research. *Educational Psychology Review*, 15 (4), 327-358；Titsworth, S., Quinlan, M. M., & Mazer, J. P. (2010). Emotion in teaching and learning: Development and validation of the classroom emotions scale. *Communication Education*, 59 (4), 431-452.

③ Prosen, S., Vitulić, H. S., & Škraban, O. P. (2014). Teachers' emotional expression in the classroom. *Hacettepe Universitesi Egitim Fakultesi Dergisi-hacettepe University Journal of Education*, 29 (1), 226-237；马惠霞，苏鑫，刘静. (2016). 中小学教师的情绪及其对学生的情绪传递初探. *教育理论与实践*, 36 (26), 31-33.

④ Titsworth, S., Quinlan, M. M., & Mazer, J. P. (2010). Emotion in teaching and learning: Development and validation of the classroom emotions scale. *Communication Education*, 59 (4), 431-452.

⑤ 缪芙蓉. (2011). *中学新手-专家型教师课堂情绪工作的比较研究*. 硕士学位论文, 温州大学.

⑥ 孙彩霞. (2015). *课程变革下教师情绪地理的建构*. 博士学位论文, 西南大学.

⑦ 杨叶. (2015). *小学数学新手教师与专家教师的课堂非言语教学行为比较研究*. 硕士学位论文, 杭州师范大学.

⑧ van Kleef, G. A. (2010). The emerging view of emotion as social information. *Social & Personality Psychology Compass*, 4 (5), 331-343.

⑨ 陈璟，汪为. (2013). 情绪即社会信息模型述评. *心理发展与教育*, 29 (2), 214-223；张慧籽，姜媛. (2014). 运动情境中情绪的人际效应：情绪-社会信息模型的新视角. *体育科研*, 35 (5). 83-88；张艳红，佐斌. (2014). 情绪社会信息模型：情绪人际效应的新理论. *社会心理科学*, 29 (7), 42-47.

⑩ Sutton, R. E., & Wheatley, K. F. (2003). Teachers' emotions and teaching: A review of the literature and directions for future research. *Educational Psychology Review*, 15 (4), 327-358；Titsworth, S., Quinlan, M. M., & Mazer, J. P. (2010). Emotion in teaching and learning: Development and validation of the classroom emotions scale. *Communication Education*, 59 (4), 431-452.

的非言语信息。①如上所述，教师有时甚至会隐藏真实情绪，但学生还是可以经常感受到教师的情绪②，并且学生感受到的情绪状态与教师自我报告的情绪状态基本保持一致③。当教师表达更多愉快情绪时，会引起学生的愉快体验，学生通常也会出现更多的笑容，极少表现出沉默和忽视行为；当教师表达愤怒情绪时，学生通常会表现出更多的抱怨、沉默和忽视的行为。④从学生的角度来考察教师的情绪表达，学生希望教师可以表达更多的鼓励和关爱，但不能一味地纵容学生，也不能无端对学生发泄愤怒情绪，另外教师在进行情绪表达时要做到对事不对人。⑤

有研究显示，教师的情绪状态会对学生的课堂学习产生影响。课堂的情绪氛围会影响学生的学习。在积极的课堂氛围，如温暖、尊重的氛围下，学生的学业成就更好⑥；反之，学生的学习将会因消极的课堂氛围产生较差的学习效果。教师在调节课堂气氛、提供情感支持等方面起着十分重要的作用⑦，如果教师能够营造一种良好的课堂氛围，那么学生的情感表现通常也会更加真实⑧。

本研究拟借鉴情绪的社会信息模型，对课堂情境下教师的愉快和愤怒情绪表达与学生的反应进行现场观察，了解在师生情绪产生的前因事件和背景下，教师这两种情绪表达的方式、频率及学生对教师不同情绪表达所做的反应，并比较新手、熟手和专家教师的表达差异，以期能够为教师更好地了解自身情绪表达及其效应提供资料，促进教师的专业化成长，进而促进学生愉快学习。

二、研究方法

本研究采用观察法，分两部分进行：第一部分为制定观察指标体系，第二部分为课堂观察。具体步骤如下：①通过查阅和整理相关文献资料，制定教师情绪

① Haneef, M., Faisal, M. A., Alvi, A. K., & Zulfiqar, M. (2014). The role of non-verbal communication in teaching practice. *Science International*, 26 (1), 513-517.

② Titsworth, S., Quinlan, M. M., & Mazer, J. P. (2010). Emotion in teaching and learning: Development and validation of the classroom emotions scale. *Communication Education*, 59 (4), 431-452.

③ 马惠霞，苏鑫，刘静．（2016）．中小学教师的情绪及其对学生的情绪传递初探．*教育理论与实践*，36（26），31-33．

④ Prosen, S., Vitulić, H. S., & Škraban, O. P. (2014). Teachers' emotional expression in the classroom. *Hacettepe Universitesi Egitim Fakultesi Dergisi-Hacettepe University Journal of Education*, 29 (1), 226-237.

⑤ 魏净霞，潘双婵．（2014）．教师情绪表达浅议——学生眼中"好脾气"老师视角．*教育与教学研究*，30（5），78-82．

⑥ Reyes, M. R., Brackett, M. A., Rivers, S. E., White, M., & Salovey, P. (2012). Classroom emotional climate, student engagement, and academic achievement. *Journal of Educational Psychology*, 104 (3), 700-712.

⑦ 王慧，朱小蔓．（2018）．论当下教师情感表达的三个主要误区．*教育科学研究*，（1），50-52．

⑧ Prosen, S., Vitulić, H. S., & Škraban, O. P. (2014). Teachers' emotional expression in the classroom. *Hacettepe Universitesi Egitim Fakultesi Dergisi-hacettepe University Journal of Education*, 29 (1), 226-237.

表达及学生反应的观察指标，如教师表达的不同情绪及其发生背景，不同情绪出现的频率，不同情绪状态下有什么样的外部表现，不同外部表现的频率，专家、熟手及新手教师间课堂情绪表达的差异；学生对教师不同情绪表达做出的不同反应及其发生背景、不同反应出现的频率等。②依据制定的指标对教师课堂教学视频及部分真实的课堂教学情境进行抽样观察，修正观察指标。③利用修正后的指标进行正式的课堂观察，从而收集教师情绪表达及学生反应的第一手资料。④对收集的资料进行分析。⑤对教师课堂情绪表达提出相关建议。

（一）观察指标的制定

1. 教师情绪表达观察指标的制定依据

课堂教学情境下，教师会表达多种不同的情绪，其中比较常见的情绪是愉快和愤怒，而且愉快和愤怒是最易识别的两种情绪。情绪表达往往以言语或者非言语的形式如面部表情、肢体动作等表现。因此，本部分选择愉快和愤怒两种情绪作为考察教师课堂情绪的指标，以面部、姿态和语调三种表情作为考察教师愉快与愤怒情绪表达的观察指标。

（1）面部表情

一个人的情绪通常可以通过面部表情显示出来。①人们通常会通过观察鼻子、嘴巴和眼睛等面部表情的变化来判断一个人的情绪状态②，愉快的面部表情模式为笑、嘴唇朝外朝上扩展、眼笑；愤怒则是皱眉、眼睛变狭窄、咬紧牙关、面部发红。因此，可以通过观察面部表情的变化识别他人的情绪状态。

眼睛在情绪表达中具有重要作用。教师在课堂教学中常常会根据不同的情境，运用不同的眼神来传情达意，而学生通常也能够根据教师的不同眼神做不同的回应③；教师通常还会通过环视来观察学生的总体情况，通过注视来与某个学生交流或者观察个别学生的情况等④。另外，还有研究将教师眼睛的注视划分为亲密注视和严肃注视，亲密注视是教师表达与学生之间亲近情感的一种形式，常伴有微笑的表情；而严肃注视则多发生在学生违背课堂纪律或做小动作时，教师用眼神来表示对学生的警告，通常伴随消极的情绪表情⑤。

① 雷婕，丁亚平．（2013）．面部表情：一些争论．*心理科学进展*，21（10），1749-1754.
② 崔雪融，王振宏，蒋长好，田博．（2009）．面部表情信息的上下不对称性．*心理科学*，32（5），1183-1185；刘宏艳，胡治国．（2015）．面部表情识别的影响因素：面部特征及观察者特性．*中国临床心理学杂志*，23（3），453-457.
③ 陈姝娟．（2015）．教师眼神何以能表情达意．*教育发展研究*，35（24），74-78；芦光慧．（2013）．教师的眼神教育在课堂教学中的重要作用．*教育教学论坛*，（30），73-74.
④ 董梅，张烨．（2013）．论课堂教学中的教师非言语行为．*教育与教学研究*，27（2），31-33，87.
⑤ 缪芙蓉．（2011）．*中学新手-专家型教师课堂情绪工作的比较研究*．硕士学位论文，温州大学.

（2）姿态表情

头部动作：教师的头部动作主要包括用点头来表达肯定、用摇头来表示否定。[①]

手部动作：教师在课堂上常用的手势包括拍学生背部、敲击桌子、拍打书本、摸鼻子等，以及用来表示让学生起立、坐下等的手势动作，如轻拍学生、用手敲桌子等。[②]

空间距离：亲密程度也可以通过相处时人与人之间的空间距离来展示。通常来讲，两者间的关系越亲密，空间距离越小。教师通过站在讲台扩大与学生之间的距离，以及在教室的四周和走进学生中等缩小与学生之间的距离的做法，来拉大与学生之间的情感距离或亲近学生、增加与学生之间的亲密感。

（3）语调表情

言语情绪通常有音高和语调的变化。通常情况下，高低不同的音调和语调展现的情感与传递的信息是不一样的。如果语调和音调表现比较平缓，没有起伏变化，则通常会让听者感到沉闷，多用于表示平淡、冷静等。教师可以通过停顿的方式吸引学生的注意，从而调节课程节奏。加重语气则指教师明显地提高自己的音量，以此来表达提醒学生等有意识行为。拉长声音则是指教师减慢自己说话的速度来表达提醒等行为。当一个人情绪比较低落时，通常在句末用降调；当一个人情绪比较高涨时，常在句末用升调，以增强情感。

声音的音调不仅能够反映出情绪的变化，而且还能以讽刺、优越感或者顺从的言语方式来传递社会信息。例如，有的教师反映，当他们感受到学生没有认真听讲时，就会通过改变音调或者增大音量的方式来引起学生的注意。[③]班齐格（Bänziger）等采用等级评分对音调、响度、语速、语言的丰富性等言语信息传递的情感进行了评定，从而对言语传达的信息进行了研究。[④]

2. 学生反应观察指标的制定依据

根据情绪社会信息模型，在不同情境下，观察者通过推断过程对情绪表达者的情绪信息做出情绪反应。在教师的课堂教学中，当教师作为情绪表达者通过言语或者非言语的方式表达出自己的情绪时，学生通常也能够根据教师的不同表现来推测教师的态度、情绪等。[⑤]中学生在课堂上体验较多的是愉快、自豪、幸福、

---

① 金海燕.（2013）. 非言语行为：教师课堂教学的指挥棒——基于课堂观察中"百数表"教学. *才智*,（27），140-141.

② 张颖，刘幸娟，周建忠.（2014）. 教师手势语言对学生学习影响的研究. *现代交际月刊*,（8），201-202.

③ Haneef, M., Faisal, M. A., Alvi, A. K., & Zulfiqar, M. (2014). The role of non-verble communication in teaching practice. *Science International*, 26 (1), 513-517.

④ Bänziger, T., Patel, S., & Scherer, K. R. (2014). The role of perceived voice and speech characteristics in vocal emotion communication. *Journal of Nonverbal Behavior*, 38（1），31-52.

⑤ 缪芙蓉.（2011）. *中学新手-专家型教师课堂情绪工作的比较研究*. 硕士学位论文，温州大学.

生气、厌恶、沮丧等情绪①。本研究对在教师愉快和愤怒情绪表达下学生的面部表情指标的制定与教师的一致。

另外，有研究对教师与学生交流过程中的学生反应进行了探讨，发现学生非语言反应通常包括以下内容：注视教师、点头、举手问问题或回答问题、对教师微笑、坐在椅子的前方或者斜靠着椅子听讲、坐在教室前排的椅子上听讲、显示积极的面部表情、通过手或双臂的姿势与教师进行交流。②学生在与教师交流时的非言语反应除了面部表情，主要集中在眼神、头部动作和手部动作三方面，还有研究将学生的言语行为分为主动性的言语行为如学生主动回答、学生主动提问、与同伴讨论，和被动性语言行为如学生被动应答。也有研究探讨了沉寂这一非言语反应沟通方式，其包括无助于教学的沉默，观察者无法判断师生间的互动行为，以及有助于教学的沉默，如学生思考或是做练习。③

3. 制订教师情绪表达与学生反应的观察指标

根据上述依据，我们初步制订了教师情绪表达及学生反应的观察指标。

（二）观察指标的修订

2 名心理学硕士研究生统一接受荷兰 Noldus 公司的 ObserverXT 10.0 分析软件的使用培训，根据初步制定的教师情绪表达及学生反应的观察指标，对 2 名教师的日常课堂教学视频进行观察并做相关记录。利用此视频进行观察练习，当 2 个观察者的一致性系数达到 0.90 及以上时（最后为 0.97），再由 2 人分别对另外 2 名教师的课堂教学视频（2 人观察同样两段视频）进行观察（观察结果见附录一）。

根据观察结果和观察过程中的实际情况，本部分对初步制定的指标中的不合理或基本不出现的观察指标予以修正。首先，在教师情绪表达的观察指标方面：第一，预观察中发现，教师在表达情绪时从未出现摇头的动作，故将摇头动作删除；第二，反复进行视频观察发现，教师表达情绪时的音调变化较难判断，两名观察者之间很难达成一致意见，将该指标删除。其次，在学生反应的观察指标方面：第一，在预观察中，未发现学生出现摇头动作和举手示意提问的动作，将这两个指标删除；第二，虽未发现学生出现停顿许久回答问题的反应，但考虑到学生马上回答问题与停顿许久回答问题、不回应问题是不一样的状态，故将该指标

---

① 虞亚君, 张鹏程. (2014). 教师情绪表达的内涵、影响因素及策略研究. *教学与管理*（理论版）, 9, 70-72.
② Malachowski, C. C., & Martin, M. M. (2011). Instructors' perceptions of teaching behaviors, communication apprehension, and student nonverbal responsiveness in the classroom. *Communication Research Reports*, 28 (2), 141-150.
③ 侯颖, 祝佩, 王文. (2016). FIAS 师生语言互动编码系统本土化研究——基于以学生为中心的视角. *成都师范学院学报*, 32（9）, 7-11.

保留；第三，为便于观察记录，结合观察过程，将学生眼部动作中的目光集中于教师身上、目光集中于讲解的 PPT 或者黑板上、目光集中于课本等，合并为目标集中于相关事物这一个指标；将手势动作中的做练习、说明性动作及其他手势合并为其他手势一个指标；第四，从视频中发现，教师在表达情绪时会出现点名请学生回答问题的情况，故在学生回应的及时性中增加被动问答的指标，以此来表示教师点名请学生回答问题的状况；第五，将言语回应中根据学生从主动到被动再到不予反应所作的排序，调整为由上到下排序。最终得到教师情绪表达和学生反应的观察指标，分别见表 6-10 和表 6-11。

表 6-10　教师情绪表达的观察指标

指标类别			指标含义
面部表情	面部	愉快	展示笑、嘴部嘴唇向外向上扩展开、眼睛也呈笑的状态（环形皱纹）
		愤怒	眉头紧皱、眼睛变狭小、牙关咬紧、脸部发红
	眼部动作	环视	教师用目光扫描全体学生以把握学生总体状况
		注视	教师将目光注视在班级某一位学生身上 3 秒以上
姿态表情	空间距离	增大空间距离	将教师从学生中间走到讲台上的动作看作距离的扩大
		缩小空间距离	将教师从讲台上走入学生中间的动作看作距离的缩小
	头部动作	点头	头部做上下运动
	手势动作	敲桌或拍背	教师用手或者借助黑板擦等工具敲击桌子或者是用手来拍打学生的背部
		借助手势动作对问题进行讲解	教师利用手势动作等来对自己所讲的内容做更详细、清晰的讲解
		其他手势动作	除上述手势动作之外的其他一些手势动作
言语表情	停顿		教师在讲授过程中突然有意停顿时间达 3 秒以上，不包括明显由紧张、思考等引起的短暂停止。如，当学生违反课堂纪律时，教师可能会通过停顿来提醒学生并可能会伴有注视该学生的动作
	语气		加重语气：教师明显提高音量，来表达愉快或者愤怒的情绪。如，某学生做错一个简单的题目，教师加重语气说"这个题目咱们讲解过多少遍了，怎么还错！"或某学生表现良好，教师加重语气说"非常棒！"

续表

指标类别		指标含义
言语表情	语气	严肃愤怒的语气：教师用讽刺、挖苦、反语和否定打击、恨铁不成钢等话语来营造一种紧张的氛围
		轻松愉快的语气：教师用热情、尊重、鼓励、幽默风趣的话语来营造一种愉快的氛围
	拉长声音	教师的语速明显放慢，以此表示强调或提醒等含义的声音变化行为

表 6-11　学生反应观察指标

指标类别			指标含义
面部表情回应	面部	愉快 	展示笑、嘴部嘴唇向外向上扩展开、眼睛也呈笑的状态（环形皱纹）
		愤怒 	眉头紧皱、眼睛变小、牙关咬紧、脸部发红
	眼部动作	注视课程相关事物	眼睛注视在教师讲解的课本、黑板、PPT 上，或者在教师讲解时，将目光集中在教师身上、其他与教师讲解课程相关的事物上
		注视其他无关事物	眼睛注视与课程无关的事物上，如教室的某个角落等位置
身体动作回应	头部动作	点头	头部做上下运动
	手势动作	举手以回答问题	举手来争取回答教师提出问题的机会
		举手以回应教师的要求	当教师对某个问题做出类似举手示意的指令时，学生举手来应对教师的指令，做出回应
		其他手势动作	除上述情况外的其他手势动作
言语回应		通过语言积极主动问答	学生有任何疑问能够积极主动地表达出来，或者在教师在讲解的过程中，当老师没有提问时，学生能够积极主动地附和老师所讲的内容
		能及时、主动地回答教师的问题	当教师提出问题时，学生能够积极主动、马上回答
		停顿许久回答教师的问题	当教师提出问题时，学生停顿 3 秒钟以上再进行回答
		被动问答	教师通过点名的方式请学生回答提出的问题
		对教师的话语不予回应	当教师提出问题时，学生不作回答，没有反应，或者当教师提出批评、表扬时，学生默默不语

（三）课堂观察

1. 对象

本部分的观察对象是教师及课堂中的学生。观察对象的选取过程如下。

1）教师对象的选取。2017 年 9 月初至 12 月底，从山东和天津的 5 所中学选取 78 名不同教师的课堂进行现场观察（每个班级的学生人数在 43 人左右）。其中，男 6 名（7.69%），女 72 名（92.31%）；所在学校类型为初中的有 34 名（43.59%），为高中的有 44 名（56.41%）。教师类型分布为新手教师 17 名（21.80%），熟手教师 25 名（32.05%），专家教师 36 名（46.15%）。

其中，对新手、熟手、专家教师有三种划分标准：一是以所教学生的学习成绩提升为标准；二是以学校领导评定为标准；三是以教师的教龄、职称等为标准。[①]本部分以第三种标准对新手、熟手、专家教师进行具体划分。其中，专家教师是指教龄为 15 年以上，并且职称评定为特级或者高级的教师；新手教师是指教龄短于 3 年且没有职称的教师或者在学校实习的高校毕业生；熟手教师即处于专家教师和新手教师之间的教师。[②]

2）学生对象的选取。从所观察的每一位教师的授课班级中随机选取 3 名学生作为课堂观察的对象。如果在某个时刻教师与某位学生进行一对一的交流，则将该学生作为观察对象。观察者和被观察学生所处的位置情况大致如图 6-3 所示。

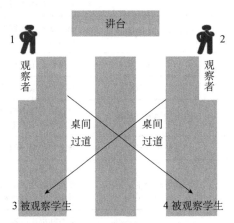

图 6-3　课堂观察位置分布图

注：图中 1、2 表示观察者通常所在的位置，带箭头的线条表示当观察者分别处于位置 1 和位置 2 时随机选取的观察对象，即被观察学生所在的大致位置

---

① 俞国良.（1999）.专家-新手型教师教学效能感和教学行为的研究. 心理学探新, 19（70），32-39.

② 葛玲霞.（2007）.教师情绪调节及应付方式的差异性研究——基于新手-专家型教师的比较. 集美大学学报（教育科学版），8（3），33-37.

2. 观察方法与步骤

（1）具体观察方法及相关概念界定

本部分采用事件取样观察法。事件取样观察法是指事先确定好要观察的被试的某些有代表性的行为，然后在自然的场景中进行观察，当该事件出现时便对事件的全貌及时进行记录。[①]根据事件取样观察法和预观察制定的指标，真实课堂观察时涉及的概念如下。

1）教师情绪表达。教师有意或无意地将其内在情绪体验通过言语或者非言语的反应表现出来。

2）学生反应。学生通过言语或者非言语的方式对教师的情绪表达做出的回应。

3）学生对教师情绪表达反应的完整事件。将教师每一次的情绪表达作为一个事件的开始，相应地，将学生反应的完结视为事件的结束，将这两部分的结合视为一个完整的事件。当教师开始另外一次情绪表达时，又将开始一次新事件的记录。

4）事件背景。事件背景是指事件发生时教师表达的言语内容梗概和学生表达的言语内容梗概及所有学生的整体反应倾向。如对某事件的背景进行记录："教师请学生回答问题，学生举手，教师说'××第一个举手，那××（另外一位学生）说吧。'大家都笑了。"

观察过程中使用"教师课堂情绪表达观察记录表"和"学生反应观察记录表"进行记录（见附录一）。

（2）现场观察

第一步，观察者与学校相关领导就课堂观察事件进行沟通，说明观察的目的和要求；第二步，由学校领导与相关教研组成员沟通，只告知可能有实习生听课（并不告知教师课堂观察的真实目的）；第三步，观察者根据拿到的课程安排随机选取课堂进行观察（观察者会在上课前的课间跟教师沟通好，并在上课时跟随教师进入课堂进行课堂观察）；第四步，在所有的课堂观察结束后，由相关领导统一告知课堂观察目的。

3. 记录和整理资料

首先，在课堂中，当教师做出愉快或者愤怒的情绪表达时，观察者根据课堂观察表及时进行记录。与此同时，观察学生对教师当时的情绪表达做出的反应，并根据观察表进行记录。当被观察的3名学生中有1人做出相应的外部表现时，便进行1次记录，若3名学生有重复动作则只做1次记录。其次，尽可能地对教

[①] 马新新．（2016）．事件观察法应用浅析．*求知导刊*，9（13），51-52.

师表达情绪时发生的事件进行详细记录或者记录关键词，课后对教师情绪事件的背景进行及时回忆和补充。在观察过程中，若不能确定学生的某个反应是否由教师的情绪表达引起，则先做标记，在课下及时澄清该反应的原因，并决定是否要进行记录。最后，在课后请教师填写个人相关信息。

采用 SPSS17.0 对收集的数据进行统计处理。

三、研究结果

（一）中学教师愉快、愤怒情绪表达与中学生反应的基本情况

1.中学教师愉快、愤怒的情绪表达

（1）中学教师愉快、愤怒情绪表达总体情况

图 6-4 显示，78 名教师在 78 节课（每节课 45 分钟）中，愉快情绪表达很多，409 次通过面部表情（面部愉快 206 次，环视 104 次，注视 99 次）、302 次通过姿态表情（扩大空间距离 147 次，缩小空间距离 54 次，点头、敲桌或拍背均出现 1 次，辅助讲解 61 次，其他手势 38 次）和 242 次通过言语表情（停顿 1 次，加重语气 26 次，轻松愉快的语气 197 次，拉长声音 18 次）来表达愉快。愤怒情绪表达较少，52 次通过面部表情（面部愤怒 15 次，环视 5 次，注视 32 次）、45 次通过姿态表情（扩大空间距离 24 次，缩小空间距离分 8 次，敲桌或者拍背与辅助讲解均为 3 次，点头和停顿均没有出现，其他手势 7 次）和 68 次通过言语表情（加重语气 24 次，严肃愤怒的语气 35 次，拉长声音 9 次）来表达愤怒。

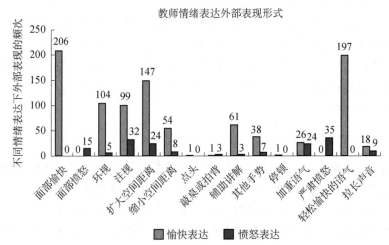

图 6-4 中学教师愉快、愤怒情绪表达的总体情况

（2）初中及高中教师愉快、愤怒的情绪表达情况比较

如表 6-12 所示，对初中和高中教师的愉快及愤怒情绪表达进行独立样本 t 检验，发现初中教师和高中教师的愉快情绪表达次数无显著差异[t（76）=−1.107，p=0.272]；而愤怒情绪表达次数差异显著[t（76）=3.302，p=0.001]，初中教师表达愤怒情绪的次数更多。

表 6-12　初中和高中教师愉快、愤怒情绪表达情况比较

项目	初中教师 M（SD）	高中教师 M（SD）	df	t	p
愉快次数/次	2.32（2.59）	2.95（2.42）	76	−1.107	0.272
愤怒次数/次	0.91（1.55）	0.11（0.39）	76	3.302	0.001

2. 中学生对教师情绪表达的反应

对初中、高中学生在教师愉快情绪表达下的反应进行差异比较，结果发现，初中、高中生仅在举手回应教师的问题方面存在显著差异[t(76)=34.220, p=0.032]，初中生举手回应教师的次数更多。因此，笔者分开计算与呈现初中和高中生对教师愉快情绪表达的反应。

表 6-12 显示，初中及高中教师的愤怒情绪表达存在显著差异，因此分开计算与呈现初中、高中教师的情绪表达及中学生对教师愤怒情绪表达的反应。

（二）初中教师愉快、愤怒情绪表达与初中生的反应

1. 初中教师的愉快、愤怒情绪表达

（1）初中教师的愉快、愤怒情绪表达总体结果

图 6-5 显示，在 34 节课中，34 名初中教师主要通过面部表情（面部愉快 76次，注视 43 次，环视 34 次）、姿态表情（点头 1 次，敲桌或拍背 1 次，辅助讲解 21 次，其他手势 16 次）和言语表情（轻松愉快的语气 77 次，加重语气 12 次，拉长声音 4 次）来表达愉快情绪。其中，扩大空间距离 58 次，缩小空间距离 18次。教师主要通过面部表情（面部愤怒 15 次，注视 27 次，环视 5 次）、姿态表情（敲桌或拍背 3 次，辅助讲解 3 次，其他手势动作 6 次）和言语表情（严肃愤怒的语气 30 次，加重语气 23 次，拉长声音 9 次）来表达愤怒情绪。其中，教师有 20 次站在讲台上（扩大空间距离），有 7 次处在学生中间（缩小空间距离）表达愤怒情绪。

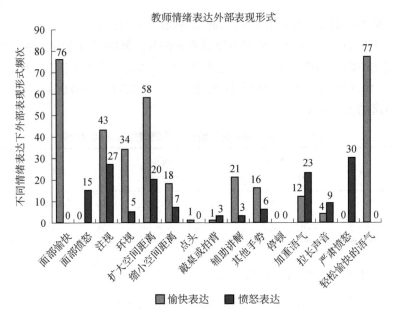

图 6-5　初中教师愉快、愤怒情绪表达的外部表现形式及频率

（2）不同类型初中教师愉快、愤怒情绪表达的情况比较

如表 6-13 所示，对不同类型教师表达的愉快和愤怒情绪进行单因素方差分析，结果发现在愉快情绪表达次数上，不同类型教师间的差异未达到显著水平。在愤怒情绪表达次数上，不同类型教师间的差异达到显著水平，$F_{(2, 32)}=7.804$，$p=0.002$，$\eta_p^2=0.335$。对不同类型教师的愤怒情绪表达进行事后多重比较，结果发现，新手教师和熟手教师间差异显著（$p=0.001$），新手教师表达愤怒情绪的次数更多；新手教师和专家教师间差异显著（$p=0.01$），新手教师表达愤怒情绪的次数更多。

表 6-13　不同类型初中教师愉快、愤怒情绪表达比较

项目	新手教师 M（SD）	熟手教师 M（SD）	专家教师 M（SD）	df	F	p
愉快次数/次	1.60（1.35）	2.45（2.77）	2.77（3.17）	2	0.581	0.565
愤怒次数/次	2.20（2.15）	0.00（0.00）	0.69（0.95）	2	7.804	0.002

（3）不同类型初中教师愤怒情绪表达时的外部表现差异

对不同类型教师表达愤怒情绪所伴随的外部表现分别进行差异比较，结果见表 6-14，在各种情绪外部表现上，新手教师、熟手教师、专家教师三类教师间均存在显著差异，具体为：面部愤怒，$F_{(2, 32)}=6.394$，$p=0.005$，$\eta_p^2=0.292$；愤怒注视，$F_{(2, 32)}=5.680$，$p=0.008$，$\eta_p^2=0.268$；加重语气，$F_{(2, 32)}=9.858$，

$p<0.05$，$\eta_p^2=0.389$；严肃愤怒，F（2，32）=7.158，$p=0.003$，$\eta_p^2=0.316$；愤怒讲解，F（2，32）=4.689，$p=0.017$，$\eta_p^2=0.232$。

表 6-14　不同类型初中教师愤怒情绪外部表现比较

情绪外部表现	新手教师 M（SD）	熟手教师 M（SD）	专家教师 M（SD）	df	F	p
面部愤怒	1.50（2.07）	0.00（0.00）	0.00（0.00）	2	6.394	0.005
愤怒注视	1.80（1.87）	0.09（0.30）	0.62（0.96）	2	5.680	0.008
加重语气	1.70（1.49）	0.00（0.00）	0.46（0.66）	2	9.858	0.001
严肃愤怒	2.10（2.13）	0.00（0.00）	0.69（0.95）	2	7.158	0.003
愤怒讲解	0.30（0.48）	0.00（0.00）	0.00（0.00）	2	4.689	0.017

对存在显著差异的几个方面进行事后多重比较，发现新手、熟手及专家教师在面部愤怒方面差异显著（$p=0.040$，$p=0.030$），新手教师多用面部表情表达愤怒情绪。在愤怒注视方面，新手教师与熟手教师差异显著（$p=0.002$），新手教师和专家教师差异显著（$p=0.024$），新手教师愤怒注视的次数最多，其次是专家教师，次数最少的是熟手教师；在加重语气方面，新手教师与熟手教师差异显著（$p<0.01$），新手教师与专家教师差异显著（$p=0.003$），表达次数从多到少的顺序是新手教师、专家教师和熟手教师。在严肃愤怒方面，新手教师与熟手教师差异显著（$p=0.001$），新手教师与专家教师差异显著（$p=0.014$），新手教师出现严肃愤怒语气的次数最多；在愤怒讲解方面，新手教师与熟手教师差异显著（$p=0.013$），新手教师与专家教师差异显著（$p=0.010$），新手教师在表达愤怒情绪的同时进行讲解的次数最多。

2. 初中生对教师愉快、愤怒情绪表达的反应

（1）初中生对教师愉快、愤怒情绪表达反应的整体情况

图 6-6 显示，学生对 34 名初中教师在 34 节课中的愉快情绪表达做出的反应包括：面部表情 137 次（面部愉快 58 次，注视相关事物 79 次，注视无关事物 0 次，均为积极反应）、言语回应 55 次（积极应答 22 次，及时主动回应 29 次，停顿许久回应 0 次，被动问答 4 次，不予回应 0 次）、姿态表情 14 次（举手回应 6 次，举手答题 1 次，点头 4 次，其他动作 3 次。其中，积极的姿态表情有 11 次）。学生对教师的愤怒情绪做出的反应包括言语表情 35 次（无明显面部表情，注视无关事物 5 次，注视相关事物 30 次。其中，积极的言语表情有 30 次）、言语回应 14 次（积极应答 2 次，及时主动回应 0 次，停顿许久回应 4 次，被动问答 5 次，对教师的问题不予回应 3 次。其中，积极的言语回应有 2 次）、姿态表情 3 次（其他动作 3 次）。

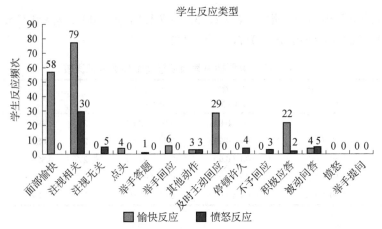

图 6-6   初中学生对教师不同情绪表达的反应类型及频率

（2）初中学生对教师愉快、愤怒情绪表达反应的差异比较

表 6-15 显示，学生在教师表达愉快情绪时，点头反应、及时回应、积极主动问答、举手回应教师问题的次数更多，且差异显著；在教师表达愤怒情绪时，学生的不予回应的次数更多，差异显著。

表 6-15   初中生在教师表达不同情绪时的反应比较

项目		M（SD）	df	t	p
点头反应	愉快	0.12（0.33）	33	2.098	0.044
	愤怒	0.00（0.00）			
及时回应	愉快	0.85（1.28）	33	3.419	0.002
	愤怒	0.09（0.38）			
不予回应	愉快	0.00（0.00）	33	−2.385	0.023
	愤怒	0.29（0.72）			
主动问答	愉快	0.65（0.98）	33	3.847	0.001
	愤怒	0.06（0.24）			
举手回应	愉快	0.18（0.46）	33	2.244	0.032
	愤怒	0.00（0.00）			

（三）高中教师愉快、愤怒情绪表达与高中生的反应

1. 高中教师的愉快、愤怒情绪表达

（1）高中教师愉快、愤怒情绪表达的总体情况

图 6-7 显示，在 44 节课中（每节课 45 分钟），44 名高中教师愉快情绪的表达如下：面部表情表达 256 次（面部愉快 130 次，注视 56 次，环视 70 次）、姿态表

情表达 62 次（辅助讲解 40 次，其他手势 22 次）、言语表情表达 134 次（加重语气和拉长声音均为 14 次，轻松愉快的语气 120 次）。其中，扩大空间距离 89 次，缩小空间距离 36 次。教师有 5 次通过严肃愤怒的语气、有 5 次注视学生来表达自己的愤怒情绪。其中，教师有 4 次通过扩大空间距离、有 1 次通过缩小空间距离来表达自己的愤怒情绪。

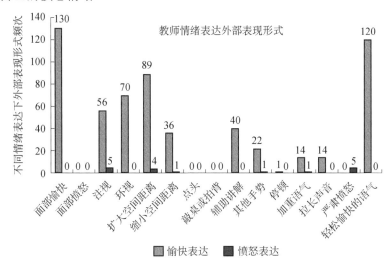

图 6-7　高中教师愉快、愤怒情绪表达的外部表现方式及频率

（2）不同类型高中教师愉快、愤怒情绪表达的情况比较

如表 6-16 所示，不同类型教师愉快、愤怒情绪表达的单因素方差分析结果表明，在愉快情绪表达上，不同类型的高中教师差异边缘显著，$F_{(2, 41)}=3.136$，$p=0.054$，$\eta_p^2=0.133$。在愤怒情绪表达上，不同类型的高中教师差异不显著，$F_{(2, 41)}=1.117$，$p=0.337$。

表 6-16　不同类型高中教师愉快、愤怒情绪表达比较

项目	新手教师 M（SD）	熟手教师 M（SD）	专家教师 M（SD）	df	F	p
愉快次数/次	1.86（1.07）	2.14（2.11）	3.78（2.65）	2	3.136	0.054
愤怒次数/次	0.29（0.76）	0.14（0.36）	0.04（0.21）	2	1.117	0.337

对教师的愉快情绪表达进行事后多重比较，结果发现，新手教师和熟手教师差异不显著（$p=0.911$），新手教师和专家教师差异显著（$p=0.024$），熟手教师和专家教师差异不显著（$p=0.110$），专家教师表达愉快情绪的次数最多。

另外，对高中新手教师和专家教师愉快情绪表达时的不同外部表现进行比较，均未发现存在显著差异。

2. 高中生对教师愉快、愤怒情绪表达的反应情况

图 6-8 显示，在 44 节课上，44 名教师表达愉快情绪时，学生对教师愉快情绪表达的反应包括面部表情 199 次（面部愉快 72 次，注视相关事物 127 次）、言语回应 48 次（及时主动回应 40 次，被动问答 7 次，停顿许久回答 1 次）、姿态表情 9 次（举手答题 1 次，点头 7 次，其他动作 1 次）。在教师表达愤怒情绪时，学生做出的反应包括注视相关事物 5 次、被动问答 1 次。

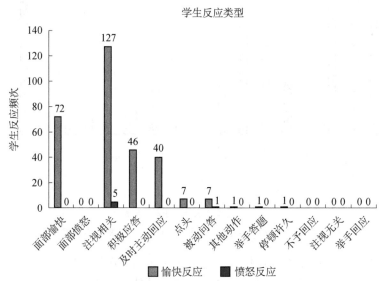

图 6-8 高中学生对教师不同情绪表达的反应类型及频率

四、中学教师愉快、愤怒情绪表达与中学生反应情况分析

真实反映中学课堂师生情绪互动是本研究最初的立意。在中学课堂上，教师传统的"传道授业解惑"伴随着大量的情绪信息，而学生也时时刻刻被教师的情绪影响着，这关乎学生在上学时是否喜欢某门课、求职时是否选择相关职业，甚至关乎学生一生的情绪生活。将教师作为情绪的发出者、学生作为接收者和反馈者进行研究，对教师来说可以优化自己的课堂情绪表达，而对学生来说则具有更重要的意义。

（一）中学教师愉快、愤怒情绪表达与中学生的反应总体是积极的

在中学教师的情绪表达中，愉快多而愤怒少。从本研究的总体情况来看，中学教师表达的愉快情绪较多、愤怒情绪较少。以学生为中心、尊重学生的观念在

教师心中逐步加深[1]，无论初中教师还是高中教师都会尊重学生，尽量在课堂上营造积极向上的课堂氛围，给学生传递积极的情绪。这与以往对教师情绪状态的调查结果基本一致[2]。在课堂教学过程中，当学生取得成就、主动回答问题，或是授课内容中包含某种积极情感时，教师会表达积极情绪；而在学生出现不认真听讲、开小差、对于重复讲过的问题依旧答错，或者违背课堂纪律等方面的表现时，教师往往表达愤怒情绪。[3]

教师在表达积极情绪，如愉快、自豪时，会相对自然、随意一些；而对于消极情绪，如愤怒，则通常会隐藏情绪或者采取抑制的策略。[4]我们通过观察发现，在教学过程中，发现学生有困意或者感觉学生有点倦怠时，教师往往不表现出愤怒，而是热情愉快地讲一个简短有趣的小故事或者笑话，这样可以在缓解学生倦意的同时调动学生的学习积极性。我们把这种情况归入教师愉快情绪表达，然而实际上这是教师在调节自己的不满情绪，也是在管理学生的情绪。教师在抑制不良情绪的同时也改变了自身的情绪表达方式，用积极情绪表达代替消极情绪表达。

初中生比高中生对教师情绪表达的外显反应更明显。在教师表达积极情绪时，初中生更容易做出举手回应教师的举动。观察者在课堂观察中发现，当教师在提问中表达愉快情绪时，初中生更加愿意展示自己，通常会争先恐后地举手，希望可以回答教师的问题；高中生则相对沉稳一些，通常不会出现举手回应教师的举动，然而在教师表达愉快情绪时，他们会主动说出自己有疑惑的地方。

（二）教师的课堂愉快、愤怒情绪表达的具体方式与意义

无论是表达积极情绪还是消极情绪，教师站在讲台上表达情绪的次数都远多于教师从讲台走到学生中间去表达情绪的次数。有研究表明，教师会通过站在讲台或者走入学生中间的方式来拉大或者拉近与学生之间的心理距离。[5]拉大距离能保证教师的权威性；而拉近距离会使学生接收到更多的情绪信息，更多地感受情绪的作用。当然，中学的教学方式仍以讲授式为主，板书的内容较多，这是中学教师较少走到学生中间以拉近距离的原因之一。

① 王嘉毅，马维林．（2015）．再论"以学生为中心"的教学意蕴与实践样态．*中国教育学刊*，（8），66-72.
② 马惠霞，苏鑫，刘静．（2016）．中小学教师的情绪及其对学生的情绪传递初探．*教育理论与实践*，*36*（26），31-33.
③ Sutton, R. E., & Wheatley, K. F. (2003). Teachers' emotions and teaching: A review of the literature and directions for future research. *Educational Psychology Review*, 15 (4), 327-358.
④ 徐长江，费纯，丁聪聪，刘迎春．（2013）．教师情绪表达规则的质性研究．*教师教育研究*，*25*（4），50，68-73；田学红．（2010）．教师的情绪劳动及其管理策略．*教育研究与实验*，（3），67-70.
⑤ 董梅，张烨．（2013）．论课堂教学中的教师非言语行为．*教育与教学研究*，*27*（2），31-33，87；金海燕．（2013）．非言语行为：教师课堂教学的指挥棒——基于课堂观察中"百数表"教学．*才智*，（27），140-141.

就表达方式来说，当教师以环视的方式表达情绪时，大部分学生会感到自己被教师注意到了，通常会有一种被关注的感觉，这样教师表达的情绪会更明显地影响到更多学生。但我们在观察过程中发现，教师在表达愉快情绪和愤怒情绪时，大多数情况下是以注视学生的方式展示的。教师在表达由某位学生的某个表现而引发的愤怒情绪时，则很少采用环视的方式；教师在表达愉快情绪时也是类似的，如有位教师笑着对某位学生说："你要向我微笑，你是这节课唯一可以为我带来阳光的同学。"这句话同时也引起了全班同学愉快地笑。一般来说，当教师注视某位学生时，影响的范围相对小一些。但我们发现，教师在注视某位学生以表达某种情绪时，该行为同样具有情绪辐射作用，即通过引发某位学生的积极或消极情绪，使周围学生的情绪受到影响。另外，在我们观察的课堂上，教师会在表达愉快情绪并注视某位学生后，再通过环视的方式来了解班级学生的整体反应情况。尽管在愉快情绪表达上教师注视学生的比例较高，但教师往往采用注视与环视相结合的方式。

教师通常会通过愉快的面部表情和轻松愉快的语气来表达自己的愉快情绪，而对于愤怒情绪时则以加重语气和严肃愤怒的言语表情表达为主。这与教师的情绪表达策略有关。教师通常不会对愉快情绪进行过多的掩饰，会自然而然地表达，而对于愤怒情绪，教师通常会进行抑制。[①]

辅助讲解、其他手势等也是教师表达情绪时伴随的动作状态，但是发生的次数相对较少，说明教师在课堂上较多以面部表情、言语表情的方式而少以姿态表情的方式表达愉快或愤怒情绪。

（三）不同类型教师的愉快、愤怒情绪表达不同

虽然教师的愉快情绪表达次数以新手教师、熟手教师、专家型教师的顺序逐渐递增，但是彼此之间不存在显著差异，说明不同类型教师的愉快情绪表达存在共性。在愤怒情绪的表达上，不同类型教师之间存在显著差异，新手教师会更多地通过面部表情和言语表情来表达，而专家型教师主要通过言语表情来表达。新手教师的经验较少，在课堂上较多关注知识的传授，当课堂上出现状况或者学生的反应与自己的预期相差很大时，其整体把控感要差一些。[②]例如，在观察过程中发现，如果有学生犯了简单的错误，新手教师通常会加重语气："我讲课的时候，××你在干什么？"专家型教师有着丰富的课堂经验，能够采取更加丰富、灵活

---

① 田学红. (2010). 教师的情绪劳动及其管理策略. *教育研究与实验*, (3), 67-70；刘迎春. (2012). 教师情绪表达规则刍议. *浙江师范大学学报 (社会科学版)*, 37 (2), 6-11；徐长江, 费纯, 丁聪聪, 刘迎春. (2013). 教师情绪表达规则的质性研究. *教师教育研究*, 25 (4), 50, 68-73.

② 李臣之, 刘树生. (2010). 试论不同成长阶段教师的培育策略. *当代教师教育*, 3 (2), 1-5.

的方式处理课堂中出现的各种情况，较少表达愤怒情绪。同时，专家型教师具有更高的情绪稳定性，表达愤怒情绪的强度也会相对较低。[1]专家型教师对需要讲授的课堂内容的理解更全面和深刻，新手教师则相对有所欠缺，尤其是在讲授难度比较大的内容时，新手教师更容易出现烦躁不安的情绪，在课堂讲解的过程中面临的挑战也更多一些[2]，所以相比专家型教师，新手教师表达的愉快情绪较少。

另外，我们观察到新手教师通常会在表达愤怒情绪的同时讲解课程，而专家型教师、熟手教师则不这样做。专家型教师与熟手教师，尤其是专家型教师，能够及时、较好地调整自己的情绪状态，即使在课堂上表达了愤怒情绪，也能够在表达后及时放下情绪，不影响自己之后的情绪或者课堂进程。新手教师对自身的情绪调节能力较弱，受情绪影响的时间较长，对课堂中学生的影响时间也会较长。

（四）学生对教师愉快情绪表达的反应更加积极主动

当教师表达愉快和愤怒这两种不同的情绪时，学生的反应也不同。当教师表达愉快情绪时，学生大多时候会做出愉快的情绪反应；当教师表达愤怒情绪时，学生并不会表现出愤怒的情绪。根据情绪的社会信息模型[3]，当教师做出情绪表达时，学生可能产生相同的情绪反应，也可能产生不同的情绪反应。很明显，教师的愉快情绪表达对学生产生了情绪感染，即学生的反应与教师情绪趋同。对于教师的愤怒情绪表达，学生则出现了情绪传递的发散效应，即当教师表达愤怒情绪时，学生可能更多地体验到愧疚感或者不舒服，研究者观察到的就是他们很少有愤怒的情绪反应。

在具体反应方式上，在教师表达愉快情绪时，学生的反应更多是积极的，如学生会积极主动地向教师表明自己的困惑，并请教师解答，及时主动地回答教师提出的问题，或者通过点头的动作来配合教师的课堂教学。教师在表达愉快情绪时，通常能够营造轻松愉快的学习氛围，在这样的情境下，学生也愿意展示自己的真实情感，表达自己的真实想法[4]；当教师提出问题时，学生不会过多担心受到教师的批评，所以通常会做出积极主动的回应。

当教师表达愤怒情绪时，学生更多的反应是不回答教师的问题或者过一段时间再慢慢说出自己的想法。特别是当教师较多地表达愤怒情绪或者愤怒的强度较大时，整个课堂会处在"低气压"状态，学生不敢回答问题或者要停顿很久才对

① 连榕.（2004）.新手-熟手-专家型教师心理特征的比较. *心理学报*, 36（1），44-52.
② 刘悦梅，赵洁.（2011）.专家型教师和新教师教学行为的比较研究. *教学与管理*（理论版），（1），55-56.
③ van Kleef, G. A. (2010). The emerging view of emotion as social information. *Social & Personality Psychology Compass*, 4 (5), 331-343.
④ Prosen, S., Vitulić, H. S., & Škraban, O. P. (2014). Teachers' emotional expression in the classroom. *Hacettepe Universitesi Egitim Fakultesi Dergisi-hacettepe University Journal of Education*, 29 (1), 226-237.

教师的问题给予回应。然而在整个过程中，学生的注意力还是能够集中在课堂相关的事物上。

（五）初高中师生课堂情绪互动有区别

情绪会由发出者感染或传递给接收者[①]，当教师表达愉快情绪时，学生可能会无意识地模仿并做出相似的表情动作（感染），也可能意识到教师的情绪传递而正向反馈；但当教师表达愤怒情绪时，学生的心理变化是比较复杂的。

我们的观察结果显示，高中教师在课堂教学中基本没有表达愤怒情绪，而是多次表达愉快情绪。这一方面是因为高中生的学习自觉性和自律性增强，在教师进行课堂讲解时，他们通常能够认真听讲并及时做出回应，而且在遇到困惑时通常能够比较准确地表达自己的困惑，师生间的沟通更加畅通；另一方面，本研究中的高中学校属于重点学校，教师的整体素质较高。高中教师一般能够较好地把握课堂节奏，调动学生的积极性，学生也会主动学习，双方配合，积极互动，课堂氛围积极活跃。例如，在一次课堂观察中，某学生为防止产生困意对教师说："老师，我能这样站着听课吗？"教师笑着说："嗯，那你就站着听。"同学们都笑了。又如，教师写错字，学生指出，教师笑着说："不好意思哈，下午有点困。"学生也笑了。高中教师在表达愉快情绪时讲解课程的比例占愉快情绪表达的近1/3，其中有对课程内容中蕴含的情感的再表达，也包含教师对课堂教学的设计，如有时教师会故意设置有"陷阱"的课堂提问，如果学生掉进"陷阱"，教师会微笑着反复询问，学生会在思考后做出回应，这样惊喜、愉快的课堂氛围便油然而生。

然而，初中生的自律性相对低一些，活泼好动，引发教师愤怒的事件相对多一些。另外，通常初中教师在一节课中讲授的内容较少，并且会在讲解每个知识点后让学生及时做练习巩固（尤其是数学课）。面对反复讲述的重点学生仍然出错时，教师通常会比较严肃，甚至产生愤怒情绪，如有教师对某学生说："别磨蹭，都快让你愁死了，到底代入哪个公式？快点说……"这时，学生小心翼翼地回答代入××公式。

五、对教师课堂情绪表达的建议

教师在课堂中的情绪表达会影响学生的课堂表现，对营造课堂气氛及促进学生的课堂学习有重要的影响，因此，教师课堂情绪表达应注意以下几点。

[①] 张奇勇，卢家楣. (2013). 情绪感染的概念与发生机制. *心理科学进展, 21*（9），1596-1604；张奇勇，卢家楣，闫志英，陈成辉. (2016). 情绪感染的发生机制. *心理学报, 48*（11），1423-1433.

1. 要以恰当的方式表达愤怒情绪

在课堂教学中，常会出现一些可能激发教师愤怒的场景，比如学生调皮捣蛋，面对这样的场合，初中教师，尤其是初中新手教师要尽可能恰当地表达自己的愤怒情绪。第一，教师要及时觉察自己的情绪变化，特别是愤怒情绪。第二，采用手势或者走近学生不动声色地提醒的方式表达愤怒情绪。第三，教师在表达愤怒情绪时要温柔而坚定，坚持原则。第四，应该注意语言的运用。第五，在表达愤怒情绪后，教师要及时调整自己的状态，以饱满的热情投入到教学中。另外，新手教师应多与专家型教师交流课堂中的情绪展现，在课后及时反思，总结课堂情绪表达的经验。同时，教师应多与学生沟通，多了解学生行为背后的原因，并尽量采取幽默、鼓励等方式来应对课堂上的"不和谐"场面。

2. 愤怒情绪表达强度要适度

本研究显示，新手教师的愤怒情绪表达程度比专家型教师强烈，这应引起新手教师的注意。当面对令人愤怒的场景时，新手教师可先提醒自己冷静一下，尽量适度地表达自己的情绪，面部表情既不能太夸张，同时也要注意语气语调等的运用，少用或不用挖苦、讽刺等伤害学生自尊心的方式。

3. 对学生的课堂表现期望应适当

作为教师要能够准确、清晰地把握班级学生的情况，了解学生的个体差异，结合课程要求，树立对学生的合理期望，这样就不会因为期望过高而产生太多不愉快的情绪感受，对学生的课堂表现也会有更多的理解。

4. 在课堂中应适当拉近与学生的距离

在课堂中，除了借助黑板进行讲解外，教师也应适当地从讲台走进学生中间进行课程的讲解，适当地拉近与学生的距离，让更多的学生更好地感受到教师的情绪状态。教师也应该把握好与学生之间的距离，恰当地表达自己的情绪。

5. 表达愉快情绪时也要适当

高中教师可以适当增加课堂中愉快情绪的表达。教师要对自己讲解的课程内容有非常全面的了解和把握，这样才能适当地安排内容讲解，也才能放松情绪，愉快地讲授，同时自由地表达自己的愉快情绪。同时，教师要注意挖掘课程内容中蕴含的情感因素。当课堂上出现突发情况时，教师应尽量做到不影响课程进度，以平和、幽默的方式对待学生的表现，让课堂教学在适当的情感氛围中进行。

6. 要提高自身的情绪管理能力

学校可以开展有关教师情绪管理能力的公益讲座或者对教师进行情绪管理团体训练，帮助教师更好地了解自身的情绪，并学会更好地表达或者适当地宣泄情绪。教师平时也要加强自身情绪管理训练，增强自身情绪的稳定性，为在课堂中更好地表达情绪奠定良好的基础。

另外，教育改革与发展已使教师的专业水平有了极大的改善，但专业化水平仍需提高。尤其对于初中教师来说，面对情绪变化犹如"暴风骤雨"的青春期学生，教师教授专业课程的能力固然重要，但作为课堂情绪的发出者，其不仅要有较高的情绪表达能力，甚至还要有调节学生情绪、营造良好的课堂氛围、管理课堂情绪动态变化的能力。

第七章　日常教育中的情绪传递：
教师对学生情绪的调节和影响

教师对学生的情绪传递贯穿整个教育教学过程，可以说教师在工作状态中时刻携带着情绪信息，因而也就有意或无意地传递着情绪，而学生也在有意或无意中受到教师情绪的感染。教师不仅有意识地将自己的情绪传递给学生，而且会有意识地调节学生的情绪。这里的情绪调节不仅是指教师调节自己的情绪（我们认为这是作为教师应该具备的基本素养），还包括教师调节学生的情绪等。我们要研究的是人际情绪调节，这里包括人际情绪调节中的一个过程——教师调节学生的情绪。

本章首先回顾了教师调节学生情绪策略的已有研究；其次，介绍了我们对 18 名中小学教师的深度访谈过程与结果；再次，呈现了教师在群体（班级内）中表扬、批评学生的事件，学生当事人的情绪反应，学生非当事人的情绪反应（不仅接收教师的情绪传递，同时接收来自受表扬、批评学生的情绪感染），以及表扬、批评后学生的情绪对其之后学习与纪律的动机作用；最后，介绍了由学生评估的教师可信度问卷的修订情况，开展这项修订工作是因为教师本身的特点是影响学生接收教师情绪传递程度的因素之一。

第一节　教师调节学生情绪的策略：
已有研究的回顾与展望

我国自 20 世纪 80 年代就开始了情感教育的相关研究，截至研究时，研究基本沿着三条思路展开：一是教育的思路，经历了理论建构、实验研究、主题深化等阶段，目前主要集中在教师情感素质提升的行动方面[①]；二是教学的思路，经历了挖掘和开发教材的情感成分、进行情感教学等阶段，目前主要为利

---

① 马多秀．（2017）．情感教育研究的回顾与展望．*教育研究*，（1），52-61.

用现代教学技术进行情感的教法设计[①]；三是学生在学习中的情绪的思路，目前主要探讨学业情绪的前因事件，包括教师对学生情绪的影响[②]。本研究则是延续第三条思路，以学生的情绪为中心，回顾 20 世纪 90 年代（我国第一部情感教育专著的出版时间是 1993 年）到现在有关教师调节学生情绪的策略种类的研究，既为情感教育理论提供证据，也为广大教师在教育教学中增加学生的积极情绪、提高学生的学习效率、提升学生的心理健康水平提供帮助。

人际情绪调节是情绪研究的新方向。传统的情绪观点认为情绪是个体对外界刺激的反应，包含个体的主观体验、面部表情和生理唤醒等。[③]事实上，情绪更多发生在人际情境即社会互动中，我们的情绪与他人紧密相连。[④]因此，情绪表现更多体现的是它的社会属性或人际属性，即人际情绪或情绪的人际方向[⑤]，指的是人们有意识地影响他人情绪的过程。尽管人际情感调节概念提出的时间不长，但有关人际情感调节的研究却早已开始，如人际影响、社会支持、欺负、情绪劳动等。

师生之间的互动过程包含人际情绪调节，师生互动的本质是情绪互动。[⑥]将人际情感调节推及教育情境，当教师有意识地影响或改变学生的情绪时，我们就把这样的过程称作教师调节学生情绪。那么，从人际情感调节的角度，再次认识师生互动，或许能够给教育者和研究者更多的启示。为此，我们以情感教育策略、调节学生情感、应对学生情绪问题、管理学生情绪、情感调节等为关键词，以 1990 年为文献时间起点，于 2019 年在中国知网中共检索到 150 余篇文献。[⑦]再以文献的题目、摘要和关键词为初步阅读内容，制订了两条纳入（或排除）标准：①文献中必须包含教师的行为或者方式、策略（如，排除了教学策略与学业情绪的关系研究）；②教师行为符合人际情感调节定义（如，那些只涉及教师个体情绪调节策略的文献会被排除）。经过筛选，共有 39 篇文献符合标准。然后，逐篇仔细阅读，梳理出教师调节学生情感的研究内容。

① 龚少英，上官晨雨，翟奎虎，郭雅薇.（2017）.情绪设计对多媒体学习的影响. *心理学报，49*（6），771-782；卢家楣.（2006）.论情感教学模式. *教育研究*，（12），55-60.

② 俞国良，董妍.（2005）.学业情绪研究及其对学生发展的意义. *教育研究*，（10），39-43；马惠霞，苏鑫，刘静.（2016）.中小学教师的情绪及其对学生的情绪传递初探. *教育理论与实践，36*（26），31-33.

③ Gross, J. J. (1999). *Handbook of Personality: Theory and Research* (*2nd*). New York: Guilford.

④ Butler, E. A. (2011). Temporal interpersonal emotion systems. *Personality and Social Psychology Review, 15*, 367-393.

⑤ Niven, K., Totterdell, P., & Holman, D. (2009). A classification of controlled interpersonal affect regulation strategies. *Emotion, 9* (4), 498-509.

⑥ 谢红仔.（2003）.情感互动是师生互动的实质. *教育导刊（上半月）*，（2），61-64.

⑦ 情感概念中包含短暂的情绪状态、较为持久的情绪状态即心境，也包含具有社会性意义的高级情感，所涉及的英文对应词有"emotion""mood""affection"等，本研究不细分情感或情绪，主要称情感。

一、教师调节学生情绪的策略的概念与分类

人际情绪调节包含两方面的内容[1]：一方面是指个体有意识地改变他人的情绪；另一方面指个体通过他人调节自己的情绪。据此，教师调节学生情感也应包含两部分：第一部分指教师有意识地影响学生的情绪、改变学生情绪方向的过程；第二部分指教师通过学生调节自己的情绪的过程。不可否认，在教学实践中，教师的情绪确实会受到学生的影响，也确实存在教师主动接近学生来调整自己情绪的情况，如有些教师依然坚守在教学一线，就是因为喜欢学生的单纯可爱，跟学生打交道会感到快乐。但由于在师生关系中，教师、学生的"权力地位"存在差异，教师通过学生调节自己情绪的现象并非经常发生。同时，虽然本书研究题目的主语是教师，但研究的中心却是学生的情绪情感。因此，本研究主要关注教师调节学生情感这一方面。

如何对人际情绪调节的现象进行分类是认识教师调节学生情感的重要问题。尼文等认为，应该将动机作为一个基本的分类思路[2]，依据动机不同，他们将人际情绪调节策略分为情绪提升和情绪恶化两大类。格罗斯则认为，情绪调节的目标根据调节方向和情绪种类的不同，可以划分为增加正性情绪、增加负性情绪、减少正性情绪、减少负性情绪四种情况。[3]可以看出，两组研究者的分类思想基本一致，尼文等的提法更抽象和概括，格罗斯的分类更具操作性。因此，本研究使这两个理论相互补充，共同构成了我们关于教师调节学生情感策略的分类框架。我们给出的情绪提升的操作性定义是增加正性情绪、减少负性情绪，情绪恶化的操作性定义是增加负性情绪、减少正性情绪。

二、教师调节学生情绪的策略

（一）针对学生问题行为的教师的情绪调节策略

教师调节学生情绪的一个关注点是学生的问题行为。这里的问题行为既包含一般的纪律失常行为，也包括学生心理健康方面的问题行为。

程功和周跃良认为，纪律问题不是简单的行为问题，尽管其一般表现为违反和破坏某些规则，但是这类行为只是某些原因的结果，从纪律问题的产生及解决的策略而言，有一个极为重要的方面不容忽视，即学生和教师的情绪状态与情绪

---

[1] Zaki, J., & Williams, W. C. (2013). Interpersonal emotion regulation. *Emotion, 13* (5), 803-810.

[2] Niven, K., Totterdell, P., & Holman, D. (2009). A classification of controlled interpersonal affect regulation strategies. *Emotion, 9* (4), 498-509.

[3] Gross, J. J. (2014). *Handbook of Emotion Regulation (2nd)*. New York: The Guilford Press.

特征。①程功和周跃良认为，学生问题行为其实是某种情绪的表现，因此教师应对学生问题行为的核心应该是调节学生的情绪。

心理健康问题是学生问题行为表现的另一个方面。查明华等通过访谈获得了5种教师经常面临的学生心理健康问题情境，分别是厌学、退缩行为、自我中心、攻击性行为、考试焦虑。②很明显，在这5种典型问题情境中，厌学、考试焦虑属于情绪问题。这说明，学生的情绪问题的确是心理健康问题的重要组成部分，情绪与学生心理健康紧密相关。因此，教师应对学生的心理健康问题的主线仍然是调节学生的情绪问题。

表7-1列出了近30年来我国教师应对学生问题行为文献中提出的情绪调节策略。这些策略既包含能够改善学生情绪的行为，也包含恶化学生情绪的行为。例如，给学生倾诉的机会可以增加学生的正性情绪、减少学生的负性情绪；教师的有意惩罚或者假装生气则会减少学生的正性情绪、增加学生的负性情绪。

表 7-1　学生问题行为的教师情绪调节策略相关文献

文献领域	作者	年份	使用策略
针对学生的纪律问题	汪明帅③	2013	相信学生奇思妙想的合理性；从学生的错误出发；将问题反抛给学生
	张彩云④	2008	摸学生头；提高声调；提个问题；鼓励、表扬其他学生让他注意；幽默；鼓励；生动地教学；调整教学；和学生谈话；告诉错误、思想教育；讲道理；点名批评；罚站；罚抄课文；扣分；赶出教室
	郑婷芳⑤	2008	视而不见、提问该生、眼神、讲课音量、靠近等暗示，课后批评；立即停课批评、强行制止
	黄英⑥	2005	原谅、眼神暗示、正面告诫、课后处理、站起来、不理睬、严厉斥责、停课批评、强行制止
	刘丽群⑦	2000	言语命令、观望监视、假装生气、威胁、惩罚、回避、暗示、明示、对纪律放松、幽默、接受学生插科打诨、遵守规则就奖励、破坏规则就得到消极结果、给低分、撤销或者不给予荣誉、重做某事、暂停听课、目标激励、树立榜样
	周润智⑧	1998	回避、暗示、明示、否定性评价、阐明错误原因、阐明错误后果、指出方法和目标、惩罚

① 程功，周跃良. (1996). 纪律问题的情绪维度与纪律维护. *华东师范大学学报（教育科学版）*, (2), 91-96.
② 查明华，申继亮，高潇潇. (2002). 中学教师处理学生心理健康问题的策略类型研究. *华东师范大学学报（教育科学版）*, 20 (2), 66-71.
③ 汪明帅. (2013). 课堂突发事件的分类及其处理策略——基于新教师的立场. *教育科学研究*, (8), 12-15.
④ 张彩云. (2008). 小学教师解决学生课堂问题行为的策略特点. *中国特殊教育*, (11), 50-56.
⑤ 郑婷芳. (2008). *情绪对教师处理学生课堂问题行为的影响*. 硕士学位论文, 福建师范大学.
⑥ 黄英. (2005). *中学课堂问题行为与教师应对方式的研究*. 硕士学位论文, 西南师范大学.
⑦ 刘丽群. (2000). 课堂问题行为的管理. *教学与管理*, (8), 8-10.
⑧ 周润智. (1998). 学生课堂问题行为矫正策略. *沈阳师范大学学报（社会科学版）*, (4), 93-97.

续表

文献领域	作者	年份	使用策略
针对学生的纪律问题	程功和周跃良[1]	1996	帮助学生认识内外因素、满足学生合理需要、倾诉、倾听、离开刺激情境、规定情绪表达方式、防止不良情绪潜伏、创造有支持作用的气氛
针对学生的心理健康问题	刘喜民等[2]	2003	严厉批评、交流探讨、鼓励参加活动、使用鼓励的语言、感恩教育
	查明华等[3]	2002	言语疏导、惩罚约束、拒绝忽视、责任转移、情感关爱

总的来看，研究者对学生问题行为的教师情绪调节策略总结得比较全面，并且已将学生问题行为看作学生情绪状态的一种表现。但是，我们应该注意到，学生的问题行为是个别的，甚至是短暂的。如果仅从问题行为的角度来研究，势必会忽略情境对行为产生的作用，也会弱化教师的主导作用。

（二）课堂情境下教师调节学生情绪的策略

课堂情境是教师调节学生情绪的主要情境。笔者通过分析文献发现，教师课堂上对学生的情绪调节主要有三个方面，分别是教材的情感化处理、课堂情绪调节和注重学生情绪的教学方法。

课堂是学生学校生活的主要场所。郭德俊等认为，探讨在教学中诱发和调节学生的情绪，形成最佳的情绪状态，是素质教育迫切需要解决的问题。[4]卢家楣认为，教学中存在静态的三大情感支点——教师、学生和教材。[5]因此，课堂中教师如何通过教材影响学生情绪就显得极为重要，这也正是教师调节学生情绪的概念核心。

如表 7-2 所示，在如何呈现教学内容情感性这个问题上，研究者经历了从关注教材到配合多媒体，再到重视多媒体中的情绪设计这样一个变化。其中，虽然时代变化使教学内容的呈现方式不断进步，但研究者始终对教学呈现的情绪因素保持关注。可以发现，在课堂情绪调节策略中，最初的课堂情绪调节方式是利用教学内容激发学生，如创景引趣等；之后的研究开始关注教师在课堂中的"情绪源"作用，如教师自身的情绪展现、教师的积极反馈等。除此之外，在教学方法上，研究者更突出团体教育和辅导，课堂气氛更为轻松活泼，如活动教学等。

---

[1] 程功，周跃良．(1996)．纪律问题的情绪维度与纪律维护．*华东师范大学学报（教育科学版）*，(2)．91-96.

[2] 刘喜民，李亚．(2003)．采用"情感渗透法"调节学生的心态．*黑龙江教育（小学版）*，(12)，48.

[3] 查明华，申继亮，高潇潇．(2002)．中学教师处理学生心理健康问题的策略类型研究．*华东师范大学学报（教育科学版）*，20（2），66-71.

[4] 郭德俊，田宝，陈艳玲，周鸿兵．(2000)．情绪调节教学模式的理论建构．*北京师范大学学报（社会科学版）*，(5)，115-122.

[5] 卢家楣．(2006)．论情感教学模式．*教育研究*，(12)，55-60.

表 7-2　课堂情境下教师调节学生情绪的相关文献

文献领域	作者	年份	使用策略
课堂情绪调节	龚少英[1]	2017	多媒体教学中的情绪设计
	梁玉华等[2]	2015	帮助宣泄；用命令抑制、转移学生的注意力
	石秀明[3]	2014	暗示鼓励、激发引导、情感评价、情感表达、情感体验、情绪感染、刺激强化、营造愉快氛围、公平性、焦虑调节、鼓励沟通、让学生正确认识自己、放松
	韩琳[4]	2012	吸引注意；结束总结；内容新颖；给予积极反馈；集体作答；适时提示；当众批评；集体惩罚；奖励；无声批评；替代性惩罚；变化声调；使用形象、直观的教学工具；多媒体设计突出情绪色彩；活动教学；小组合作学习
	刘金铎[5]	2005	让学生鼓掌、赞许的目光、微笑、亲切的动作、肯定的话语、开放式提问、营造民主气氛、耐心等待与帮助、降低难度、给予奖励、设疑、发掘教材的美、生动的语言
	李淑英[6]	2001	使用多媒体、布置教学环境、展现积极情绪、肯定学生、发掘学科优点、增加学生知识储备、迂回冷处理、转移注意力、变换学生学习方式
	郭德俊等[7]	2000	创景引趣、设疑定标、探究解疑诱导创新、检测评价
	曾凡春等[8]	1993	自身良好的情绪和心境；随时注意以进行评价；关怀尊重；给予实际锻炼机会；减压；重视集体教育
教材的情感性分析	卢家楣[9]	2000	展示、发掘、诱发、赋予
	卢家楣[10]	1998	超出预期
	卢家楣[11]	1998	心理匹配
教学方法	马惠霞等[12]	2012	理性情绪教育
	师晟[13]	2010	视觉艺术教育
	马惠霞等[14]	2010	活动教学法、归因训练
	马惠霞等[15]	2009	班级辅导、教师和家长辅导

[1] 龚少英,上官晨雨,翟奎虎,郭雅薇.(2017).情绪设计对多媒体学习的影响.心理学报,49(6),771-782.
[2] 梁玉华,王辰宇.(2015).教师调节幼儿情绪的实证研究.教育学术月刊,(5),89-94.
[3] 石秀明.(2014).对外汉语教学中情感策略的研究.硕士学位论文,黑龙江大学.
[4] 韩琳.(2012).中学俄语课堂教学中教师有效调控学习注意力能力的研究.硕士学位论文,东北师范大学.
[5] 刘金铎.(2005).课堂教学中教师对学生学习情感的调节与优化.教育实践与研究,(7),14-15.
[6] 李淑英.(2001).体育教师在教学中的情绪调控.河北体育学院学报,15(2),45-47.
[7] 郭德俊,田宝,陈艳玲,周鸿兵.(2000).情绪调节教学模式的理论建构.北京师范大学学报(社会科学版),(5),115-122
[8] 曾凡春,孟捐.(1993).论教师在教学中对学生情绪情感的调控.吉首大学学报(社会科学版),(2),107-109.
[9] 卢家楣.(2000).教材内容的情感性分析及其处理策略.心理科学,23(1),42-47,125-126.
[10] 卢家楣.(1998).教学心理学情感维度上的一种教材处理策略——超出预期.心理发展与教育,(3),54-58.
[11] 卢家楣.(1998).教学心理学情感维度上的一种教材处理策略——心理匹配.心理科学,(6),506-510.
[12] 马惠霞,刘美廷,张非易.(2012).理性情绪教育改善高一学生的学业情绪.中国临床心理学杂志,20(1),116-119.
[13] 师晟.(2010).教师如何辅助干预学生的抑郁心理——基于视觉艺术教育的视角.教师教育研究,(5),62-65.
[14] 马惠霞,林琳,苏世将.(2010).不同教学方法激发与调节大学生学业情绪的教育实验.心理发展与教育,26(4),384-389.
[15] 马惠霞,郭宏燕,沈德立.(2009).系统心理干预增进初二学生良好学业情绪的实验研究.心理科学,(4),778-782.

从人际情感调节的角度来看，上述各种策略均以情绪提升为主，教师的目的在于增加学生的正性情绪，这和课堂教学的初衷相一致。但是也有少部分恶化学生情绪的行为，如当众批评、集体惩罚、用命令抑制等，这些策略的使用多与课堂上学生的问题行为相关。

通过分析这些文献可知，已有研究关注到了课堂情境中教师对学生情绪的调节策略，并且对一些策略进行了深入的实证研究，如情绪设计等。但是，由于缺乏分类标准，无法对这些策略进行比较，也就无法确定哪种策略更加有效。而且，由于缺乏系统性，这些策略看起来繁多杂乱，削弱了其指导教育实践的作用。

（三）教师为改善或恶化师生关系而主动采用的情绪调节策略

教师的教育过程既包括教书，又包括育人。因此，教师对学生的情绪调节也发生在课堂之外，无特别指向。如师生关系提升研究主要探讨如何促进师生和谐，减少师生对立和紧张；教师共情研究主要讨论教师如何增加对学生的情绪理解，缩小师生共情鸿沟。

表 7-3 列出了教师言行涉及人际情感调节的相关文献。显而易见，诸如师生关系提升、教师共情、教师情感支持、教师激励、教师情感支持等研究，着眼点均在于如何通过教师的言行提升学生的情绪。关于教师心理虐待、不当行为、语言暴力等研究，关注的则是教师恶化学生情绪的行为。

表 7-3　教师言行涉及人际情感调节的相关文献

研究领域	作者	年份	使用策略
教师情绪劳动	Yin[1]	2016	有意沉默、夸张表情、抑制负性情绪、暂停当前活动、专注在教学活动上、忽视学生的错误、用积极的视角重新解释当前情境、自我说服、区分个人和工作情绪、分离、遵循教师关爱学生的职业道德、与学生建立朋友式的关系、直接表现负性情绪、毫不留情地责骂学生
教师情感支持	柴晓运等[2]	2013	情感和社会支持、认知支持、自主支持
	胥兴春等[3]	2014	关注、理解、鼓励、尊重和信任
师生关系	张景静[4]	2014	和学生交朋友、倾听、使用学生语言、再给学生一次机会、发现学生闪光点、家庭式管理、让学生自主管理、借助家长和学生的力量

[1] Yin, H. B. (2016). Knife-like mouth and tofu-like heart: Emotion regulation by Chinese teachers in classroom teaching. *Social Psychology of Education, 19* (1), 1-22.

[2] 柴晓运，龚少英. (2013). 中学生感知到的数学教师支持问卷的编制. *心理与行为研究, 11*（4），511-517.

[3] 胥兴春，杨聘旎，贾娟. (2014). 中学生感知的教师情感支持问卷编制及特点研究. *西南大学学报（自然科学版），36*（6），175-179.

[4] 张景静. (2014). *与问题学生建立和谐师生关系的策略研究*——以成都某中学为例. 硕士学位论文，四川师范大学.

续表

研究领域	作者	年份	使用策略
教师共情	陈宁等[1]	2013	换位思考，设身处地地想象学生的情绪感受
教师激励	赖丹凤等[2]	2012	使用惩罚、使用奖励、直接指导、家长参与、使用威胁、强迫命令、鼓励自信、刺激自尊、鼓励表达、提醒责任、调动同伴、激发兴趣、拉近师生、说明价值、人际比较、讲道理、励志、引导反思
	赖丹凤[3]	2010	激将法
情感教育	张瑾佳[4]	2011	共情、情感反应、情感体验、情绪归因、情感表达、情绪推理、恐惧唤醒、情感对话、合理的情绪调节
教师态度	雷学军[5]	2000	厉害、吓唬、发火、强迫、冤枉、贬低、粗鲁、为难学生、蔑视、架子大、厌恶、刻薄、耐心、接受、关怀、理解、和蔼、温暖、照顾、谦虚、热情、礼貌、开导、循循善诱、关心差生、动之以情、设身处地、诲人不倦；让学生鞠躬道歉、疏远孤立、随意批评、肆意挖苦、动辄打骂、撵出课堂、向家长告状
教师语言暴力	范云祥等[6]	2011	贬低压抑、侮辱讽刺、威胁恐吓、抱怨哀求
	许瀚月[7]	2011	说教、嘲笑、蔑视、评论品性、惩戒
	孙彩霞[8]	2008	侮辱谩骂、讽刺嘲笑、指责呵斥、冷漠孤立、威胁恐吓、妄言断定、话语霸权
	辛雪艳[9]	2008	暗示、表扬时批评、先扬后抑、有规章和道德、非人称指向、表示与听话人是同一圈子的人、移情、劝导、开玩笑、反语、混合策略、缓和策略、非缓和策略
	曹三及[10]	2007	侮辱、诽谤、诋毁、歧视、蔑视、恐吓、谩骂、贬损、嘲笑
教师不当行为	周成海[11]	2010	粗暴体罚学生、羞辱学生、歧视或不公正对待学生、不当教学行为、不当管理行为
	朱琦[12]	2003	不听学生见解、寻求唯一正确答案、企图控制学生、偏心
	祝达全[13]	1995	不适当的批评、突然提问、为难学生、对学生说不懂装懂、指责学生
教师心理虐待	邓云龙[14]	2009	贬损、歧视、剥夺、控制、忽视

① 陈宁，卢家楣，汪海彬．（2013）．人际共情鸿沟可以跨越：以教师预测学生情绪为例．*心理学报，45*（12），1368-1380.

② 赖丹凤，伍新春，吴思为，胡博．（2012）．我国中学教师激励风格的表现形式与主要类型．*教师教育研究，*（4），19-24

③ 赖丹凤，伍新春．（2010）．激将法：载舟抑或覆舟——学生情感体验在动机教学中的核心作用．*教育科学研究，*（10），43-44.

④ 张瑾佳．（2011）．*中学教师教育学生的情感策略研究*．硕士学位论文，西南大学.

⑤ 雷学军．（2000）．浅析小学教师对学生心理健康的不良影响．*教学与管理，*（3），29-30.

⑥ 范运祥，吴鹏，马卫平．（2011）．对体育教师课堂语言暴力现象的探讨．*沈阳体育学院学报，30*（1），82-86.

⑦ 许瀚月．（2011）．*中学教师批评学生口头用语的教育现象学研究*．硕士学位论文，西南大学.

⑧ 孙彩霞．（2008）．*中小学教师语言暴力问题研究*．硕士学位论文，河南大学.

⑨ 辛雪艳．（2008）．大学教师批评言语行为策略的调查研究．*教育与教学研究，22*（7），31-34.

⑩ 曹三及．（2007）．*中学教师批评教育口语调查研究*．硕士学位论文，西北师范大学.

⑪ 周成海．（2010）．教师不当行为类型与矫治之策．*中国教育学刊，*（6），69-72.

⑫ 朱琦．（2003）．教师的问题行为及其对学生心理健康的影响．*教育探索，*（5），85-86.

⑬ 祝达全．（1995）．谈教师不良教学行为对学生学习心理的影响．*上海教育科研，*（2），40-41.

⑭ 邓云龙，向秀英，潘辰．（2009）．中小学课堂心理虐待质性研究初步报告．*中国临床心理学杂志，17*（3），362-364，369.

传统情绪调节的目的是减少负性情绪，增加正性情绪。其实情绪调节也存在工具性目的，即人们有时会有意识地减少正性情绪。例如，在一个严肃的场合，我们会有意识地抑制自己的高兴和愉悦情绪，而让自己看起来很严肃。在教师对学生的情绪调节中，有一些策略如教师不当行为等，可能是教师在当时情境中出于工具性目的而有意为之，显然具有恶意、消极的特点。当然，对于看似不当的策略，哪些具有消极色彩但符合教育目的，哪些具有消极色彩且不符合教育目的，目前的研究还没有对其进一步划分。

三、教师调节学生情绪研究与实践的未来方向

纵观教师对学生情绪调节的相关研究，可以看出研究者已经注意到教师教育学生的方法中的情绪因素，并对这些方法中涉及情绪的策略进行了初步探索。随着时间的推移，教师对调节学生情绪的策略运用得越来越多；教师调节学生情绪时，从问题行为指向转变为改善学生情绪，从关注学生情绪转变为关注教师主动调节学生情绪；总体上，所用的积极策略多、消极策略少。这对于教师调节学生情绪、改善师生关系等无疑是有积极意义的，但在这一方面还有许多需要进一步研究和运用研究指导实践的问题。

总体而言，今后教师调节学生情绪的研究和实践应该从理论、运用和教师自身的情绪建设方面入手。

（一）加强师生情绪调节理论的研究

教师调节学生情绪，也可称为教师对学生的情绪调节，属于人际情绪调节，可以借鉴格罗斯和尼文等的人际情绪调节理论。但同时教育情境中的师生关系不同于普通的人际关系，教师教书育人，在教育教学中起着主导作用。因此，借鉴人际情绪理论，发展适合教师调节学生情绪的理论就显得很有必要。

（二）编制教师调节学生情绪策略的评估工具

可以对教师调节学生情绪的策略进行量化评估。有研究编制了很好的情绪调节策略问卷，用以测评个人调节他人情绪的策略。那么，教师对于学生情绪的调节与其他调他人情绪的策略一样吗？我们认为，为解决这一问题，需要编制适合评估教师调节学生情绪的策略的工具。

（三）评估已有教师调节学生情绪策略的有效性

如前所述，目前有关教师调节学生情绪的策略文献比较多，其中绝大部分是

对教育实践中教师所用策略的调查或总结，因而显得繁杂。同时，没有系统的分类，各种策略的有效性之间不能比较，也不能告诉教师什么情况下采取什么样的策略会更有效。因此，未来的研究既要有理论指导的科学分类，又要找出已有策略中实际有效的策略。

（四）评估已有教师调节学生情绪策略的适应性

教师对学生情绪调节策略的使用与学生的心理健康有着密切的关系。目前，在教师调节学生情绪的策略中，既有适应良好的策略，也有一些适应不良的策略，帮助教师评估已有策略的适应性，是目前减少教师使用适应不良情绪调节策略的最便捷的途径。

（五）提高教师的情感教育素养

前述有关教育思路的情感教育提到，教育研究领域中正在进行行动研究，提高教师情感素质是其主要内容。与此有关，这里所说的教师情感教育素养主要指的是教师具有识别学生情绪表现、增加学生积极情绪的素养。学生情绪发生的情境不同，如课堂、课外、自习、家庭作业、考试、不同课程，在日常生活中，其表现形式也各异。教师要能识别学生情绪的种类、程度、影响等，更要能根据具体情境选择相应的策略予以调节。

（六）提升教师的人际情绪调节能力

学生的行为表现往往是其情绪的反映，纪律问题、学生的成绩、作业等很多方面也可能是情绪状态的反映。以往，由于一些教师采用"行为"导向，忽视了学生的情绪状态，其结果就是手段方式越来越"冰冷"，从而使师生关系恶化。如果教师将情绪调节的个体视角转为人际视角，注意人际情绪调节策略的学习与运用，在应对学生问题时，首先从情绪状态入手，这样很多问题可能会迎刃而解了。例如，当学生太活跃时，就转移他们的注意力，促使其冷静；当学生愤怒时，可先让他/她合理地宣泄一下。同时，教师要减少或不用恶化学生情绪的策略，少用所谓的"刀子嘴，豆腐心"的策略，不让学生费时费力地去理解教师这些情绪激烈方法背后的苦心，逐渐提高自身的情绪调节能力，既调节好自己的情绪，又调节好学生的情绪。

第二节　教师调节学生情绪的策略：
对中小学教师的访谈研究

近年来，情绪研究关注点逐渐由个体转向人际，情绪调节也是如此。实际上，有时个体对自我的情绪调节需要借助他人，有时个体也会有意识地影响并改变他人的情绪状态。教育领域尤其如此，在学校情境下较常出现的是教师对学生的情绪调节。师生的情绪会影响教学过程，进而影响教学效果、学生的学习成绩，甚至关乎学生健康成长等长远教育效果。因此，本研究拟在分析情绪调节概念和研究的基础上，对中小学教师调节学生情绪的策略进行访谈研究，深入了解中小学教师在日常教育教学中是如何调节学生情绪的，从而为中小学教师调节学生情绪提供策略方面的实例，以期帮助他们更好地与学生进行情绪互动，提升学生的学习效果，促进学生健康成长。

一、情绪调节、人际情绪调节与教师对学生的情绪调节

情绪调节包含激发、维持、改变自身情绪这些不同的过程。以往对情绪调节的研究大多基于格罗斯情绪调节过程模型（process model of emotion regulation，PMER）。PMER 认为，情绪调节的发生是一个连续过程，情绪调节的策略可以根据调节过程的不同阶段有不同的分类，相应地，策略可以分为情境选择、修正、注意转移、认知改变、表达抑制等。这些研究为人类的情绪调节研究与实践做出了贡献，但若深入探究会发现两个问题：其一，虽然情绪调节的概念本身含有个体和人际两个方面，但一直以来相关研究几乎全部集中在个体研究上，到本书写作完成时国内明确使用人际情绪调节概念的研究报告只有 1 篇[1]；其二，个体对自身情绪的调节仍限于对负性情绪（如生气、难过、焦虑等）的调节。实际上，人们不仅会有意识地调节改变自己的情绪，也会有意识地调节改变他人的情绪。同时，情绪调节的方向不仅有增强正性情绪、减弱负性情绪的情况，也会有增强负性情绪、减弱正性情绪的情况，如学生考试前应保持适当的焦虑与紧张，过于放松不利于考试发挥。

格罗斯于 2014 年在原有情绪调节阶段模型的基础上，对情绪调节的对象和情

---

[1] 卢家楣，孙俊才，刘伟.（2008）. 诱发负性情绪时人际情绪调节与个体情绪调节对前瞻记忆的影响. 心理学报，40（12），1258-1265.

绪调节的方向做了进一步扩展。[1]在调节对象上引入了内在调节（自己）和外在调节（他人），调节方向上的改变是将方向（增强、减弱）和情绪（正性、负性）构成一个 2×2 的矩阵。也就是说，格罗斯的情绪调节过程模型有了人际情绪调节的理念，并增加了正性、负性情绪调节的方向。

那么，人为什么既要增加正性情绪、又要减少负性情绪呢？其深层依据是研究者对人的情绪生活的享乐主义假设，即人们倾向让自己快乐而非痛苦。[2]研究者改变研究角度，针对情绪调节动机进行深入研究，发现人们在做事情时不仅有享乐性目的，同时也有工具性目的[3]，即人们会出于一些特定目的来调节自己和他人的情绪，如有意增加对方的负性情绪、减少正性情绪。

将情绪调节，特别是人际情绪调节的理念应用于教育领域，就有了师生之间的情绪调节。在教学中教师处于主导地位、学生处于主体地位，教师除传授知识和技能之外，还负有管理学生，包括调节学生情绪的责任。另外，教师在教育中扮演着促进者、组织者和研究者的角色，学生则是参与者和学习者。因此，教育领域的人际情绪调节主要是教师对学生的情绪调节。截至本书写作完成时，这方面的研究还主要集中在教师共情[4]、教师情绪支持[5]、应对学生问题行为的方式[6]、教师心理虐待[7]等方面。如果从人际情绪调节角度看，则可以将这些概念加以整合。如人际情绪调节中的情绪提升，是指改善对方情绪、让对方感觉良好，它可以整合教师共情、教师情绪支持等，因为教师共情和情绪支持都可以改善学生情绪。如此一来，教师作为情绪的调节者，学生作为情绪调节的目标者，教师调节自己的情绪只是基础，还应提升调节目标者——学生情绪的意识和能力。

二、教师调节学生情绪策略的访谈研究

尼文等认为，人际情绪调节的特征就在于动机驱动和特定方式运用，继而实

---

① Gross, J. J. (2014). *Handbook of Emotion Regulation* (*2nd*). New York: The Guilford Press.

② Netzer, L., Kleef, G. A. V., & Tamir, M. (2015). Interpersonal instrumental emotion regulation. *Journal of Experimental Social Psychology*, 58, 124-135.

③ Netzer, L., Kleef, G. A. V., & Tamir, M. (2015). Interpersonal instrumental emotion regulation. *Journal of Experimental Social Psychology*, 58, 124-135.

④ 陈宁，卢家楣，汪海彬．（2013）．人际共情鸿沟可以跨越：以教师预测学生情绪为例．*心理学报，45*（12），1368-1380.

⑤ 胥兴春，杨聘旎，贾娟．（2014）．中学生感知的教师情感支持问卷编制及特点研究．*西南大学学报（自然科学版），36*（6），175-179.

⑥ 张彩云．（2008）．小学教师解决学生课堂问题行为的策略特点．*中国特殊教育*，（11），50-56.

⑦ 邓云龙，向秀英，潘辰．（2009）．中小学课堂心理虐待质性研究初步报告．*中国临床心理学杂志，17*（3），362-364，369.

现影响他人情绪的目的。①因此，不同的动机就成为区分不同策略的最基本水平。根据情绪的最基本划分方式——愉悦和不愉悦，情绪调节动机被分别命名为情绪提升和情绪恶化。动机分类之下的方式分类是根据具体的策略归纳出来的。本研究在尼文的人际情绪调节策略分类理论的启发下，通过访谈了解中小学教师调节学生情绪的现状和策略，运用归纳和演绎的方法，对访谈得到的教师调节学生情绪的策略进行质性分析。

（一）研究方法

1. 教师调节学生情绪的界定

访谈前，首先界定教师调节学生情绪这一现象。笔者认为教师调节学生情绪应该满足以下几个要求：第一，发生在教师和学生之间，即人际而不是个体的情绪调节；第二，师生双方同时在场，这是定义边界，因为某些情况下学生的情绪会受到教师的影响，但教师并不在场；第三，教师试图去改变学生情绪的方向，这是教师调节学生情绪的核心。格罗斯认为，情绪调节的核心特征在于目标的激活，而该目标的激活就是为了改变情绪的产生过程，本研究中即指教师有意改变学生情绪的方向，如激发学生的正性情绪或负性情绪。②另外，情绪调节可以发生在两个不同的水平上——有意识和无意识。然而，这些并非完全互斥的分类。③教师往往有意识地做出改变学生情绪的行为，但随着时间的推移，增加这样的行为可能会成为一种习惯，即具有无意识性。

2. 研究对象

研究对象分三组。第一组为天津市及区县中小学教师，共 18 人。其中，女教师 13 人，男教师 5 人；小学教师 6 人，初中教师 7 人，高中教师 5 人；教师所教学科有语文、数学、英语、历史、心理、政治等。教师年龄为 24～60 岁（M=38.33，SD=11.28），教龄为 1～40 年（M=16.39，SD=12.72）。第二组为某师范大学大一新生，共 96 人。第三组为某师范大学心理系大三学生，共 14 人。

3. 访谈提纲

（1）制订访谈提纲的依据

制订访谈提纲的理论基础为人际情绪调节策略分类理论；确定访谈提纲的实

① Niven, K., Totterdell, P., & Holman, D. (2009). A classification of controlled interpersonal affect regulation strategies. *Emotion, 9*(4), 498-509.

② Gross, J. J. (2014). *Handbook of Emotion Regulation* (*2nd*). New York: Guilford.

③ Gross, J. J. (1998). The emerging field of emotion regulation: An integrative review. *Review of General Psychology*, 2 (3), 271-299.

践依据是预访谈,即首先根据理论和以往阅读的文献制订初步提纲,然后访谈 3 名教师,修改并确定访谈提纲,再进行正式访谈。

访谈提纲的初步制订:根据研究目的,初步确定预访谈的内容。①学生平时的行为问题有哪些?您遇到此类问题时的感受是什么?您的处理办法是什么?②学生上课的气氛一般怎么样?您会试图去调动课堂气氛吗?③如果学生状态有些过头,您会采取什么办法?④您在处理学生个体情绪和学生群体情绪时,会有方法上的差异吗?⑤您认为您的情绪能影响学生的情绪吗?⑥您有注意到其他老师在管理学生情绪时给学生难堪或者让学生紧张难受吗?⑦您如何看待批评?⑧您认为什么样的学生状态是需要您介入的?您当时的感受如何?怎么处理的?

访谈提纲的正式确定:对 3 名在职教师进行预访谈。在预访谈的基础上,对访谈提纲进一步细化和完善。访谈提纲的修改包括问题、问题提问顺序、问题表达方式修改,以使访谈达到最佳效果。在正式访谈中,对每次访谈的录音进行初步分析和反思,再对访谈提纲进行修改。

(2)针对不同对象的访谈提纲

笔者依据不同对象编写了不同的访谈提纲,其中对教师采用一对一、面对面访谈,对学生采用书面访谈。

对教师进行半结构化访谈。首先,为确保受访教师能够理解所提问题,在访谈正式开始前对一些重要的名词术语进行解释,如情绪及其类型、情绪调节以及人际情绪调节等。其次,让受访教师站在行动者角色的角度,回忆一些他自己处理的学生情绪强烈的事件。例如,询问教师"您印象深刻的有没有学生情绪比较大或者比较强烈的时候?""那您是怎样试着应对或者改变学生情绪的?"已有研究显示,紧张强烈的情绪事件会导致个体使用更多的情绪调节策略并且更容易被回忆。[①]再次,询问受访教师有没有试着去诱发或者改变学生的具体情绪,如高兴、好奇、兴趣、愤怒、焦虑、内疚等。例如,询问教师"您有没有什么方法让学生内疚从而使他认识到自己的错误?"最后,请受访教师从旁观者的角度回忆其所看到的其他教师的做法,例如,询问教师"您看到的其他老师是怎么做的?"

对大一新生的书面访谈采用开放式问卷。实施书面访谈前,研究者对一些重要的名词术语进行解释,如情绪及其类型、情绪调节以及人际情绪调节等,

---

① Gross, J. J., & Thompson, R. A. (2007). Emotion regulation: Conceptual foundations. In J. J. Gross (Ed.), *Handbook of Emotion Regulation* (pp. 3-24), New York: The Guilford Press; Kensinger, E. A., Piguet, O., Krendl, A. C., & Corkin, S. (2005). Memory for contextual details: Effects of emotion and aging. *Psychol Aging, 20* (2), 241-250.

正式书面访谈时让学生尽可能地回忆中小学教师有意影响他们情绪的事件，并让学生按照事件的情境、当时的情绪、教师的做法、学生的反应等顺序填写回忆内容。

对大三心理系学生的书面访谈也采用开放式问卷进行。实施访谈前，研究者首先对一些重要的名词术语进行解释，如情绪及其类型、情绪调节以及人际情绪调节等，然后让学生回答下述问题："详述一件你印象深刻的中小学教师调节你情绪的事件；请你归纳在此过程中教师调节你情绪时使用的策略；你看到的教师的情绪表现；你的情绪反应。"

4. 资料的收集

访谈者为临床心理学方向的研究生，在访谈前接受了质性研究方法培训。取得受访教师知情同意后开始录音和进行正式访谈。访谈结束后，向被试表达感谢并赠予礼品。

（1）进入研究现场

研究者通过电话或微信联络的方式邀请受访者接受访谈。征得同意后，考虑受访者的需要安排访谈时间与地点。访谈地点多为受访者的工作地点或受访者认为合适的其他地方。访谈前将访谈大纲寄给受访者，以便他们对相关议题预先进行思考。

（2）正式访谈程序

访谈前告知受访者本次研究的目的、保密原则等。笔者在访谈过程中发现教师对签署知情同意书比较介意，有教师建议取消这个环节、以口头告知即可，因此，参与访谈的大部分教师没有签署知情同意书，但在开始之前都就录音等相关内容进行告知，征询了受访教师的同意，受访教师的访谈时间为30～90min。对选取辅修心理学的两个大一班级的学生进行书面访谈。访谈者先讲授，后发放开放式问卷。对心理系大三学生的书面访谈是以期末考试的形式进行的，告知学生考试时长为90min，必须当场完成。

5. 访谈内容分析

将教师访谈获得的录音资料转录为文本，共计172 924字。为每一个受访教师设置相应的编号（T1，T2，T3……），为每一个接受书面访谈的大一新生设置编号（S1，S2，S3……），并为每一个接受书面访谈的心理系大三学生设置相应的编号（W1，W2，W3……）。

采用文本归纳法对文本进行分析，共得到教师调节学生情绪的策略497条。采用同样方法对所有学生报告的策略进行文本分析，共得到策略357条。将编码的策略及对应的文本输入 Excel 软件，构建原始语料库。依据人际情绪调节的定义，对所有策略样本（教师和学生共 497+357=854 条）进行筛查，初步得到有效策略样本 548 条。无效样本为教师的行为不能被定义为调节行为，或者受访者的表达过于简练缺乏有效信息。

为了确定究竟有多少完全不同的策略，笔者采用了研究者进行情绪调节策略研究时使用的归纳-演绎方法，对收集到的质性资料进行分析。①首先，对样本进行改写。原有编码语言冗长，故将其改写成动宾形式，并以学生为参照客体，如"罚犯错的学生站一会儿"。接着，对意义相同或相近的表述进行合并，最终形成意义各不相同的策略共 90 条。

为了对最终形成的策略进行分类，采用演绎的方法对这些资料进行分析与归类。基于尼文等的人际情绪调节策略的分类思想，首先对所有策略按照动机因素（情绪提升-情绪恶化）进行归类，然后再按照方式因素（参与导向-关系导向）进行区分，最后形成具体的分类方式。由 1 名情绪心理学的专家和 4 名研究主题为情绪的研究生组成的研究小组共同检验了该分类，并就意见不同的部分进行了讨论，直到达成一致。

6. 研究者本人

研究者是质性研究中非常重要的研究工具，其灵敏性、精确度和严谨程度对研究的质量至关重要，研究者的个人身份和个人倾向会直接影响研究各个方面的实施。在本研究开始之前，研究者谨慎地反省了自身可能对该研究产生影响的一些方面。一方面，研究者是一名应用心理学专业的研究生，因访谈前参加过质性研究训练，对访谈的具体实施比较熟悉，还有课程学习中接受心理咨询师技能训练后形成的共情、敏感、积极关注等能力有助于研究者收集研究资料；另一方面，研究者未在中学从业，对教师工作的特点与学校人际关系特点等没有足够的了解，因此研究者在研究中既有局外人的身份，又有研究的基本知识与技能。在对这两方面进行充分的分析之后，研究者开始实施本研究。

（二）访谈结果

经过分析，共得到 90 条不同的教师调节学生情绪的策略。这些策略分为 4 个层次，从最基本的动机层次到一级方式和二级方式，最高层次为原型策略。

第一层次：动机，可以分为情绪提升和情绪恶化。情绪提升是指教师有意增加学生的正性情绪、减少学生负性情绪的行为与行为倾向；相反，情绪恶化指教

---

① Uphill, M. A., & Jones, M. V. (2007). Antecedents of emotions in elite athletes: A cognitive motivational relational theory perspective. *Research Quarterly for Exercise & Sport, 78* (2), 79-89.

师有意减少学生的正性情绪、增加学生的负性情绪的行为与行为倾向。

第二层次：按一级方式，将教师有意提升学生情绪的策略划分为两大类——积极参与和接纳。积极参与意指教师通过一些方式积极参与到学生当前的情境或事件（如倾听学生的诉说）中；而接纳是指教师将更多的注意力放在师生关系（如和学生聊聊天）上。将教师有意恶化学生情绪的策略分成消极参与和拒绝两大类。消极参与是指教师消极地参与到与学生相关的情境或事件中，恶化学生情绪的行为与行为倾向（如直接指出学生的错误）；拒绝是指教师破坏师生关系的行为与行为倾向（如排斥差生）。

第三层次：按二级方式，将积极参与分为情绪参与（聚焦问题、聚焦学生、教法调动）、认知参与；将接纳分为幽默、积极情绪展现、注意（分心、关心）；将消极参与分为情绪参与、行为参与；将拒绝分为拒绝学生的感受（非冲突性、冲突性）、直接呈现自我感受（泄愤、消极情绪展现）。从第三层次开始为具体策略层次。

第四层次：教师调节学生情绪的原型策略。

在第一、第二层次上，教师调节学生情绪策略的分类与尼文的人际情绪调节策略分类是一致的。但在第三层次上有区别，如在情绪提升的积极情绪参与中增加了教法调动，在接纳中增加了教师的积极情绪展现；而在情绪恶化的拒绝类别下增加了教师直接呈现自我感受，包括泄愤和消极情绪展现。以下是我们通过访谈得到的关于具体的策略的访谈实录。

1. 情绪提升（图 7-1）

（1）积极参与

积极参与分为两大类，分别是情绪参与和认知参与。情绪参与指教师直接参与到学生在当前事件中的感受中去（原型策略如让学生宣泄自己的情绪），可进一步分为三个小类：聚焦问题、聚焦学生和教法调动。三者之间的区别主要在于教师的注意力是聚焦当前问题、学生，还是教学教法。如果教师关注的是当前问题，原型策略如跟学生一起分析问题；如果关注学生自身，策略包括表达肯定、表扬学生的优秀面等；如果关注教学教法，则可能是为顺利教学而使用的小评比、找活跃分子发言等策略。认知参与是指教师参与到学生对当前事件的认知上，以改变学生的认知，进而改变他们的情绪（原型策略如"让学生正确地认识自己"）。

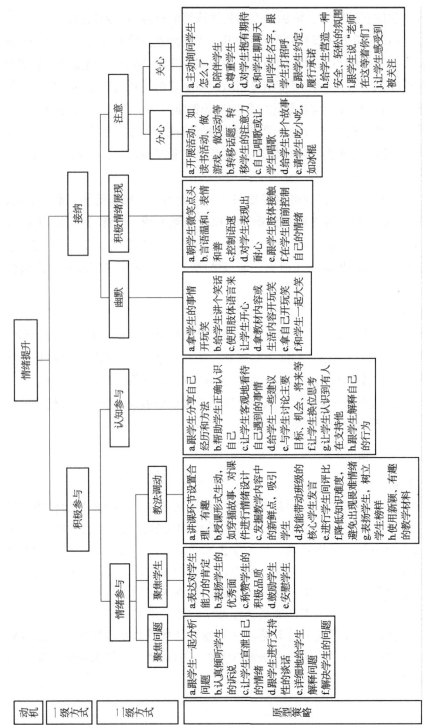

图 7-1 情感提升策略分类图

1）情绪参与

A. 聚焦问题

a. 跟学生一起分析问题。

W13：我急着和老师澄清，"是的，但是我觉得这次我已经很努力了，复习得也很充分，但不知怎么就……"老师说"没关系，咱们班有好几个同学都出现了和你类似的情况，这次叫你过来也是为了和你一起看看到底哪里出了问题……"①

b. 认真倾听学生的诉说。

T9：我每次都是先听他们说为什么要这样做，然后我再去跟孩子们沟通……有的时候，我跟她谈完后她在我的课上会表现得非常好。

c. 让学生宣泄自己的情绪。

T4：让他说，其实说出来就好点了。

d. 跟学生进行支持性的谈话。

T9：有时候我觉得他情绪不好。上课的时候我可能不会怎么处理，但下课的时候我可能会找他聊聊，如果他愿意跟我聊……

e. 详细地给学生解释问题。

T12：刚考完试成绩没出来时学生会焦虑。还有就是三好学生会焦虑，担心请家长或怕处分，一些点听不懂就烦躁不安，说"老师你再讲一遍吧"，我就说"别着急，那我把不会的点再讲一下"。

f. 解决学生的问题。

W4：可能由于我们定的目标都过高，总想追求好成绩，所以在考试失败后更引发了不良情绪，老师就为我们设计了这种学习方法——两人一组组间比帮超互助小组，我们每天的任务就是和小伙伴一起查漏补缺，掌握知识，不要过多关注结果……

B. 聚焦学生

a. 表达对学生能力的肯定。

T13：摸头发，拍一下头，男生的话就拍一下肩膀。一年级的小孩子喜欢我刮他们的鼻子，对他们说一句"你真棒"，他们还是觉得老师跟他们肢体上有接触代表老师特别喜欢他们。

b. 表扬学生的优秀面。

T13：要是他有进步，或者他的态度特别好，他把事情处理得特别棒，就给一颗星，实际上是对他的作业内容和他的态度的一个评价，评价的方式要多样化。

---

① 部分内容画线，表明这些内容是访谈中教师调节学生情绪的部分，也是想引起读者注意的部分。

　　c. 称赞学生的积极品质。

　　d. 鼓励学生。

　　T1：在课堂上调动学生的情绪。有时候，学生回答对了问题，老师要激励他，有些学生可能不想回答，这时候老师就应该多关注这些学生，一旦他回答了问题，要积极地评价，给予鼓励……

　　e. 安慰学生。

　　T8：有的孩子考完以后就趴在那里哭，男孩子也会有这种情况。我们班最后靠门位置的那个孩子就哭过，是数学课上的事情，数学老师肯定已经处理过了。等我进教室的时候，学生就告诉我某某某这次考砸了，哭了，然后我就过去说，下次肯定能考好的，鼓励一下。

　　C. 教法调动

　　a. 讲课环节设置合理、有趣。

　　T2：你怎样去创设这样一个情境，然后带着学生，他愿意跟你去探索。

　　b. 授课形式生动，如穿插故事、对课件进行情绪设计。

　　c. 发掘教学内容中的新鲜点，吸引学生。

　　T15：我（历史老师）当时突然间问了他们一句话："你们知道曹操是什么时期的人物吧？"他们非常痛快地就答出了是三国时期的人物。这个时候我就告诉他们："你们的回答都错了，送你们一人一个鸡蛋，零分。"他们就全愣了，教室里鸦雀无声。他们想要听听曹操到底是哪个时期的人物，我就告诉他们："曹操不是三国时期的人物，理由是什么呢？你得听完这节课你才能知道。"

　　d. 找能带动班级的核心学生发言。

　　T15：课堂氛围沉闷跟班级特点有关系，比如，班主任老师要是比较严厉，这个班级的氛围就容易沉闷。在这种情况下，就得去调动学生的积极性，主要是班里带起来几个愿意发言的学生，其他同学跟着就活跃起来了。

　　e. 进行学生间评比。

　　T10：我要看看哪一组纪律最好，会有加分或者小奖励之类的。有时候他们会有小组评比，给出评比结果，他们会很高兴。

　　f. 降低知识难度，避免出现畏难情绪。

　　T2：整个班级的学生都感觉这个知识点很难，都有畏难情绪，那就要降低难度。

　　g. 表扬学生，树立学生榜样。

　　T8：比如，我提问一些孩子的时候，他们回答得特别好或背课文背得特别流利，我就告诉其他孩子，得往这个方向努力，每天上课我都会树立小榜样……

h. 使用新颖、有趣的教学材料。

T7：我一般都用课件，课件的材料比较多，有故事，色彩也比较丰富，相对于自己在那里说当然是更有意思了。

2）认知参与

a. 跟学生分享自己的经历和方法。

W6：老师告诉我，他非常理解我现在的心情，他自己也有过这样的阶段……老师给我推荐了一些很好用的时间管理方法，比如时间轴、番茄工作法。

b. 帮助学生正确认识自己。

T2：你平时考60多分，现在考90多分，你已经尽力了；别跟他人比，这是那个同学的长项，但可能是你的短板。

c. 让学生客观地看待自己遇到的事情。

W4：在之后的班会上，老师总结了这次考试失败的原因。老师说："这次考试成绩下滑，是因为卷子的知识点比较偏，我们没有复习到位，希望不要气馁，我们是有能力考好成绩的，一次考试并不能代表什么。"

d. 给学生一些建议。

W5：刚开始跟老师聊的时候，或许是因为心里有些委屈，说着说着就哭了出来，因为自己已经没有办法控制自己的情绪了，老师就让我通过哭来宣泄自己的不良情绪……老师告诉我情绪宣泄的方法，就是去没人的地方大声哭出来，或者喊出来想说但没能说出来的心里话。

e. 与学生讨论主要目标、机会、将来等。

W5：当时的副班主任课下找我聊天，帮助我调节不良情绪……老师要求我给自己的中考总分制定一个高目标，之后我以高分为目标努力学习，中考取得了好成绩，证明了自己……

f. 让学生换位思考。

T1：当时的（怒）火也慢慢降下来了，两人平心静气地再谈这件事情，我跟他说："你是学生，换位思考一下，你要是老师你怎么办？我在那上课，众多的学生看着我，你在外边闹。"慢慢地学生也意识到了自己做得不太好，他那种调皮太过分了，后来我们和解了，他也承认了错误……

g. 让学生认识到有人在支持他。

T7：他认为自己很阳光，但是我总觉得他的情绪变动特别大。我只是跟他说，如果你不放弃的话，我也是不会放弃的。

h. 跟学生解释自己的行为。

W2：事后老师下课休息，以缓和师生双方紧张的情绪，而之后老师也有再向学生解释其批评大家的用意与当时自身的情绪。

（2）接纳

接纳又可以分为三个类别：幽默、积极情绪展现、注意。幽默是指教师使用幽默的方式来拉近师生关系，原型策略如跟学生开一个玩笑。积极情绪展现是指教师在学生面前展现自己的情绪，策略如适当的肢体接触、点头微笑等。注意是指教师调节学生注意的方法，包括分心（如转移话题、开展主题活动）和关心（如主动询问）。

1）幽默

a. 拿学生的事情开玩笑。

T16：有的班级气氛不太好，开玩笑就只能拿他们班比较活泼的学生调侃两句。

b. 给学生讲个笑话。

T12：语文嘛，语文课就是畅所欲言的课，在语文课说着说着就引出一个段子来，你就能聊一会儿，同学们就比较开心。

c. 使用肢体语言来让学生开心。

S7：课上学生平静，老师用肢体语言演示了"地震时光脚逃跑"的场景，学生都乐了。

d. 拿教材内容或生活内容开玩笑。

S1：老师给学生上课时，为了调节气氛，说："干尸的味道像牛肉干。"

e. 拿自己开玩笑。

S6：老师说话的声音小，学生听不清着急，老师就关于自己的声音顺便开个小玩笑。

f. 和学生一起大笑。

W7：初中的时候我比较调皮，爱起哄，上课爱讲话，学习成绩一般。二年级换了班主任，第一节课我就接老师的话，全班哄堂大笑，我一脸得意地看着他，心里想你能把我怎么样。新老师皱了眉，我以为他会像其他老师一样冲我发火，结果一扭头他竟然冲我笑了，还和颜悦色地说……

2）积极情绪展现

a. 朝学生微笑点头。

T1：我有时一进课堂，先是以微笑扫视一下全班同学，让他们感觉今天这个老师情绪好，用无声的微笑来代替语言，这是一种肢体语言。

b. 言语温和、表情和善。

T15：你有什么事情，心平气和地放平语气跟他们说，他们都能听进去。

c. 控制语速。

T13：当他有情绪的时候，我把声音放小，把语速放慢，就像讲故事一样，会对他们的情绪有些安抚作用。

d. 对学生表现出耐心。

T12：学生说："老师你再讲一遍吧！"那我就把学生不会的点再讲一遍、讲两遍……直到都听懂了。

e. 跟学生肢体接触。

T11：我觉得你可以在讲课过程中走到学生身边，用手摸摸他的头、拍拍他的肩，他很有可能就安静下来了。

f. 在学生面前控制自己的情绪。

T1：实际上，老师的情绪特别关键，千万得控制，尤其在一些特殊情况下，如学生之间闹矛盾等，老师的情绪更重要。

3）注意

A. 分心

a. 开展活动，如读书活动、做游戏、做运动等。

T13：比如一年级的学生，他们刚离开家时可能会有一些难过。我们就会创设一些活动，让他们快速地融入这个集体中来。或者说考试之前，他们会有一些情绪，比如紧张是难免的，这也算是一种不良情绪，那我们通过一些活动就可以缓解这种紧张的情绪。

b. 转移话题，转移学生的注意力。

T8：高年级的孩子有羞愧的心理，一旦有这种心理，我要是注意到，就会很快地转移他们的注意力，比如开个小玩笑，或者说点表扬他们的话……

c. 自己唱歌或让学生唱歌。

T7：如果学生上课走神就叫他，然后说："你给我们唱个歌吧。"

d. 给学生讲个故事

T7：学生喜欢我的课，上半年还没分文理科的时候，孩子们觉得在课上讲的故事比较多。

e. 请学生吃小吃，如冰棍。

S9：高中背题很烦躁，老师让班长去超市搬了一箱冰棍回来分给大家。

B. 关心

a. 主动询问学生怎么了。

T10：有的孩子家里有什么事不太高兴，我就多关心关心她，多问问他。

b. 陪伴学生。

W6：班主任老师是一个做事细致、认真负责、很有亲和力的人，他注意到我状态不好后，在我每天去学校的小花园给小猫送食物的时间，说陪着我一起跟它们玩一会儿……当时我觉得很有安全感，也就跟老师讲了自己最近的情况，老师也跟我分享了很多，还采取了很多行动，帮助我走出了困境。

c. 尊重学生。

W8：后来我的班主任发现我状态不对，主动找我谈话。我现在还清晰地记得当时的情形，老师让我坐下，还给我倒了杯水，我慢慢地放松下来，之后老师告诉我……

d. 对学生抱有期待。

W4：在之后的班会上，老师总结了这次考试失败的原因，老师安慰我们说："这次考试成绩下滑，是因为卷子的知识点比较偏，我们没有复习到位，希望我们不要气馁，我们是有能力考好成绩的，一次考试不能代表什么……"

W7：我们班在校篮球比赛上止于十强，没有进入决赛。比赛结束后进班里上晚自习，我自然心情不好……班主任老师语重心长地说："孩子们呀，成功靠的不只是努力，还有运气、天赋等很多因素……虽然咱们篮球比赛没有拿冠军，咱们可以期末考第一嘛！"

e. 和学生聊聊天。

T11：我觉得你首先要了解他，有时候你可以跟他聊聊天。

f. 叫学生名字，跟学生打招呼。

T9：我们老师对待这些学生的态度好一些，以叫孩子名字的方式（跟他们打招呼），也许就叫他们的小名，特别亲切。

g. 跟学生约定，履行承诺。

T16：我们约法三章，彼此承诺。比如老师这节课要是讲得好，下节课学生就要好好表现。

h. 给学生营造一种安全、轻松的氛围。

T9：如果你想要激发他们，首先要给他们提供一个敢说的环境……

i. 跟学生说"老师在这等着你们"。

S2：老师跟我们说："老师一直在这里。"

j. 让学生感受到被关注。

T6：比如，这几个学生就不爱说话，作为班主任就会关注这些学生。

2. 情绪恶化（图 7-2）

（1）消极参与

可以根据教师是直接参与到学生对当前事件的感受中还是行为中，将消极参与分为情绪参与和行为参与两类。消极情绪参与会直接增加学生的负性情绪，是教师应避免使用的学生情绪调节方式，涉及的方式如"直接指出错误""吓唬学生"等；行为参与是指教师直接参与到学生当前的行为中，如"使用惩罚"等。

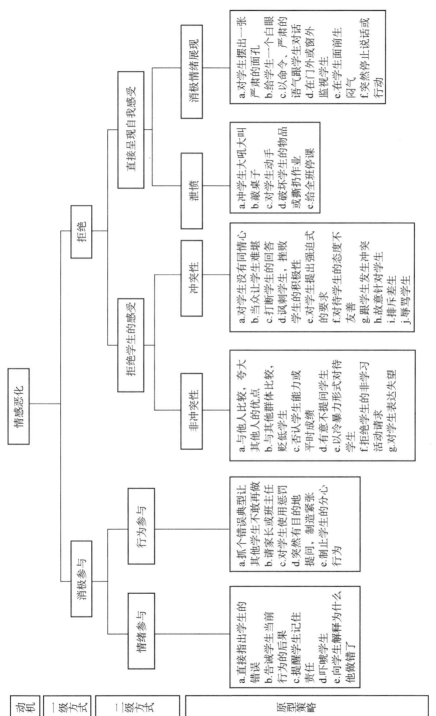

图 7-2　情感恶化策略分类图

1）情绪参与

a. 直接指出学生的错误。

T9：他上课状态特别不好，趴在那里睡觉……当时我就觉得，我提示过了，你还这样做，我就很生气，把他推醒了，特别严厉地批评了他。

b. 告诫学生当前行为的后果。

S4：老师告诫那些态度无所谓的学生，说"如果一直这样，你连一本都考不上"。

c. 提醒学生记住责任。

S3：老师给犯错的学生讲父母的付出，让他羞愧地认识到自己的错误。

d. 吓唬学生。

T14：我第一次、第二次是跟他私下里谈，跟他说说这个情况，然后告诉他"如果再出现这个情况，我就要找家长"，震慑他一下。

e. 向学生解释为什么他做错了。

T2：有些孩子表现太不好了，那你就直接点一下，就说："你在干什么，你回答这个问题跟我的主题有关吗？"

2）行为参与

a. 抓个错误典型让其他学生不敢再做。

T4：有时候，他们说话我就不说了。老师不说了，他就知道自己不能说了，过一会儿你再张嘴说，他又开始说了。我就一直在维持纪律，给他黑脸。不说话也试过，抓典型也试过，就是看谁说话比较厉害，就把他叫起来，批评他一通；或者让他上办公室待一会儿，批评教育，可能就会乖一些……

b. 请家长或班主任。

T8：有老师故意把家长叫来……学生就知道不写作业不对。后来，我就拿纪律要求来管理学生，你违反了纪律，我就打电话把家长叫来。

c. 对学生使用惩罚。

T2：比方说……你上课迟到了吧，门口待着……一开始是谁迟到谁唱歌，攒到某一天的时候，迟到同学一人一首歌……但是我的目的不是听歌，而是惩罚这种错误（行为）。

d. 突然有目的地提问，制造紧张。

T3：因为学生有时候会看不懂，可能学生看十分钟就走神了，比如有的老师会让学生站起来，学生站起来老师会说："走神啦，你集中一下注意力，回答一个问题。"

e. 制止学生的分心行为。

（2）拒绝

拒绝可以分为两大类，分别是拒绝学生的感受和直接呈现自我感受。拒绝学生的感受表现出了教师对学生缺乏关心，不与学生换位思考（如"当众让学生难堪"），是教师在工作中应避免使用的学生情绪调节策略。在这一分类之下，根据教师的方式是否具有冲突性，可以进一步将其划分为冲突性方式和非冲突性方式：冲突性方式如打断学生、对学生态度不友善等；非冲突方式如拒绝学生合理请求等。直接展现自我感受可以分为泄愤和消极情绪展现两类，两者表现的都是对学生不满，区别在于前者主要是发泄愤怒，后者是展现出来给人的感受，对于教师来说，二者都是消极、不可取的学生情绪调节方式。教师泄愤的方式有大吼大叫、扔东西等；消极情绪展现的方式有给学生白眼等。

1）拒绝学生的感受

A. 非冲突性方式。

a. 与他人比较，夸大其他人的优点。

W10：午休时，数学老师发现我不学习，在和同学玩耍，老师感到十分生气，说："你看看你，考试考成这样，才六十几分，差一点不及格，中午还不好好学习，竟然还在玩，看看别人，再看看你自己（考得这么差），你再这样下去，看来是要我找家长，告诉你妈妈了。"

b. 与其他群体比较，贬低学生。

W2：老师尴尬地笑了笑，然后说："我每年开这门课，都是心理与教育班在同一年级，我往年总会觉得心理班确实同教育班的学生水平不太一样，比较有专业特点，分析案例也要深入，但我这学期带你们两个班却并没有感受到这种差异，我不得不说你们班是我这几年教过的心理班中最没有我们所谓的'心理学味道'的班级。"说完之后，全班再次陷入沉默……

W2：有老师说："你们是我带过的最差的一届学生。"

c. 否认学生能力或平时成绩。

T5：老师说："你的关注点怎么都不在学习上啊！"因为我上学的时候还挺活跃的，对于各种活动都特别喜欢参加。有的时候，学校团委的活动比较多，老师就会说："你学习还没弄好，你还关注那些？'闲玩'有什么用啊……"我是真的很喜欢（参加活动），他不尊重我做喜欢的事情，然后什么都用学习来压我。

d. 有意不提问学生。

W1：老师不论讲课还是提问，一直面无表情、目光犀利地注视前方。同学们对她会有所畏惧。记得那天，当看到一个一个背诵课文，我心里很紧张，没想到老师直接跳过我提问我的后桌，心里一下放松下来……但是连续四天不提问我，我心里由感恩开始变得有些难受。

e. 以冷暴力形式对待学生。

T2：学生不学习不行，我三天两头地劝说，到我的忍耐极限后，我就看不见你了，就不管你了，只能忽视你了。

f. 拒绝学生的非学习活动请求。

T8：因为这些孩子只要出去玩，都会身上带着伤回来。因为他们在操场不可能不摔倒，一摔倒必然会擦伤，就需要去休息室，去校医室校医就会给你记下来……这就会造成班主任对孩子管理严格，有意识地不让其活动……

g. 对学生表达失望。

B. 冲突性方式。

a. 对学生没有同情心。

T13：怎么就这么笨呢？这道题我讲了三遍、五遍，你怎么还不会啊？

b. 当众让学生难堪。

T6：学生违反课堂纪律，就会训斥他们，还有罚站，或者叫到办公室，就是一些所谓过去的、权威式的管理方式。

c. 打断学生的回答。

W2："我认为这个小男孩的这种问题，很有可能是由于其父母对其关注与支持不够……"话未说完，老师打断说："不好意思，打断你一下，我实在听不下去了，我认为你不用再说下去了，我说过切忌主观臆断。这位同学不是在分析，更多的还是自己的种种猜测，这很不可取……"

d. 讽刺学生，挫败学生的积极性。

T14：我觉得应该是不完成作业或者是一而再再而三地犯同样的错误的时候，老师可能就会当面直接在班里说他，声音特别大……

e. 对学生提出强迫式的要求。

T9：有的老师，你说他激进也好，说他负责也好，说他对工作有热情也罢，可是他对学生那种强迫式的要求……然后孩子的压力就会特别大，对老师也反感。

f. 对待学生的态度不友善。

T7：学生不听话，就是我让他干什么他不干什么。当时他直接顶回来时，我就问他："你想怎么样，你上我这班到底来干嘛？你要是不想学的话，立刻马上赶紧走，我给你办手续……"

T15：平常上课学生弄腔作调，我可能不在意，但是我生气的话就会很在意，把这个学生狠狠地批评一顿，把我的情绪转嫁到他身上。

g. 跟学生发生冲突。

T1：我上课，他在窗外边捣乱，把窗户捣了，你说我上着课，那么多学生瞅着我，我也有不理智的时候。我出去了，出去之后我对他发火……他还是害怕，脸色也变了，那时我也年轻，我说："你想怎么样吧，你要是说不过瘾，咱们俩找个地方，咱俩单挑去。"当时他害怕了……

h. 故意针对学生。

T15：我年轻的时候就是眼里容不下沙子的那种老师。当看到女孩子有不良行为习惯的时候，我就不能接纳。那<u>我可能就会给她挖一些"坑"</u>，<u>出一些习难她的问题</u>。

T15：在前些年，初二的时候就会有一个分流。<u>一般学习成绩不好的学生</u>，<u>一有错误班主任就罚（他们）</u>，<u>不依不饶、罚站等</u>。

i. 排斥差生。

T15：教师管理学生，一方面有爱学生的一面；另一方面还有一些是潜在的东西，比如说有的班级的老师可能会<u>无意识地去排斥一些差生</u>。

j. 辱骂学生。

T1：有时候遇到一些其他老师跟学生冲突。有的时候老师表现太强势了，有时候一些不该说的话，可能是伤学生自尊的话，有些老师就说了……

2）直接呈现自我感受

A. 泄愤

a. 冲学生大吼大叫。

T14：你想自己要是有孩子的话，有时你跟他好好说不行，<u>你得喊</u>，<u>跟他着急了</u>，<u>他才能听</u>……

b. 敲桌子。

T4：你平常跟他说话是一种声音。当让你生气了，肯定要大声喊，<u>然后就拍桌子</u>，我经常拍多媒体那个铁箱子的旁边。因为他们一吵，你的声音就盖不住他们，声嘶力竭地喊就很累，然后就砰砰砰地一拍，以提醒他们。

c. 对学生动手。

T8：在孩子写作业说谎话的时候，<u>曾经有过动手打孩子的情况</u>……

d. 破坏学生的物品或撕扔作业。

T13：<u>老师可能扔本子下去</u>，<u>表示愤怒、生气了</u>，<u>表示讲了这么多遍你还不会</u>。

e. 给全班停课。

T4：<u>这次课纪律太差了</u>，<u>就给他停一次课</u>，<u>全班停一次课</u>。

B. 消极情绪展现

a. 对学生摆出一张严肃的面孔。

T14：但是有时候我感觉班级里变浮躁了，就要赶快调整一下，比如<u>明明很高兴</u>，<u>突然变出一张严肃的脸来</u>让班里安静一点。有时候班里（学生）表现太活跃了也不行。

b. 给学生一个白眼。

T8：会有同学在下面说"卖女孩的小火柴"。这一句话就把整个课堂气氛给破坏了，所以说这个时候我当然不可能笑着去给他解释，我会阴着脸看他一下，他就立刻不说了……

c. 以命令、严肃的语气跟学生对话。

T16：平时我一严肃，孩子肯定就会立马恢复原状了，不管他在嬉戏还是做其他事情。课堂气氛再混乱，只要我严肃，他们也会立马恢复原状。严肃是维持纪律的一种方法。

d. 在门外或窗外监视学生。

T1：我先在门口不进去，就站门口，有的学生肯定没看见老师，还在那里说话，有的学生看见老师了，他会马上告诉其他同学说老师来了。那个学生可能感觉不好意思了……因为我专门在盯着他。

e. 在学生面前生闷气。

T8：从目前来看，我遇到的问题就是当孩子犯了错之后，如果他的这个错已经超出了我的忍耐程度、几十遍甚至几百遍地犯同样错误，我不能够去用任何的办法去惩罚他，只能是自己气得肝疼。

f. 突然停止说话或行动。

T6：比如说，他上课犯了小错误，我不说话就看着他。突然有那个反差，有那个变化……因为它有反差，我说的时候突然不说，我一旦不说了她就会注意到"老师不说了，发生什么事了？"学生的注意力就会集中到当前的这件事情上来。

三、思考与建议

通过分析访谈的过程与结果，本研究提出了一些需要进一步思考的问题和教育建议。

（一）教师调节学生情绪包括对积极情绪的调节和消极情绪的调节

如前所述，情绪调节理论的发展一方面体现在提出了人际情绪调节，即由传统和经典的个体"自身情绪调节"的情绪调节理论，拓展为不仅调节自身情绪还调节他人情绪（当然调节他人情绪的目的可以是改变他人情绪，也可以是为了有益于自己的情绪）；另一方面，情绪调节出现了新的方向，即由"情绪调节只针对消极情绪"转变为"积极、消极情绪均需调节"。我们通过访谈发现，实际的教育教学情境中存在人际情绪调节的现象，也就是教师不仅调节自身的情绪（如教师情绪调节、情绪劳动等），也调节他人即学生的情绪。同时，教师调节学生情绪的许多策略意在减少学生的消极情绪，但也有减少积极情绪而使学生情绪唤醒度降低、趋于平静的策略。那么，关于教育中的师生情绪传递研究，应该是理论导向还是实践先行？似乎两种思路均可以。

（二）中小学教师调节学生情绪的策略分为情绪提升和情绪恶化

巴特森（Batson）等认为，关注动机的重要性远胜于关注行为。[①]本研究在尼文的人际情绪调节策略分类理论的启发下，通过访谈法了解到教育领域存在许多人际情绪调节的现象，即在实际工作中，中小学教师有大量的调节学生情绪的具体策略。笔者进一步对这些策略进行分类，结果发现，该分类理论基本适合教育情境下教师对学生情绪调节策略的分类。教师调节学生情绪的策略中，既有积极的情绪提升，也有消极的情绪恶化，而有意恶化学生情绪的策略与现代教师应有的教育理念是相悖的。本研究在具体分类中增加了一些新的分类，如在情绪提升的方式中增加了教法调动、教师积极情绪展现两种；在情绪恶化的方式分类中，增加了教师消极情绪展现和泄愤两种。教育领域人际情绪调节中的人指的是教师和学生。师生关系不同于一般的人际关系，因此教育领域中的人际情绪调节主要表现为教师对学生的情绪调节。从访谈结果来看，这种调节富有教育领域的特色。

（三）中小学教师会使用消极策略调节学生情绪，但访谈中有回避

教育理念要落实到实际的教育教学中，需要教师通过自己的实践、思考甚至科学地设计相应的措施和方法方能见成效。现在的中小学教师大都受过高等教育，一般具有正确的教育理念。预访谈中得到的教师调节学生情绪的策略都是积极的，即情绪提升的策略。分析预访谈结果后，我们的疑问是中小学教师正确的教育理念都落实在教育教学中了吗？尼文分类中的情绪恶化策略在教育领域中是不存在的吗？通过分析讨论，我们决定改变访谈策略，采用间接反映的技术，让受访教师回忆自己作为旁观者见到的其他教师恶化学生情绪的方式与行为，结果发现，中小学中确实存在教师有意恶化学生情绪的行为，不过这样的行为少于提升学生情绪的行为。若不改变访谈方式，那么得到的信息就会失之偏颇，受访者会对调节学生情绪的策略特别是情绪恶化方面的信息报告甚少，甚至回避谈及恶化策略。需要注意的是，当学生做错事让教师生气时，教师当时可能会批评学生，但他们并非有意恶化学生的情绪，只是一时没控制住自己。这时，其实教师也在调节自己的情绪，此类情况不在本研究界定的策略范围内，不再赘述。

---

① Batson, C. D., Ahmad, N., & Tsang, J. (2002). Four motives for community involvement. *Journal of Social Issues*, 58 (3), 429-445.

（四）从学生方面补充及验证访谈信息

本研究的主要研究对象是教师，经过访谈，笔者获得了大量的教师调节学生情绪的具体策略。但教学过程涉及教师与学生两个群体，而且他们是教育情境下人际情绪调节的对应人群，所以本研究还通过对学生的访谈来补充相关信息。但若直接访谈受访教师的学生，一方面由于中小学生对策略的理解尚浅，另一方面也怕造成其他问题，故选择大学生作为获取信息的来源。如此一来，第一，可获得典型策略，对大学生的访谈是让他们回忆中学时感受到的教师调节他们情绪的策略，因为涉及个体情绪的记忆往往是比较深刻而持久的。第二，可获得真实策略信息，即让大学生回忆教师调节他们的情绪时所用的策略，以此补充、验证中小学教师访谈中获得的一些信息。第三，可获得一些较专业的情绪调节策略描述。因为接受访谈的学生有各种专业的大一新生，也有心理学专业的大三学生，这些学生是未来的教师，既具有学生身份，又具有一定的心理学专业知识和技能，并具有较好的概括能力。通过对他们的访谈，能对一些策略进行初步命名。第四，这样的访谈取样具有代表性。大学生来自全国各地各类中小学，这样的取样缩小了地域性差异。

（五）教师调节自身情绪是其基本素养，而其调节学生情绪的能力有待提高

从教师在教育教学中与学生的情绪互动来看，教师不仅是传统情绪调节理论指导下的自己情绪的调节者或情绪劳动者，更是学生情绪的调节者，学生则是情绪调节的目标者。雷克等提出的情绪社会调节模型认为，调节者需要经历复杂的情绪认知过程来推断目标者的情绪，并以此来确定目标者的情绪是否需要调节以及权衡可能的调节策略，并最终执行其中一项策略。[①]也就是说，调节好自己的情绪是教师应具有的最基本的素养，教师还应将学生视为平等的沟通对象。首先观察、推断学生的情绪，然后选择调节学生情绪的时机，并执行适当的调节策略，这应成为教师素养的一部分。

（六）提升教师调节学生情绪的意识和能力有助于优化教学过程

从研究得到的教师调节学生情绪的策略看，有可能对学生产生积极影响的策略，如倾听学生的诉说，抑或简单地拍拍学生的肩，能在很大程度上缓

---

① Reeck, C., Ames, D. R., & Ochsner, K. N. (2016). The social regulation of emotion: An integrative, cross-disciplinary model. *Trends in Cognitive Sciences*, *20* (1), 47-63.

解学生的不良情绪；也有的教师采用不当的教育方式，增加了学生的消极情绪，如有教师要求学生在完成作业过程中一个字都不能错，导致学生在焦虑和恐惧中完成作业。如果教师的人际情绪调节能力提升，教师在使用情绪调节策略前能有意识地了解学生的情绪状态，选择可产生积极情绪效应的调节策略，则可使教学在融洽的情绪氛围内进行，从而优化教学过程，提高教学效果和学生成绩。

此外，本研究提供了一个教师调节学生情绪的综合、系统的分类，也发现了更多具体的策略，这一方面可以启发教师思考，另一方面可供教师借鉴。特别是新入职教师和缺乏策略技巧的教师可以思考并理解这些策略会对学生情绪产生怎样的影响，尤其是那些会让学生情绪恶化的策略会有怎样的不良后果等、如何避免使用，教师们将会有所收获。

第三节　教师在班级内表扬和批评学生引发的中学生情绪效应

一、导言

表扬和批评是教师在教学活动中常用的教育手段。[①]班级中的表扬与批评不仅是对学生进行评价的方式，也是对学生进行鼓励和督促的手段。[②]表扬是对学生在思想和行为表现等方面的优点进行肯定性评价，其目的在于使被表扬者本人继续发扬光大，同时为其他学生树立榜样。批评是对学生在思想和行为表现等方面的缺点进行否定性评价，其目的在于使被批评者本人提高认识、加以改正，同时给其他学生以警示。也就是说，作为教育手段，教师在表扬和批评时虽直接针对当事人，但也希望对相关的他人产生影响。

多年来，这方面的研究多注重表扬和批评作为教育手段的作用，即使当事人提高认识，尔后继续积极行为或改变不良行为，使相关他人也产生类似的效应。然而，如此却忽视了接受表扬和批评后当事人的认识是什么；即使当事人认识到了，要使其继续积极行为或改变不良行为，往往还需要了解他们行为背后的情绪及其动机作用。同时，班级是一个小集体，非当事人也是相关他人。那么，当表扬和批评事件发生时，这些人的心理又是怎样的？例如，别人受表扬和批评与自

---

① 周春艳. (2017). 表扬的负面效应及其应对策略. *教学与管理（小学版）*, (5), 13-15.
② 赵颖, 郝德永. (1994). 批评与表扬艺术浅谈. *教育评论*, (3), 30-31.

己有什么关系？感受表扬和批评实施者（即教师）的情绪、感受被表扬和批评的当事人的情绪后自己的情绪（受表扬或受批评学生的同学及同伴的情绪），这些情绪有扩散、传递和感染吗？受表扬和批评后，当事人和非当事人的情绪动机作用如何？对于这些问题的研究，目前还尚未见到。

据此，本研究拟采用质性研究方法，采用半结构化访谈的方式，从学生的视角和感受入手，对班级中（具体场合）教师表扬和批评学生的事件、教师表扬和批评诱发的学生当事人和非当事人的情绪，以及受表扬和批评之后当事人和非当事人的动机等进行访谈和分析，以期对教师表扬和批评学生的具体方式提出建议，使教师能够及时、准确、恰当地表扬和批评学生，这对受表扬和批评的当事人及非当事人也能起到应有的作用。

二、研究方法

（一）研究对象

采用方便抽样方法，选取 32 名中学生作为访谈对象，其中女生 19 人，男生 13 人；初中生 12 人，高中生 20 人。

（二）访谈提纲

访谈提纲由 4 名研究生和 1 名专家共同商讨拟定。半结构化的访谈提纲包括：①你有没有被老师在全班同学面前表扬或批评的经历，因为什么事情？当时你有什么感受？你周围的同学是什么反应？受表扬和批评后你准备怎么办？②你们班有没有哪个同学被老师当着全班同学的面表扬或批评过，因为什么事？你看到、听到老师表扬或批评他的时候，你想怎么办？你觉得被老师表扬或批评的那个同学的感受怎么样？其他同学可能又怎么想的？

（三）访谈过程

访谈由心理学专业的研究生进行，访谈前对他们进行了质性研究方法培训。访谈地点采用就近原则，一般为学生家或者其所在学校。每次访谈前说明访谈目的以及需要进行录音这一要求，征得访谈对象的同意后开始进行一对一访谈。

（四）访谈材料分析

第一步，转录录音材料。对获得的所有访谈对象的录音材料进行逐一转录，包括访谈对象的言语和非言语信息，将其转录成 Word 文本，累计转录材料 4.6

万字。第二步，通读材料，制定分析标准。由两名研究生对所有访谈材料进行通读，形成整体印象，对材料中涉及表扬和批评的事件类型、情绪性质、情绪类型以及后续的动机行为进行汇总，初步拟定标准。第三步，制定编码手册。从所有访谈材料中选取 6 份访谈材料，由两名研究生分别进行独立编码。在编码的过程中，反复回到原始访谈材料进行讨论、修改并达成一致意见，之后形成编码手册。第四步，材料编码。由两名研究生依照编码手册分别对 32 份访谈转录材料进行编码，以保证编码的内部一致性。第五步，采用 QSR Nvivo8.0 质性分析软件对访谈材料进行分析。给所有访谈对象设置编号（V1，V2⋯⋯ V32）。进行初始编码，若原始材料的一段文字中包含多个信息，则分别对每个信息进行编码；若能采用现有的自由节点进行编码，则编码到现有的自由节点中，否则就新建自由节点；删除无意义的编码，然后将意义相近或相同的自由节点合并并进行归类。

三、访谈结果

（一）受表扬和受批评学生的整体情况

受访的 32 名学生中有 27 人（84.38%）曾受表扬，26 人（81.25%）曾见证他人受表扬；有 19 人（59.38%）曾受批评，28 人（87.50%）曾见证他人受批评。

（二）学生受表扬和批评的事件类型

如表 7-4 所示，学生因学习受表扬较为普遍，教师对学生的学习方面较为重视，而学生受批评多源自纪律问题。

表 7-4　学生受表扬和受批评的事件类型

类别	事件类型	提及人数/人	提及次数/次
表扬	学习方面	29	42
	班级活动	8	13
	品德方面	8	11
批评	纪律方面	26	47
	学习方面	9	10

1. 受表扬的具体事件（举例）

（1）学生在学习方面表现优异

1）教师对学习成绩优秀的学生进行表扬，以树立榜样。

V7：我们班长学习特别用功，每次考试成绩都特别好，能在年级排上名次。班主任每次都会很开心，就会对他进行夸奖，当着全班同学的面……

V9：他是我们班第一。成绩第一，每次考试他都是第一。

2）教师对学习进步的学生进行表扬，在树立榜样的同时激励学生继续努力。

V1：有一个学生是转校生，一开始学习很差，刚开始是倒数的，因为学习刻苦，进步比较大，老师就会表扬他。

V11：大多数因为成绩（表扬学生），比如，有的同学考的成绩相对于自己的水平来说有了突破。

3）对于学生在学习的某一方面优秀或取得了进步，教师也会给予表扬。

V17：数学老师因为我完成了一道很难的数学题让我再接再厉，让其他人向我学习……

V4：老师说我写的作文很好，在全班同学中很突出，然后当着全班的面表扬我。

（2）学生在课外活动中表现较好

V6：我们班踢足球得了季军。我进了6个球，然后老师就在全班同学面前表扬了我。

V5：运动会的时候，我实心球比赛拿了第一名，被老师表扬了。

（3）学生具有好品德

V32：运动会帮助抬受伤的同学。

V28：同学晕倒，我送他去医院。

2. 受批评的具体事件（举例）

（1）学生在纪律方面存在问题

1）平时纪律问题。

V22：有一个同学是从国外来的，所以他的思维方式跟老师的特别不一样，他就不爱穿校服，但是老师又特别规定他穿校服。有一天，老师气急了，就在班上对他说了一些比较难听的话。

V16：他就一直谈恋爱，完全不学习，然后老师就特别严厉地批评他。

2）课堂纪律问题。

V7：老师在上面讲课，他在下面嬉笑打闹。他不听讲，还扰乱周围同学的学习。

V3：他上课的时候经常和同学说话。

（2）学生在学习方面存在问题

V21：因为骄傲了，成绩下滑得特别严重，然后老师就当面批评……

V24：因为作业没有做完（被老师批评），当时就感觉很羞愧。

（三）受表扬和受批评学生的情绪

1. 表扬事件中学生的情绪

（1）表扬事件中学生当事人的情绪

表 7-5 显示，受表扬的学生当事人的情绪多为快乐，然后是自豪、平静、害羞。另外，还有一名学生表示受表扬时有点紧张。

表 7-5　表扬事件中学生当事人的情绪

类别	具体情绪	提及人数/人	提及次数/次
积极情绪	快乐	22	37
	自豪	6	7
	平静	5	6
	害羞	3	4
	其他	4	5

具体情境及情绪举例如下。

1）快乐。

V17：数学老师因为我完成了一道很难的数学题让我再接再厉，让其他人向我学习，我很高兴。

2）自豪。

V29：我上课认真，有些题别的同学都没有做出来，只有我一个人做出来了。我当时很自豪。

3）平静。

V22：因为考得好，老师念几个人的名字，去教室前面领奖，对于这类事情，我也没有太深刻的感受，也没有特别高兴……

V32：习惯了，平常心态，老师经常表扬同学，包括做个小工艺品都会受到表扬。

4）害羞。

V23：会感觉很不好意思。虽然被表扬会很高兴，但怕有些同学会在背后嘀咕这件事。

5）其他。

V4：有点开心，（停顿）也有点紧张，（停顿）还有一点慌。觉得紧张是因为被老师表扬，老师平常在我们的印象中是比较严肃的，突然间被他表扬，感觉惊喜来得太突然。有点慌是因为全班同学的眼神、注意力集中在自己身上。

V21：老师说我带病参加排练，值得表扬。当时感觉有点尴尬，因为大家都不是特别喜欢这个排练，我这么刻苦、这么积极地去排练，还是带病排练，让我有点尴尬。

（2）表扬事件中学生非当事人的情绪

表 7-6 显示，当教师表扬他人时，受访学生为非当事人时，其情绪呈现多样化。教师表扬他人不但会引起非当事人的积极情绪，而且会引起非当事人的消极情绪，还有一部分学生表示感觉"无所谓"，即教师表扬他人没有引起非当事人的任何内心体验。

表 7-6　表扬事件中学生非当事人的情绪

类别	具体情绪	提及人数/人	提及次数/次
积极	羡慕	17	24
	开心	11	14
	祝福的心情	6	6
中性	无所谓	11	14
消极	嫉妒	9	13
	惊讶	4	4
	怀疑	3	4
	其他（如讨厌）	3	3

具体情境与情绪（举例）如下。

1）羡慕。

V24：有一道难题被我做出来了，当时感觉很高兴，周围的同学很羡慕。

2）开心。

V14：有些关系比较好的同学也会很开心。

3）祝福的心情。

V3：如果是给班级争荣誉的话，同学们会鼓掌，面带微笑，也会向我说祝贺。

4）无所谓。

V8：其实我倒觉得其他同学也没什么，觉得这件事也没什么，或者是已经习以为常了，老师一表扬就表扬那几个人，已经习以为常了。

5）嫉妒。

V27：班长被表扬，有些同学会讽刺，会觉得不屑一顾、嫉妒（因为班级本身不是很团结）。

6）惊讶。

V4：就是同学听到老师表扬我的时候都觉得很惊讶，然后问我："你有没有抄袭？"

7）怀疑。

V24：有些同学会对他的成绩表示怀疑，认为他考试时是抄的。

8）其他（如讨厌）。

V6：没有想着要向他学习，我特别讨厌他们经常表扬的一个人，我们班都特别讨厌那个人，他特别会装，而且会给老师拍马屁。

V13：这个人（受表扬者）又在装了，这个老师太过了，私下夸夸就好了。

2. 批评事件中学生的情绪

（1）批评事件中学生当事人的情绪

表 7-7 显示，教师批评学生会引起学生较多的消极情绪，也有部分学生对此表示无所谓，仅有一名学生提到被教师批评时感受到了温暖。

表 7-7　批评事件中学生当事人的情绪

类别	具体情绪	提及人数/人	提及次数/次
消极	尴尬	12	15
	愤怒	11	15
	不开心	7	10
	伤心	7	8
	羞愧	7	7
	后悔	5	6
	恐惧	2	2
中性	无所谓	4	6
积极	温暖	1	1

具体情境与情绪举例如下。

1）尴尬。

V21：就是有一次我考得特别好，之后可能是因为骄傲了，成绩下滑得特别严重，然后老师就当面批评，当时我就感觉好尴尬……

2）愤怒。

V13：我当时觉得老师不公平，觉得老师批评的是我，而不是那个抄我卷子的同学。当时挺愤怒的，但是我不可能表达出来，毕竟老师还是权威。

3）不开心。

V6：不开心，老师当着全班同学的面把我叫起来了。

4）伤心。

V12：上课开小差，虽然老师并没有在讲台上批评我，是在教室外面，但里面能听到，感觉心里不爽、伤心。

5）羞愧。

V24：因为作业没有做完（被老师批评），当时就感觉很羞愧。

6）后悔。

V11：最近的一次是因为纪律，上课时开小差。他不轻易批评人，当他批评你时，他会很直接地说你这样做不对。当时比较后悔，比较沮丧，想着下次绝不会再犯。

7）恐惧。

V6：宿舍扣分了，只是单独把我叫到了洗漱间。当时感觉大难临头、大祸将至。

8）无所谓。

V31：因为学习生活不自律而被批评，当时觉得很害羞，但长期被批评，觉得无所谓了。

9）温暖。

V23：抽烟被校长抓到，当时知道老师是为我好，感觉挺暖心的。

（2）批评事件中学生非当事人的情绪

表 7-8 显示，当教师批评他人时，非当事人即使不是直接的被批评者，但是身处其中也会体验到各种情绪，其中消极情绪占多数，如愤怒、恐惧等。有部分学生表现出不道德的情绪如幸灾乐祸，同时也有部分学生表示无所谓，还有学生表示出对被批评者的同情。

表 7-8　批评事件中学生非当事人的情绪

类别	具体情绪	提及人数/人	提及次数/次
消极	幸灾乐祸	12	13
	恐惧	9	12
	同情	8	12
	不喜欢	5	6
	愤怒	5	5
	疑惑	3	4
中性	无所谓	11	15
	其他	8	9

具体情境与情绪举例如下。

1）幸灾乐祸。

V24：他们好像在看热闹，感觉也是在幸灾乐祸。

2）恐惧。

V8：我当时挺害怕的，觉得如果要是做一些很过分的事，后果还是挺严重的。

3）同情。

V9：可怜他们……对他们有点同情。

V21：批评的话，就是觉得他挺可怜。有一次考完试，老师很义正词严地给一个阶梯，跟他说"下一次考试是给你测验的，如果你没法通过测验，你就不能继续在这个学校学习"。当时我觉得所有人还是挺同情他的。

4）不喜欢。

V25：我感觉他很顽劣，不太喜欢他，感觉老师批评他是对的，是希望他变得更好。

5）愤怒。

V4：我对老师感到有点愤慨，不赞同老师的说法。

V25：很多同学都不太喜欢他，大家都会私下里讨论，对那个同学表示气愤，觉得班主任管他是对他好，可是他却不领情。

6）疑惑。

V5：我的想法是，他干了什么，为什么会被骂？他做了什么，老师发这么大的火？

7）无所谓。

V29：他们的反应挺平淡的，就是无所谓的态度。可能是因为我们学校的同学对学习都没有什么兴趣，所以他们对学习都持无所谓的态度。

8）其他（厌恶、尴尬、蔑视、好奇以及惊讶等）。

V31：我当时觉得多一事不如少一事，不会去管，但也对这个老师产生了反感。

V14：看到老师批评他的时候感觉有点尴尬。

V21：我觉得有个别师哥、师姐有点瞧不起（被批评的人），因为真的会拖后腿。

V10：没啥感受，该干啥干啥。其他同学有的比较好奇。

V3：如果是比较活跃的同学，大家可能会带着善意笑一下；如果是经常犯错误的同学，大家可能会习以为常；如果是不怎么犯错误的同学，大家可能会有些惊讶，然后表现出同情。

（四）受表扬和受批评后学生的动机

表 7-9 列出了受表扬和受批评之后学生的动机。表扬和批评事件中的当事人与非当事人产生了不同的动机。

表 7-9　受表扬和受批评后学生的动机

事件	学生	动机类型	事件	学生	动机类型
表扬	当事人	想要做得更好	批评	当事人	不改正行为 改正行为 好好学习 产生抵触心理
	非当事人	向被表扬的当事人学习 想得到教师的表扬 与当事人竞争		非当事人	避免被批评 反省自己 不向被批评者学习 希望被批评者改正 希望教师改变态度

1. 受表扬学生的动机

（1）受表扬当事人的动机

受表扬当事人在受表扬后想要做得更好，表现出了积极向上的学习动机。

V7：我挺开心的，然后想做得更好，得到大家的认同。

（2）受表扬非当事人的动机

当教师表扬他人时，受表扬非当事人也表现出不同的动机。具体动机和举例如下。

1）向被表扬的当事人学习。

V7：我也挺开心的，然后想着自己要向他学习，这也是对自己的未来负责。

2）想得到教师的表扬。

V2：想自己要怎么努力才能受到老师表扬，情绪应该还是比较开心、高兴的。

3）与当事人竞争。

V8：有些人的成绩其实是相差不大的，我觉得会有一些竞争的感觉。你这道题做出来了，一方面对你很佩服，另一方面也有一种暗中较劲的意思，下一次我也要达到一个什么样的水平，让老师也表扬一下。

2. 受批评学生的动机

（1）受批评学生当事人的动机

受批评后，有的学生会想好好学习，改正错误的行为，但是也有学生会因为教师的批评而对学习产生抵触心理，其缺点和错误行为也不会得到改正。可见教师在运用批评策略纠正学生错误的言行时可能会产生消极影响。具体动机（举例）如下。

1）不改正行为。

V25：他经常和老师顶撞，自己也很冲动，第二次打架了，自己也不改正。

2）改正行为。

V11：比较后悔，比较沮丧，想着下次绝不会再犯。

3）好好学习。

V21：当时我感觉很尴尬，我成绩下降那么快，要好好学习啦。

4）产生抵触心理。

V7：对老师比较抵触，然后对学习也挺抵触，而且有些不服气。

（2）受批评学生非当事人的动机

教师在批评他人时，非当事人会反省自己，告诫自己不能向被批评者学，会因为担心被批评而去避免犯类似的错误，可见教育过程中的公开批评会对其他学生起到"敲警钟"的作用。具体动机举例如下。

1）避免被批评。

V13：我怎么做才能不被老师批评？还是很担心、沉闷。

2）反省自己。

V29：老师批评他们，我也会想自己有没有这样的情况。

3）不向被批评者学习。

V3：我的感受是（别人）被老师批评的时候肯定是不能向他学，如果自身也存在这种问题就需要改正。

4）希望被批评者改正。

V21：他练琴不够多（被老师批评），所以还是希望他多练琴。这样子肯定不行，至少我们没有不练琴的情况。

5）希望教师改变态度。

V7：其他同学应该跟我想得差不多，就是希望同学在上课的时候不要扰乱其他人，但是也希望老师的态度能更好一些。

四、分析与讨论

（一）学生受表扬和受批评的事件类型

杰克逊（Jackson）认为，教师评价主要涵盖学习、课堂行为和道德品质三个方面。[1]本研究发现，教师表扬的内容包括学习、课外活动以及道德品质三个方面，教师的批评内容包括课堂和平时纪律、学习两个方面。这与杰克逊的观点不完全一致，区别主要在于课外活动方面，说明我国实施素质教育多年来，课外活动已成为师生互动的重要场所。就表扬和批评的频率而言，教师较多因为学习方面的提升而表扬学生，较多因为纪律方面的问题而批评学生。

（二）班级中受表扬和受批评学生的情绪

本研究结果显示，受表扬时学生当事人较多表现出积极情绪（快乐、自豪），也有部分学生表示在被表扬时感到害羞。受批评时，学生当事人的情绪多为消极情绪（愤怒、尴尬、伤心、不开心、恐惧、内疚、羞愧等）。的确，"以表扬为主，批评为辅"的教育方法是比较恰当的，也一直被提倡和沿用。

本研究发现，首先，有较多学生对教师的表扬与批评无动于衷，表示出平静、无所谓的态度。具体分析后发现，如果教师过多采用表扬或者过多采用批评，会导致学生对教师的表扬和批评"习惯化"，教师的表扬和批评不能引起学生的内心

[1] Jackson, P. W. (1990). *Life in Classrooms.* New York: Teachers College Press.

体验，也就不起作用，可见表扬不是总比批评好。其次，如果教师仅对固定的几个学习成绩优秀的学生进行表扬，仅对成绩差的几个学生进行批评，会导致成绩优秀的学生对教师的表扬充耳不闻，对教师批评成绩低的学生感到"事不关己"；成绩低的学生会对表扬失去期待，对批评也产生"习惯化"。也就是说，表扬和批评的次数不宜太多，表扬和批评的对象也不能固定，教师要善于发现每个学生身上的"闪光点"，并就具体事件予以表扬。另外，心理学研究也表明，个体对于自己的具体成就的积极评价（我"做"得很好）会产生真实自豪[1]，而如果个体将成就归功于完美自我（"我"做得很好），将会诱发自大自豪[2]。因此，教师不应笼统地表扬学生，以免使其产生自大情绪。

情绪可产生传递与感染。[3]在班级情境下，表扬和批评事件中学生产生的情绪，以及教师在表扬和批评学生时的情绪，都会传递或感染到学生非当事人。在本研究设计的问题中，特别问到了那些自己没有经历但是目睹他人受表扬和受批评的学生非当事人，发现他们同样会感受到各种情绪，即当表扬事件发生时，学生非当事人的情绪既有对他人的积极情绪，如羡慕、开心，也表现出消极的人际情绪，如嫉妒、惊讶、怀疑。当批评事件发生时，学生非当事人的情绪有愤怒、恐惧、同情，还有幸灾乐祸。这些结果表明，情绪在学生之间可以产生感染与传递，即情绪的趋同；也可以产生不同甚至对立/相反的情绪，即情绪的发散。在班级情境下，学生非当事人究竟产生什么样的情绪，是感染传递还是情绪发散，受许多因素的影响，但无论如何，"关系"肯定是一个重要变量。例如，非当事人与当事人关系密切时，则为感染和传递；若二者为竞争关系，则会产生对立/相反的情绪。在表扬和批评事件中，学生产生羡慕、嫉妒或恐惧、同情等情绪是可以理解的，而对别的学生受批评感到幸灾乐祸（提到的次数不在少数）不得不引起研究者思考：中学生这样的人际情绪为何产生？产生之后的影响又会是什么？

（三）班级中受表扬和受批评学生的动机

一般情况下，受表扬当事人会想要在以后做得更好。因为表扬之类的言语强化能促进学生的内在学习动机。表扬作为一种激励手段，能够调动学生的学习积极性，让学生明确今后努力的方向和目标。

在表扬事件中，学生非当事人看到他人被表扬会产生不同的学习动机。有些

[1] Tangney, J. P., & Leary, M. R. (2012). Self-conscious emotion. In M. R. Leary, &, J. P. Tangney (Eds.), *Handbook of Self and Identity* (pp. 446-478). New York: The Guilford Press.
[2] Tracy, J. L., & Robins, R. W. (2004). Show your pride: Evidence for a discrete emotion expression. *Psychological Science, 15* (3), 194-197.
[3] 张奇勇，卢家楣，闫志英，陈成辉．（2016）．情绪感染的发生机制．*心理学报，48*（11），1423-1433.

学生会想向被表扬者学习，而有些学生会想得到教师的表扬，还有学生会产生与被表扬者进行竞争的想法。即教师对学生的表扬起到了"树立榜样"的作用，例如对学习上取得优异成绩的学生进行表扬，其他学生会以受表扬的学生为榜样，进而在学生之间形成良性竞争。

在批评事件中，当事人被批评之后会有不同的表现，有些学生会产生抵触心理，在行为上不作改正；有些学生表示要好好学习，并改正错误的行为。教师的批评可能会纠正学生的错误做法，但也可能产生负面影响。心理学研究表明，个体在面对自我威胁刺激时，自豪体验的缺失是激发个体侵略性和其他反社会行为的影响因素之一。[1]这就提醒教师，批评时要充分了解学生，包括批评的原因和学生的性格特点，并注意批评的具体方式。甚至对个别学生，批评后还要跟踪查看批评是否会引起学生的不良情绪、抵触心理和抵触行为等。

在批评事件中，有些学生非当事人看到他人受批评会反思自己，表示不会向被批评者学习，有些学生表示害怕被批评。这表明教师对学生的批评起到了警示的作用，即批评表现不良的学生，能够给其他学生以警示，同时激励其他学生朝着正确的方向努力。因此，在班级内适当的批评是必要的，可使非当事人也产生指向别人的动机，如希望被批评者改正自己的行为，或者希望教师改变态度。这表明教师在班级中使用表扬或批评的策略对学生的影响是复杂的，同时也反映了教师管理群体情绪氛围和集体情绪动态变化的能力。

综上所述，教师在班级内表扬和批评学生时，对学生当事人的情绪和学生非当事人的情绪都需要积极关注并及时加以调节。对学生进行表扬时，注意不要引起学生当事人的自大自豪情绪，也不要引起学生非当事人的嫉妒、怀疑等情绪。教师对学生进行批评时更要注意方法恰当，避免引起学生当事人的愤怒、恐惧等消极情绪，更要关注其对学生非当事人情绪的"感染"。无论是表扬还是批评，都要注意引导学生产生积极向上的动机和行为。

第四节　学生对教师可信度的评定

一、导言

可信度是人际交往领域的一个概念，指一种接收者关于某一来源是否值得信

---

[1] Bushman, B. J., & Baumeister, R. F. (1998). Threatened egotism, narcissism, self-esteem, and direct and displaced aggression: Does self-love or self-hate lead to violence? *Journal of Personality & Social Psychology*, 75 (1), 219-229.

任的看法。①信息来源是否可信由其包括的成分和具备的特征来表现。芬恩（Finn）等对关于可信度研究进行了荟萃分析②，得出可信度的成分包括胜任力、关心和诚实。若指的是人的可信度，那此人的可信度在说服别人的时候将起到至关重要的作用。诸多研究表明，当人们感受到信息发出者具有高可信度时更容易被说服。③近年来，对可信度的研究涉及网络社交媒体、广告业和教育等领域。韦斯特曼（Westerman）等认为，可信度逐渐成为一个衡量网络社交媒体的重要因素，例如，推特更新的时间和频率都会影响信息的可信度。④穆迪（Moody）等的研究发现⑤，设计品牌商标时，结合可信度各维度的具体表现可以使消费者更加信任该品牌。

教育领域的可信度研究应用得更加广泛，教师可信度研究有助于优化课堂教学和师生互动。教师可信度即学生感受到的教师可以信任的程度，它在促进成功的师生互动中扮演重要的角色。⑥具体表现为教师可信度可以在很大程度上影响学生的认知学习⑦、课堂参与度⑧等。格雷（Gray）等研究发现③，学生感受到的教师可信度水平会影响学生对知识的学习，他们感受到的教师可信度越高，学习到的知识就越多。学生感受到的教师可信度与其学习动机之间具有一定的相关，当学生感受到教师可信度较高时，其学习动机也会相对增强。⑨

教师的可信度也由胜任力、关心和诚实三个要素构成，每个要素都从不同方

① Mccroskey, J. C., & Teven, J. J. (1999). Goodwill: A reexamination of the construct and its measurement. *Communication Monographs*, 66 (1), 90-103.

② Finn, A. N., Schrodt, P., Witt, P. L., Elledge, N., Jernberg, K. A., & Larson, L. M. (2009). A meta-analytical review of teacher credibility and its associations with teacher behaviors and student outcomes. *Communication Education*, 58 (4), 516-537.

③ Gray, D. L., Anderman, E. M., & O' Connell, A. A. (2011). Associations of teacher credibility and teacher affinity with learning outcomes in health classrooms. *Social Psychology of Education*, 14 (2), 185-208.

④ Westerman, D., Spence, P. R., & Heide, B. V. D. (2014). Social media as information source: Recency of updates and credibility of information. *Journal of Computer-mediated Communication*, 19 (2), 171-183.

⑤ Moody, G. D., Galletta, D. F., & Lowry, P. B. (2014). When trust and distrust collide online: The engenderment and role of consumer ambivalence in online consumer behavior. *Electronic Commerce Research & Applications*, 13 (4), 266-282.

⑥ Miller, A. N., Katt, J. A., Brown, T., & Sivo, S. A. (2014). The relationship of instructor self-disclosure, nonverbal immediacy, and credibility to student incivility in the college classroom. *Communication Education*, 63 (1), 1-16.

⑦ Gray, D. L., Anderman, E. M., & O'Connell, A. A. (2011). Associations of teacher credibility and teacher affinity with learning outcomes in health classrooms. *Social Psychology of Education*, 14 (2), 185-208.

⑧ Imlawi, J., Gregg, D., & Karimi, J. (2015). Student engagement in course-based social networks: The impact of instructor credibility and use of communication. *Computers & Education*, 88, 84-96.

⑨ Pogue, L. L., & Ahyun, K. (2006). The effect of teacher nonverbal immediacy and credibility on student motivation and affective learning. *Communication Education*, 55 (3), 331-344.

面影响着学生的学习动机[1]、对教师的尊重[2]以及课内外的师生交流[3]。其中，胜任力是指教师自身展现出的专业程度，即教师可能会向学生展示自己的学历、教学经验等。关心反映了教师看待学生的态度和兴趣，例如，教师表现出将学生利益放在首位。诚实是指教师表现出的公平程度和是否诚实可信，即教师是否对所有学生都提出了同等的要求，以及学生感受到的教师的可信程度。[4]一位可信度高的教师可以将信息以学生可理解的方式解释清楚，将心血倾注于自己的教学领域，并可以高效率地回应学生的各种问题[5]。当学生认为教师具有专业成就、注重学生利益并且真心关心学生时，他们会认为这是一名可信度高的教师。[6]

麦克罗斯基（McCroskey）和泰文（Teven）[7]在提出关心这一维度的同时，也整理并编制了测量可信度的问卷。在国外，众多学者已将该问卷广泛应用于教育领域来测量教师的可信度，并在实际中运用其优化课堂教学和师生互动。但国内几乎没有科学地衡量人的可信度的工具，教师可信度研究也受到了限制。

因此，本研究旨在将可信度问卷汉化，即确定可信度问卷的中文版，用于中国中学生评价教师的可信度。在考察该问卷在中国中学生中的适用性后，再进行较大规模测验，用于考察中学生对教师的信任度现状，从而为开展我国中学教师可信度研究提供科学的测量工具。

二、中文版可信度问卷的制定

（一）可信度问卷的选择

国外众多学者将麦克罗斯基和泰文编制的可信度问卷应用于教育领域，来测

① Mazer, J. P., Murphy, R. E., & Simonds, C. J. (2009). The effects of teacher self-disclosure via Facebook on teacher credibility. *Learning, Media and Technology, 34*, 175-183.

② Martinez-Egger, A. D., & William, G. P. (2007). Student respect for a teacher: Measurement and relationships to teacher credibility and classroom behavior perceptions. *Human Communication, 10* (2), 145-155.

③ Myers, S. A. (2004). The relationship between perceived instructor credibility and college student in-class and out-of-class communication. *Communication Reports, 17* (2), 129-137.

④ Liang, Y. (2015). Responses to negative student evaluations on ratemyprofessors.com: The effect of instructor statement of credibility on student lower-level cognitive learning and state motivation to learn. *Communication Education, 64* (4), 455-471.

⑤ Connell, A. A. O. (2014). Associations of teacher credibility and teacher affinity with learning outcomes in health classrooms. *National Institutes of Health, 14* (2), 185-208.

⑥ Witt, P. L., & Schrodt, P., Wheeless, V. E., & Bryand, M. C. (2014). Students' intent to persist in college: Moderating the negative effects of receiver apprehension with instructor credibility and nonverbal immediacy. *Communication Studies, 65* (3), 330-352.

⑦ McCroskey, J. C., & Teven, J. J. (1999). Goodwill: A reexamination of the construct and its measurement. *Communication Monographs, 66* (1), 90-103.

量教师的可信度，评估者为学生，使用效果良好。因此，本研究选择该问卷进行中文版修订。

（二）原版可信度问卷

可信度问卷也称来源可信度测量（Source Credibility Measure），为双向形容词问卷，共有 18 个项目，采用 7 级评分，1~7 分别表示对相应形容词的肯定程度。问卷分为 3 个维度：胜任力、关心和诚实。英文原版总问卷和胜任力、关心、诚实三个分问卷的 α 系数分别为 0.94、0.78、0.89、0.92。

（三）可信度问卷中文版的形成过程

研究者翻译原版问卷，并将翻译好的问卷交给心理学专业专家审阅，之后与心理学专业研究生讨论文字表述是否清晰合理、表达是否准确以及是否符合中国学生的表述习惯。结果发现对 "cares /doesn't care about me" 和 "concerned/unconcerned with me" 这两组项目的翻译存在分歧。经讨论将 "cares/doesn't care about me" 翻译为 "喜欢/不喜欢我"，将 "concerned/unconcerned with me" 翻译为 "关心/不关心我"。然后，再请英语专业的教师对审阅、讨论后的翻译问卷进行回译，并与之前的原版英文问卷进行对照，结果发现，在 "moral/immoral" 和 "unethical/ethical" 这两组项目的翻译上又出现分歧，讨论后将 "moral/immoral" 翻译为 "品德良好的/品德不良的"，而将 "unethical/ethical" 翻译为 "不遵守道德准则/遵守道德准则"。在以上修改的基础上形成最终问卷，仍包括胜任力、关心、诚实 3 个维度。

（四）可信度问卷中文版的施测与结果

1. 对象与工具

（1）对象

选取山西省太原市 3 所中学的 400 名初中和高中学生作为研究对象，收回有效问卷 340 份，有效回收率为 85.00%。其中，男生 127 人（37.35%），女生 213 人（62.65%）；初一学生 29 人（8.53%），初二学生 52 人（15.29%），初三学生 53 人（15.59%），高一学生 108 人（31.76%），高二学生 98 人（28.82%）。接受调查的学生年龄为 12~20 岁（M=18.32，SD=0.98）。施测三周后对其中 61 名学生再次发放问卷，将收取的数据作为重测数据，其中男生 27 人（44.26%）、女生 34 人（55.74%），年龄为 17~19 岁（M=18.12，SD=0.52）。

（2）工具

测量工具为教师可信度问卷中文版。由一名心理学专业研究生在中学以班级为单位进行测验，并当场回收。

运用 SPSS19.0 和 AMOS17.0 对数据进行分析。

2. 施测结果

（1）区分度

用问卷得分的高低分组比较和题总相关的方法计算问卷的区分度。将总问卷分数高的 27% 作为高分组、分数低的 27% 作为低分组，利用独立样本 t 检验，计算高分组和低分组在每个项目上的平均差异。结果表明高低分组在所有项目上的差异均达到了显著水平。题总相关分析结果表明相关系数为 0.65～0.84，因此未删减项目。

（2）信度

采用克龙巴赫 α 系数作为内部一致性信度指标，将间隔 3 周后进行的重测信度作为重测信度指标，结果见表 7-10，表明该问卷题目信度良好。

表 7-10 可信度问卷的内部一致性系数（N=340）

项目	胜任力	关心	诚实	总问卷
α 系数	0.91	0.91	0.94	0.96
重测信度	0.89	0.95	0.66	0.98

（3）效度

1）内容效度。在国外已有大量研究证明原版可信度问卷的适用性和实用性。本研究的汉化过程经历了翻译、专家审阅、讨论、回译、比对等步骤。因此，问卷的内容上可以反映学生对教师信任度评估的具体情况，具有良好的内容效度。

2）结构效度。采用 AMOS17.0 对中文版教师可信度问卷进行模型拟合的验证。已有文献表明，该问卷为三维度问卷，在此进行一阶三维模型的验证。图 7-3 为建立的模型，分析结果见表 7-11。

验证性因素分析要求 χ^2/df 在 2.0～5.0 即可以接受模型；绝对拟合指标 IFI、TLI 大于 0.90、GFI 大于 0.85 以及 RMSEA 小于 0.10 则表示模型达到拟合标准；相对拟合指数 CFI 大于 0.90 表明模型拟合良好。表 7-11 的数据表明，教师可信度的数据结果接受了模型的拟合，因此支持三维度模型。

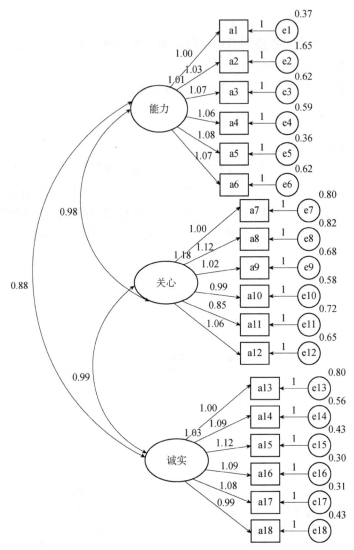

图 7-3　可信度问卷一阶三维模型

表 7-11　可信度问卷验证性因素分析的拟合指标

项目	χ^2	df	χ^2/df	CFI	IFI	TLI	GFI	RMSEA
单因素一阶	526.349	132	3.987	0.927	0.928	0.916	0.857	0.094

3）效标效度。本研究分别用学生领悟教师情感支持问卷得分和对教师的信任程度评分来考察教师可信度问卷的效度。①用学生领悟教师情感支持问卷作为效标。领悟教师情感支持是指"中学生在学习和生活中，理解和领悟到的教

师对他们的关心、爱护、尊重、支持、帮助等"，与学生感受到的教师可信度有一定相关。①中学生领悟教师情感支持问卷由高冬东等编制②，该问卷包括 18 道题，有 4 个维度——关心学生、理解学生、尊重学生和鼓励学生，采用 5 级评分，具有良好的效度。教师可信度问卷得分与该问卷总体和各维度得分的相关系数分别为 0.80、0.72、0.75、0.74、0.67。②以学生对教师的信任程度评定作为效标。直接采取 10 级评定，要求学生对教师的信任程度进行评分，学生从 1 到 10 这 10 个数字中选择感受到的教师的权威程度和值得信任的程度。经计算，该评定分数与教师可信度问卷得分之间的相关系数为 0.82。

三、将可信度问卷中文版应用于学生对教师可信度的评估

（一）应用对象

将教师可信度问卷中文版在山西省 4 所中学的 41 个班进行施测。共有 1693 名学生参与测量，有效样本为 1195 名，其中男生 536 名（44.85%），女生 659 名（55.15%）；初中生 568 名（47.53%），高中生 627 名（52.47%）。

（二）中学生对教师可信度的评定

1. 中学生对不同性别教师可信度的评定

中学男生对不同性别教师可信度的评定结果见表 7-12。男生评定的教师可信度存在显著的性别差异，具体表现为男生认为女教师的可信度显著高于男教师（$p<0.001$）。

表 7-12 中学男生对不同性别教师可信度评定结果的比较（n=536）

项目	男生评男教师（n=211）		男生评女教师（n=325）		t
	M	SD	M	SD	
总分	105.25	14.82	112.38	11.18	−5.96**
胜任力	35.64	5.57	38.07	4.13	−5.43**
关心	33.10	4.90	35.67	4.45	−6.26**
诚实	36.50	5.47	38.64	3.93	−4.89**

中学女生对不同性别教师可信度的评定结果见表 7-13，女生评定的教师可信度存在显著的性别差异，具体表现为女生评定的女教师的可信度显著高于男教师。

---

① 侯杰泰，温忠麟，成子娟.（2004）. *结构方程模型及其应用*. 北京：教育科学出版社.
② 高冬东，李晓玉，乔红晓.（2017）. 中学生领悟教师情感支持问卷的编制. *中国临床心理学杂志，25*（1），111-115.

表 7-13　中学女生对不同性别教师可信度评定结果的比较（*n*=659）

项目	女生评男教师（*n*=298）		女生评女教师（*n*=361）		*t*
	M	SD	M	SD	
总分	106.70	12.75	113.27	9.76	−7.30**
胜任力	36.13	4.89	38.35	3.47	−6.59**
关心	33.61	4.41	35.96	4.34	−6.85**
诚实	36.97	4.76	38.97	3.60	−5.96**

综合表 7-12 和表 7-13 可以发现，中学生对于男女教师可信度的评定存在显著差异，女教师的可信度显著高于男教师。

2. 初中生、高中生对教师可信度评定的比较

对初中生、高中生评定的教师可信度进行比较，结果见表 7-14。

表 7-14　初中生、高中生对教师可信度评定的差异（*N*=1195）

项目	初中生（*n*=577）		高中生（*n*=618）		*t*
	M	SD	M	SD	
总分	116.02	8.53	104.27	12.81	18.77**
胜任力	39.34	3.05	35.26	4.91	17.35**
关心	36.89	3.87	32.81	4.61	16.91**
诚实	39.79	3.10	36.20	4.89	15.25**

从表 7-14 可以看出，初中生、高中生对教师可信度的评定存在显著差异，初中生评定的教师可信度显著高于高中生评定的教师可信度。

四、分析与讨论

以往用于正常人心理评估的问卷往往为自评式，如要考察教师的可信度，通常的办法是设计问卷，让教师对自己的胜任力、是否关心学生、是否诚实进行评价。教师可信度问卷用于学生评价教师的可信任程度，更具有客观性。若将该问卷用于学校中的"生评教"，可以有效减少"生评教"的随意性。这也是本研究选择该问卷进行汉化的最主要原因。

以原版可信度问卷作为研究工具，研究表明教师可信度对学生课堂上掌握的知识和学习效果、学生对学业的坚持意向[1]、学生的学业自我效能感[2]以及学生与

① Gray, D. L., Anderman, E. M., & O'Connell, A. A. (2011). Associations of teacher credibility and teacher affinity with learning outcomes in health classrooms. *Social Psychology of Education*, *14* (2), 185-208.

② Won, S., Lee, S., & Bong, M. (2017). Social persuasions by teachers as a source of student self-efficacy: The moderating role of perceived teacher credibility. *Psychology in the Schools*, *54* (1), 532-547.

教师之间的交流①等起到了积极作用。然而，极少在我国的教育领域研究中看到这方面的研究，国内一直缺乏较为科学的教师可信度衡量工具。因此，可以说本研究为今后教育领域的可信度研究提供了科学的工具。本研究结果显示，教师可信度问卷包括 3 个维度——胜任力、关心、诚实，每个维度包括 6 个项目，共有 18个项目。

对问卷信度的分析主要考察了 α 系数和重测信度，指标都表明教师可信度问卷具有良好的信度。验证性因素分析表明，胜任力、关心、诚实 3 个维度的划分均与麦克罗斯基和泰文对可信度的研究结构一致②，每个维度包含的项目也与原问卷相吻合，因此说明中文版教师可信度问卷具有较好的效度。

将教师可信度问卷中文版用于中学生研究，发现中学生对女老师可信度的评定显著高于男老师。一般来说，女性会展现出一种更加温和、关怀并且情绪化的特质，然而男性则倾向于表现出一种独立且较严肃的特质，因此女性这种温和的特质可能让学生感知到关心，这种可信度的性别差异也与前人的研究相吻合。③另有研究表明，教师的不良行为④、亲近行为⑤、自我表露 ① 等因素都会影响学生对其可信度的评定。同时，来自不同国家、受不同文化影响的学生评定教师可信度的影响因素也有所不同⑥。因此，中国文化和教育环境中教师可信度的影响因素还有待进一步研究。另外，本研究中高中生对教师可信度的评定水平显著低于初中生，这可能与本次研究中的高中生多来自县城中学，教师教学水平和教学质量与大城市存在一定的差距有关，后续将进一步研究。

---

① Myers, S. A. (2004). The relationship between perceived instructor credibility and college student in-class and out-of-class communication. *Communication Reports*, *17* (2), 129-137.

② Mccroskey, J. C., & Teven, J. J. (1999). Goodwill: A reexamination of the construct and its measurement. *Communication Monographs*, *66* (1), 90-103.

③ Schrodt, P., & Turman, P. D. (2005). The impact of instructional technology use, course design, and sex differences on students' initial perceptions of instructor credibility. *Communication Quarterly*, *53* (2), 177-196.

④ 欧阳德顺, 朱成宁. (2010). 当前农村中小学的教学质量现状分析与对策——以宁远县为例. *当代教育论坛* (*管理版*), *3* (3), 51-53.

⑤ Pogue, L. L., & Ahyun, K. (2006). The effect of teacher nonverbal immediacy and credibility on student motivation and affective learning. *Communication Education,* *55* (3), 331-344.

⑥ Santilli, V., Miller, A. N., & Katt, J. (2011). A comparison of the relationship between instructor nonverbal immediacy and teacher credibility in Brazilian and U.S. classrooms. *Communication Research Reports*, *28* (3), 266-274.

第三部分

教育外的情绪传递研究

　　情绪传递与感染的研究最初并不是在教育领域中进行的。事实上，可以说只要有人群（两个人或两个以上的人）的地方均有情绪的感染与传递。直到目前，关于组织与社会、家庭成员之间特别是亲密关系（包括未成立家庭的伴侣）之间的情绪感染研究仍然多于教育中的研究。因此，本书的研究内容中有对这些研究的借鉴，在这里也对教育外的情绪传递与感染的研究稍作梳理，以飨读者。

第八章　其他领域的情绪传递研究简介

　　情绪感染与传递研究最初并非起源于教育领域，或者可以说现在研究较为兴盛的仍然不是教育领域。与教育中情绪传递最大的区别是，其他领域中的情绪传递双方均为成年人。另外他们还各富特点，如服务行业中，情绪传递的目的是获取利益；而组织中情绪传递双方的地位有差异；亲密伴侣间情绪传递的双方关系特殊等。作为本书的最后一章，本部分将介绍一些其他领域的情绪传递研究，以便读者比较一二。

第一节　组织与社会中的情绪传递

　　国外对情绪传递、情绪感染的研究较早，随后国内学者也紧跟其研究的热点，并有一些心理学研究者发表了情绪感染的相关综述①，这些研究者辨析了情绪感染的概念，构建了情绪感染的发生机制，并总结了国内外情绪感染的研究成果。无论国外还是国内，对情绪感染的研究大都集中在管理业，尤其是服务管理业这类人员交互活动较强的行业中，例如，探讨服务性消费中员工情绪感染的个体差异对顾客消费行为、消费心理的影响等。还有一些研究关注组织中的领导者对团队成员的情绪感染，另有些其他研究关注突发事件中的负性情绪的感染。

一、服务业中的情绪感染与传递研究

　　服务业服务的对象是顾客，顾客是否满意直接决定了服务的成败。所以，影响顾客满意度的因素有哪些，如何提升顾客的满意度，一直是管理学、心理学研究中的热点问题。除了有形的产品，服务员工的行为表现对服务的成败及顾客满意度也起到了非常重要的作用，其中就包含服务员工的情绪表现。情绪感染理论为理解员工与顾客之间的沟通提供了新的独特视角，不管是心理学界还是管理学

---

① 王潇，李文忠，杜建刚．（2010）．情绪感染理论研究述评．*心理科学进展*, 18（8），1236-1245；张奇勇，卢家楣．（2013）．情绪感染的概念与发生机制．*心理科学进展*, 21（9），1596-1604.

界，研究者都很重视情绪感染理论在服务业中的应用，探讨服务业中员工和顾客之间的情绪感染对顾客满意度、员工绩效的影响。

"情绪传递的个体差异如何影响员工的绩效"是管理学界关注的重点。情绪传递的个体差异可以总结为两方面：一方面是情绪传递者通过情绪影响他人的能力；另一方面是情绪觉察者被他人的情绪感染的倾向。当服务员工具有较强的情绪感染力时，其与顾客之间的情绪传递将更有力，顾客的情绪向服务员工情绪聚合并统一的可能性就越大。同时，当顾客是情绪的敏锐觉察者时，也更容易被员工的情绪感染。因此，情绪传递的个体差异会影响员工和顾客是否能建立融洽的关系以及顾客对员工服务的满意度，这些最终将对员工的绩效产生影响。有研究者对国内外情绪感染个体差异的研究成果进行了述评，并以中国大学生为被试，检验了外国研究者提出的情绪感染个体差异量表在中国施测时的效度和信度，结果发现量表的信度不是很理想。[①]

韦贝克（Verbeke）开展了情绪感染个体差异对员工绩效影响的实证研究。[②]虽然理论上认为，情绪诱发者和情绪觉察者是不同的群体，但是这种分类并不是相互排斥的[③]。基于此，韦贝克根据情绪诱发者和情绪觉察者的不同特点划分了四种员工类型[①]，指出四种类型员工的绩效水平存在差异，并且通过一系列实证研究基本证实了他的假设。第一种是激励型员工，既能很好地通过自己的情绪影响他人，又能敏锐觉察到他人的情绪，其绩效是最高的；第二种是同情型员工，可以敏锐地觉察他人的情绪，被他人的情绪感染，但是不能够通过自己的情绪影响他人，其绩效次之；第三种是率真型员工，可以通过自己的情绪影响他人，但是在情绪感染的过程中缺少同理心；第四种是麻木型员工，既不能影响他人，也不能被他人影响，率真型和麻木型员工的绩效低于激励型和同情型的员工。

有研究者研究了员工和顾客之间的情绪感染对顾客满意度的影响。当员工向顾客表达出正向情绪时，将提高顾客对服务给出积极评价的意愿。[④]还有研究者进一步指出，能够有效影响顾客感受的是服务员工自身的真实情绪，而并非外显表达出来的职业性情绪。[⑤]杭柏格（Homburg）和斯托克（Stock）的研究发现，当

① 成达建.（2010）. 管理研究中的情绪感染个体差异及其测量探析. *科技管理研究*,（12），199-202.

② Verbeke, W. (1997). Individual differences in emotional contagion of salespersons: Its effect on performance and burnout. *Psychology & Marketing, 14* (6), 617-636.

③ Hatfield, E., Cacioppo, J. T., & Rapson, R. L. (1994). *Emotional Contagion*. New York: Cambridge University Press.

④ Tsai, W. C. (2001). Determinants and consequences of employee displayed positive emotions. *Journal of Management, 27* (4), 497-512.

⑤ Pugh, S. D. (2001). Service with a smile: Emotional contagion in the service encounter. *Academy of Management Journal, 44* (5), 1018-1027.

员工处于高工作压力情境并因此而对工作不满意时，会不经意地通过脸部表情表达出他的情绪紧张状态，而这种紧张会被顾客感觉到，并通过情绪感染影响顾客的满意度。[①]

2007年以来，国内有些学者陆续开始将情绪感染理论应用到服务业的研究之中，探讨了在服务人员与顾客交往过程中彼此之间的情绪感染，以及由服务人员到顾客的情绪传递如何影响顾客的满意度。[②]总的来说，心理学界对于情绪感染和传递的实证研究还较少。

接下来着重阐述一下国内的相关研究成果。关于服务业中情绪感染与传递的研究大多数的关注点在员工，也就是说，主要考察员工的情绪如何影响顾客的情绪以及顾客受员工情绪影响后的行为。以情绪感染为理论依据，杜建刚和范秀成[③]使用录像模拟真实情景的实验方法，通过对学生样本的实验研究，详细探讨了顾客在服务补救中的情绪反应机制。结果显示，在服务失败后的补偿中，与功利补偿（金钱、商品、时间等经济资源）相比，象征补偿（地位、尊重、同情等心理和社会资源）对补救后顾客情绪的影响更强烈，尤其是对负面情绪的影响差异更大。另外，功利补偿对满意度产生了显著影响，象征补偿对顾客的满意度没有直接影响，只是通过补救后的情绪对满意度产生影响。另外，服务人员的情绪展示对顾客补救后的正面、负面情绪都产生了显著影响，同时也对顾客满意度产生了影响。这验证了情绪感染效应在服务补救情境中是真实存在的，情绪对服务补救中的顾客满意和行为具有直接作用。在后来的一项研究中，杜建刚和范秀成[④]同样使用真实情景录像作为刺激物，验证了在服务消费中正向情绪感染和负向情绪感染都是存在的，并且服务人员的情绪、语言和行为都会对消费者负面情绪产生持续的动态影响，同时证实了情绪感染敏感度会对情绪感染过程产生明显的调节作用，即相对于低敏感度被试，高敏感度被试在经历服务者负向情绪的感染后，负

① Homburg, C., & Stock, R. M. (2004). The link between salespeople's job satisfaction and customer satisfaction in a business-to-business context: A dyadic analysis. *Journal of the Academy of Marketing Science, 32* (2), 144-158.

② 成达建. (2010). 管理研究中的情绪感染个体差异及其测量探析. *科技管理研究*, (12), 199-202; 杜建刚, 范秀成. (2007). 服务补救中情绪对补救后顾客满意和行为的影响——基于情绪感染视角的研究. *管理世界*, (8), 85-94; 杜建刚, 范秀成. (2009). 服务消费中多次情绪感染对消费者负面情绪的动态影响机制. *心理学报*, (4), 346-356; 金立印. (2008). 服务接触中的员工沟通行为与顾客响应——情绪感染视角下的实证研究. *经济管理*, (18), 28-35; 杨锴. (2011). 服务员工能够激发顾客的积极情绪吗？——情绪感染理论及其在服务营销领域的应用. *生产力研究*, (1), 174-176; 银成钺. (2011). 服务接触中的情绪感染对消费者感知服务质量的影响研究. *软科学, 25* (11), 128-131.

③ 杜建刚, 范秀成. (2007). 服务补救中情绪对补救后顾客满意和行为的影响——基于情绪感染视角的研究. *管理世界, 8*, 85-94.

④ 杜建刚, 范秀成. (2009). 服务消费中多次情绪感染对消费者负面情绪的动态影响机制. *心理学报, 4*, 346-356.

面情绪会有显著的增加，而在经历服务者的正向情绪感染后，负面情绪也会有更高程度的缓解。

　　还有研究以银行服务为背景，从情绪感染理论视角着重考察了服务员工的语言、非语言沟通行为对顾客积极和消极情感反应的影响，进一步探讨了基于员工沟通行为而产生的顾客情感反应如何影响他们的现场停留、互动和协作意愿①。结果表明，服务接触中员工不当的语言沟通可能会诱发顾客的消极情绪；举止体态和辅助语言等非语言沟通因素对于顾客的积极和消极情绪反应均具有显著的影响；员工身体外貌、打扮和服饰等方面的特征在影响顾客情感反应中更像是一个"激励因素"，在促进顾客积极情绪的形成方面发挥着积极作用；与处于积极情绪状态的顾客相比，消极情绪被激发的顾客倾向于远离服务现场，同时参与协作生产和互动的行为意愿大大降低。相比语言因素，服务接触中员工的非语言沟通行为更容易以情绪感染的方式引起顾客的情感和行为响应。

　　银成钺采用了"神秘顾客"的调研方式，首先对调研人员进行相关培训，要求其扮演一个顾客并完成整个购物的过程，在购物过程中对一线员工的各方面表现进行评定。②结果发现，一线员工展示的情绪越好，顾客的愉悦程度就越高，对服务的功能性服务质量评价也就越高；一线员工的情绪是通过影响顾客的愉悦程度，从而对感知功能性服务质量产生影响的，员工的情绪并不直接对感知功能性服务质量产生影响。同时，在被一线员工情绪影响时，顾客的愉悦程度会受情绪易感性的调节，即情绪易感性高的顾客更容易受到一线员工情绪的影响。

　　目前，有关顾客情绪如何感染员工的研究较少，因而研究顾客–员工情绪感染机制成为理解服务交互过程中情绪感染的新兴视角。占小军的研究关注的是顾客的消极情绪对员工情绪劳动的影响。③该研究采用问卷调查法对348名顾客–员工进行配对调查，探讨了顾客的消极情绪对员工的感染机制，结果发现，在顾客消极情绪的影响下，员工对是否遭到顾客不公平对待的感知将会直接影响其情绪表达或者情绪劳动策略（表层扮演、深层扮演），即顾客的消极情绪通过员工感知顾客公平正向影响员工的表层扮演（内心的认知加工与组织需要的工作情绪不一致），负向影响员工深层扮演（内心的认知加工与组织需要的工作情绪一致）。

　　从上述研究可以看出，无论研究的对象是员工还是顾客，其出发点都是提高

① 金立印．(2008)．服务接触中的员工沟通行为与顾客响应——情绪感染视角下的实证研究．*经济管理*，*18*，28-35．
② 银成钺．(2011)．服务接触中的情绪感染对消费者感知服务质量的影响研究．*软科学*，*25*(11)，128-131．
③ 占小军．(2014)．顾客–员工消极情绪感染机制研究．*当代财经*，(7)，75-85．

服务业的绩效。不过这些研究都进一步证明了员工与顾客之间双向的情绪传递，情绪影响力和情绪易感性在员工-顾客情绪传递的过程中起到了调节作用，情绪感染对服务质量、服务满意度等都有重要的影响。

二、组织中的情绪感染与传递研究

在组织中，由于领导与下属之间的关系特殊，领导与下属之间的情绪传递过程会有什么特别，下属是否更容易感染到领导的情绪，领导对下属或团队的情绪感染又会对下属或团队产生什么影响？针对这些问题，国内外研究者进行了一系列研究。

领导与员工是上下级关系，上下级关系是一种不对等的人际关系，因此领导与员工的情绪感染力不同，所以组织中的情绪传递也是很特别的。[①]安德森（Anderson）等在研究中提出，社会地位高的人较社会地位低的人更能影响他人的情绪。[②]领导在团队中是一个显眼的成员，因此比非领导对下属的情绪更有影响力。[③]那么，下属对领导能否具有同样的影响力，安德森等研究了同伴间的相互作用[④]，发现高权力的人更能影响低权力的人，但是反过来则不同。

领导对下属或团队的情绪传递，属于情感的下行传递效应（trickle-down effect）的一种。下行传递效应是指在组织情境下，领导者的特征和行为通过组织垂直的管理层次自上而下地进行传递，最终引发下属和团队相同特征和行为的过程。[⑤]根据现有研究，情感的下行传递包括在领导和下属之间传递、在领导和团队之间传递两类。前者一般是领导者情感通过情绪传染和领导者行为表现两种路径影响下属情感而发生；后者一般是领导者情感通过情绪传染和团队成员间的交叉影响形成团队情感基调而发生。[⑥]

王震等认为，情绪感染是领导与下属或团队在互动情境中情绪情感的下行传递效应的重要机制。[⑦]有越来越多的研究发现，组织中领导的积极的情绪传递有利

① 张奇勇.（2014）. *情绪感染的发生机制及其调节模型——以教学活动为取向*. 博士学位论文，上海师范大学.

② Anderson, C. Keltner, D. & John, O. P. (2003). Emotional convergence between people over time. *Journal of Personality and Social Psychology, 84*, 1054-1068.

③ Fredrickson, B. (2003). The value of positive emotions. *American Scientist, 91*, 330-335.

④ Anderson, C. Keltner, D. & John, O. (2003). Emotional convergence between people over time. *Journal of Personality and Social Psychology, 84*, 1054-1068.

⑤ 王震，许灏颖，杜晨朵.（2015）. 领导学研究中的下行传递效应：表现、机制与条件. *心理科学进展，23*（6），1079-1094.

⑥ 王桢，陈乐妮.（2014）. 领导者情感的作用机制：一个跨层的整合观点. *心理科学进展，22*（1），122-129.

⑦ 王震，许灏颖，杜晨朵.（2015）. 领导学研究中的下行传递效应：表现、机制与条件. *心理科学进展，23*（6），1079-1094.

于员工或团队体验到更多的积极情绪，对员工及团队的工作效能有正向的作用。[①]埃伯利（Eberly）和方（Fong）通过研究发现，领导对员工积极的情绪传递，可以促进员工对工作的投入更多，使团队更有效地协调活动，并且对领导有效性有较高的评价；作为领导情绪的觉察者，与低人际互依性的下属相比，当下属有高人际互依性时，会更容易识别到领导的情感，此时领导的情绪就更容易发生下行传递。另有研究探讨了领导的情绪对其下属及团队情绪的影响，结果发现，通过情绪感染机制，领导积极的情绪传递有助于下属或团队形成积极的情绪；相反，领导消极的情绪传递则会使下属感到倦怠。[②]总的来说，积极情绪的传递最终会提升下属绩效和工作投入，并使他们对领导有效性有较高的评价；反之，消极情绪的传递则会使下属产生工作倦怠，并使他们降低对领导有效性的评价。

三、突发事件中的情绪感染

还有相当一部分情绪感染、情绪传递研究聚焦突发事件、集群行为中情绪感染发挥的作用。[③]

有很多研究者关注在突发事件下群体内个体之间的情绪感染过程以及情绪感染模型，这是因为突发事件一旦发生，会激发个体情绪，如果情绪的强度超过一定阈值，个体会表现出某种明显的情绪状态，并引发他人的模仿。个体一旦做出情绪行为举止（通过身体运动等），会影响到周围的其他个体，而人群个体间的情绪状态的变化非常容易影响事态的发展。

拥挤的人群往往处于一种非理智的情绪状态，个体的情绪相互感染，事发人群的行为特征有别于通常的人群运动。因此，掌握人群在紧急状态下的心理活动规律，对于有效地管理人群至关重要。刘箴等以火车站站台发生人群拥挤作为情境，从社

① Eberly, M. B., & Fong, C. T. (2013). Leading via the heart and mind: The roles of leader and follower emotions, attributions and interdependence. *The Leadership Quarterly*, *24* (5), 696-711；Johnson, S. K. (2009). Do you feel what I feel? Mood contagion and leadership outcomes. *The Leadership Quarterly*, *20* (5), 814-827；Sy, T., Côté, S., & Saavedra, R. (2005). The contagious leader: Impact of the leader's mood on the mood of group members, group affective tone, and group processes. *Journal of Applied Psychology*, *90* (2), 295-305；Ten Brummelhuis, L. L., Haar, J. M., & Roche, M. (2014). Does family life help to be a better leader? A closer look at crossover processes from leaders to followers. *Personnel Psychology*, *67* (4), 917-949；Volmer, J. (2012). Catching leaders' mood: Contagion effects in teams. *Administrative Sciences*, *2* (3), 203-220.

② Ten Brummelhuis, L. L., Haar, J. M., & Roche, M. (2014). Does family life help to be a better leader? A closer look at crossover processes from leaders to followers. *Personnel Psychology*, *67* (4), 917-949

③ 黄玉晶．（2014）．*非常规突发事件背景下恐惧情绪感染神经生理过程研究*．博士学位论文，浙江大学；刘箴，金炜，黄鹏，柴艳杰．（2013）．人群拥挤事件中的一种情绪感染仿真模型研究．*计算机研究与发展*，*50*（12），2578-2589；于力鹏，刘箴，刘婷婷，刘翠娟，刘邦权．（2015）．一种基于速度采样的恐慌人群情绪感染模型．*计算机应用研究*，*32*（10），3171-3174，3178；王春雪，吕淑然，杨凯．（2015）．突发事件中恐惧情绪感染的概率研究．*中国安全科学学报*，*25*（9），14-19.

会计算的视角研究了人群拥挤中的情绪感染模型，结果发现，人群应急管理的关键是需要控制消极情绪在人群中的感染，避免人群陷入消极情绪状态，如果管理员能提前出现在人群的合适位置，就可以有效地控制人群情绪感染。[1]通过管理员的介入控制人群中的消极情绪感染是避免人群拥挤事件发生的重要环节。

在一些突发事件（如地震、泥石流灾害等）的刺激下，人易产生恐惧情绪，恐惧情绪作为一种消极心理状态，在突发事件人群反应中具有一定的信号功能。突发事件人群个体间不断进行情绪信息交换，他人的恐惧情绪状态通过词语沟通与非词语沟通的方式呈现在个体面前[2]，个体出于本能倾向对其进行模仿，并产生与之相似的恐惧情绪体验，这种情绪体验反馈到个体情绪状态中，最终令个体处于相似的恐惧状态。恐惧情绪感染不断在人群中进行，恐惧情绪状态不断增强，最终可能引起突发事件群体性恐惧情绪。黄玉晶的研究发现，突发事件人群中存在着恐惧情绪感染，女性比男性更容易感染恐惧情绪；恐惧情绪感染发生时，个体的镜像神经系统中的内侧前额叶会激活，该脑区的含氧血红蛋白浓度增加，个体的皮肤导电性也增加；恐惧情绪感染发生后，个体的认知发生了变化，当看到他人对某面孔表现出恐惧情绪时，个体对该面孔的评分更低，该面孔诱发的脑成分 P300 的波幅会更小。[3]王春雪等系统研究了突发事件中恐惧情绪感染的概率问题，结果发现，突发事件恐惧情绪感染的发生受突发事件类型及性别、年龄、人格类型、文化程度、安全教育程度等人员个体因素的影响；不同突发事件类型下，恐惧情绪感染概率存在一定的差异，自然灾害的恐惧情绪感染概率最大，其次为社会安全事件、公共卫生事件及事故灾难；突发事件恐惧情绪感染可通过心率、血压等生理指标变化来体现，恐惧刺激下各项生理指标均产生一定的变化，心率的变化最为显著。[4]

突发事件中还存在集群行为。郑欣认为，集群行为是由一定规模的、匿名的、无组织人群，在一定的诱发因素影响下而突然爆发，且缺乏现有社会规范控制，没有明确目的和行动计划的自发性的社会互动，具有相互间的感染性，表现形式的狂热性以及存在周期的短暂性等特征的非常规的群体行为[5]，例如，骚乱、时装流行、游行示威以及大众恐慌等。集群行为大多在人群密集的场合下进行，人与人之间相距甚近，因而情绪极易相互感染，通过相互刺激、相互强化，传染整个人群，以致群体达到狂热的状态，并导致指向外界一定目标的行动。而且，一旦

① 刘箴 金炜，黄鹏，柴艳杰.（2013）. 人群拥挤事件中的一种情绪感染仿真模型研究. 计算机研究与发展, 50（12），2578-2589.
② 赖安婷.（2013）. 群体情绪传播途径及其影响因素. 硕士学位论文，首都师范大学.
③ 黄玉晶.（2014）. 非常规突发事件背景下恐惧情绪感染神经生理过程研究. 博士学位论文，浙江大学
④ 王春雪，吕淑然，杨凯.（2015）. 突发事件中恐惧情绪感染的概率研究. 中国安全科学学报, 25（9），14-19.
⑤ 郑欣.（2000）. 集群行为：要素分析及其形成机制. 青年研究,（12），33-37.

情绪感染使人感情冲动、丧失理智，便会削弱个人的责任感和社会控制，破坏现有的社会规范，表现出一些过火的举动。人群中有了举动以后，便会产生行为传染，表现出相互之间的模仿。社会心理学的研究表明，个体在有压力的集群情境中感到不能不行动，然而又缺乏指导其行为的规范。这样在一种模棱两可的情况下，当个体察觉到指导其行动的规范出现时，他们的行动便会或多或少地趋于一致。此时，单个人群的行动就变成了聚合群体的行为。

第二节　亲密关系中的情绪传递

一、亲密关系与情绪传递

亲密关系有广义、狭义之分，广义的亲密关系指的是关系中的两方互相依赖、需要的程度较深，比如朋友关系、伴侣关系及亲友间的关系等，而狭义的亲密关系一般指一男一女之间产生的以爱情为基础的伴侣关系。[①]在人类日常生活中，亲密关系非常重要。在人本主义心理学家马斯洛的需要层次理论中，归属的需要属于人类的缺失性需要，是人类生存必须满足的一种需要，因而绝大多数人需要一个亲密伴侣，建立一段亲密关系，这样便能在感情上亲近彼此，满足归属的需要。[②]

近年来，在人力资源领域，对工作-家庭冲突的研究越来越多，其中，家庭中可能影响工作的主要因素是夫妻关系。关于夫妻之间的情绪影响主要关注的是情绪传递的消极作用，因此该领域的研究者巴萨德将情绪传递定义为：通过这一加工过程，个体体验到的工作压力和心理紧张（压力反应）会影响处于同样社会环境中其他个体的紧张水平。[③]

亲密关系是一种特殊的人际关系，情绪传递对于亲密关系的建立和维持起着有别于其他方面的特殊作用。已有研究表明，人际关系过程对塑造亲密关系中的伴侣的情绪体验起着很重要的作用。[④]

---

① 齐海静，蔡颖. (2013). 亲密关系综述. *社会心理科学*, (9), 26-30.

② Maslow, A. H. (1954). The instinctoid nature of basic needs. *Journal of Personality*, 22 (3), 326-347.

③ Barsade, S. G. (2002). The ripple effect: Emotional contagion and its influence on group behavior. *Administrative Science Quarterly, 47* (4), 644-675.

④ Butner, J., Diamond, L. M., & Hicks, A. M. (2007). Attachment style and two forms of affect coregulation between romantic partners. *Personal Relationships, 14* (3), 431-455；Saxbe, D. E., & Repetti, R. (2010). No place like home: Home tours correlate with daily patterns of mood and cortisol. *Personality and Social Psychology Bulletin, 36* (1), 71；Schoebi, D. (2008). The coregulation of daily affect in marital relationships. *Journal of Family Psychology, 22* (4), 595-604.

二、亲密关系情绪传递的研究方法

情绪状态是暂时的、不断变化的，易受各种因素的影响，所以需要多种评估手段来尽量精确地测量个体的情绪变化和起伏。伴侣间的情绪相互联系的性质可以通过以下两种方法来加以研究。

第一种方法是潜在变化模型。这个模型是根据伴侣一方在时间点 1 的情绪来预测另一方伴侣在时间点 2 的情绪[1]，即在控制个体 B 之前的情绪水平的前提下，个体 A 现在的情绪可以预测个体 B 之后的情绪反应，以此来探究伴侣间是如何影响彼此的情绪变化的。在特定的时间段内，情绪传递可以根据情绪的发生先后来得知其传递的方向。因此，在探究情绪传递时，研究者经常采用时间延迟（time-lagged）技术来分析两个个体的数据。

使用此方法的大多数研究主要关注的是亲密关系中的消极情绪传递，并得出了伴侣一方的压力性情绪会增加另一方的消极情绪，或者使其积极情绪减少。[2]但是，其他少数研究同时提供了亲密关系中伴侣间积极情绪传递存在的证据：帕金森和西蒙斯（Simons）利用手提电脑来测量几天内与决策事件相关联的情绪状态（比如兴奋或焦虑），被试和其一个亲密的朋友在实验中报告他们做决定之前（时间点 1）和之后（时间点 2）的情绪状态。[3]此项研究发现，兴奋可以由朋友传递给被试，但是焦虑却不能传递。而且，该研究还发现时间点 1 和时间点 2 的被试和其朋友的情绪（兴奋和焦虑）是相关的。塞格林（Segrin）等采用动态纵向研究来评估男性前列腺癌患者及其伴侣的情绪状态，每天在 3 个时间点测量 3 次，持续 8 周。值得注意的是，研究者发现了积极情绪可以通过男性患者的伴侣传递给他们，但是反方向则不行。[4]

第二种方法是日记法。日记法经常用于情绪相关研究，具体为要求被试每天都记录自身的情绪或者相关经历。这种方法可以揭示出个体和二分体（比如情侣和夫妻）的情绪变化过程。[5]首先，此种方法采用的是即时记录，这样就可以减少

[1] Larson, R. W., & Almeida, D. M. (1999). Emotional transmission in the daily lives of families: A new paradigm for studying family process. *Journal of Marriage & Family*, *61* (1), 5.

[2] Hatfield, E., Cacioppo, J. T., & Rapson, R. L. (1994). *Emotional contagion*. New York: Cambridge University Press.

[3] Parkinson, B., & Simons, G. (2009). Affecting others: Social appraisal and emotion contagion in everyday decision making. *Personality and Social Psychology Bulletin*, *35* (8), 1071-1084.

[4] Segrin, C., Badger, T. A., & Harrington, J. (2011). Interdependent psychological quality of life in dyads adjusting to prostate cancer. *Health Psychology*, *31* (1), 70-79.

[5] Bolger, N., Davis, A., & Rafaeli, E. (2003). Diary methods: Capturing life as it is lived. *Annual Review of Psychology*, *54* (1), 579-616.

系统回忆偏差。[1]其次，此种方法采用的是重复测量，重复测量对于评估亲密关系与其他变量（日常压力和心境等）是很必需的。[2]因此，日记法设计可以对日常伴侣间的人际过程（比如情绪传递）进行即时测量，同时评估伴侣间的其他稳定效应。采用日记法研究情绪传递可以较好地研究个体或者其伴侣情绪变化的原因，同时可以只凭借早晚间隔测量（被试晚间的情绪与第二天早晨的情绪相联系）来评估情绪传递。但是，日记法也有一定的缺点：鉴于时间的延迟和其他混淆因素的影响，日记法对于捕捉潜在的传递效应是不够敏感的，比如，在测量间隔期间存在的睡眠时段会影响测量的精确性。[3]

三、情绪传递在亲密关系中的作用

伴侣间的情绪传递有可能造成消极后果，因为在共同面对生活压力事件中，伴侣双方可能会经历种种消极情绪（如压抑、不确定感和焦虑等），这些消极情绪在伴侣间的传递对其个人和亲密关系都可能产生消极的影响。如果伴侣一方经历消极情绪，则其为伴侣提供支持帮助的能力就会削弱。[4]分享消极情绪的经历可能会导致伴侣双方发生冲突，造成亲密关系出现问题。[5]另外，消极情绪的传递并非都会导致消极的后果。亲密关系的质量可以促进伴侣间积极情绪的传递，这种情绪传递过程又可以促进伴侣面对应激事件和重要生活事件的合作行为。当情绪传递发生时，处于消极情绪状态的个体（也就是潜在的传递者）最终可能受益于获得的支持性信息和理解。

伴侣间共同应对任务、完成合作时会产生情绪传递，情绪传递可能揭示出伴侣双方是如何共同应对压力事件的。在一项问题解决任务中，兰德尔（Randall）等发现，伴侣间的合作性行为和情绪协同相联系[6]，这证明了亲密关系中存在两种模式的合作性行为：男性被试首先发起合作性行为会导致他和伴侣之间同步情绪

① Smith, R. E., Leffingwell, T. R., & Ptacek, J. T. (1999). Can people remember how they coped? Factors associated with discordance between same-day and retrospective reports. *Journal of Personality & Social Psychology*, 76 (6), 1050-1061.

② Affleck, G., Zautra, A., Tennen, H., & Armeli, S. (1999). Multilevel daily process designs for consulting and clinical psychology: A preface for the perplexed. *Journal of Consulting & Clinical Psychology*, 67, 746-754.

③ Hall, M., Levenson, J., & Halser, B. (2012). Sleep and Emotion. In C. M. Morin & C. A. Espie (Eds.), *The Oxford Handbook of Sleep and Sleep Disorders* (pp. 131-149). Oxford: Oxford University Press.

④ Northouse, L. L., & Peters-Golden, H. (1993). Cancer and the family: Strategies to assist spouses. *Seminars in Oncology Nursing*, 9 (2), 74-82.

⑤ Gottman, J. M., Coan, J., Carrere, S., & Swanson, C. (1998). Predicting marital happiness and stability from newlywed interactions. *Journal of Marriage & Family*, 60 (1), 5-22.

⑥ Randall, A. K., Post, J. H., Reed, R. G., & Butler, E. A. (2013). Cooperating with your romantic partner: Associations with interpersonal emotion coordination. *Journal of Social & Personal Relationships*, 30 (8), 1072-1095.

的正相关。女性被试首先发起合作性行为则会导致她和伴侣之间情绪的负相关，且情绪是不同步的。在一项关于参加美国律师职业资格证考试的被试和其伴侣的纵向研究中，研究者观察到：越临近考试，伴侣间的消极情绪相关越显著。[1]但是有趣的是，在考试马上要开始时，也就是考试者压力最大的时刻，这种相关性却大幅度降低了。研究者认为，这是因为考试者的伴侣在面对考试者的消极情绪时会采取适宜的修正和调整措施来以示支持。还有一种情况是在伴侣一方患上慢性疾病时，伴侣双方是彼此调试的重要决定因素。[2]并且，伴侣双方是彼此最重要的社会支持资源。[3]当伴侣双方把压力直接知觉为"我们的"，而不是单独的"我的"或是"他（她）的"时，双方会共同合作应对，增加对彼此的支持。[4]

四、情绪传递在亲密关系中的作用机制

最开始心理学家采用二元预测变化模型[5]来解释情绪传递在亲密关系中的作用机制，在这个模型中，个体的情绪可以用来预测他人之后的情绪变化。

当今，出现了一个新的理论框架可以帮助解释伴侣间的情绪传递在其亲密关系中的作用机制，即情绪传递是提升伴侣共同应对危机的潜在机制：从克尔特纳（Keltner）和海德特（Haidt）[6]提出的情绪的社会功能视角来看，情绪可以传递信息，并且诱发伴侣做出调整自身或者亲密关系的行为反应。费希尔（Fischer）和曼斯特德（Manstead）认为，消极情绪和积极情绪都可以帮助维持亲密关系以及和他人的积极社会联系。[7]例如，积极情绪可以帮助提升积极社会交互作用和合作。同时，悲伤这种消极情绪也可以诱发来自伴侣的支持，但是它也可能由于忽视而导致距离感。愤怒也会产生类似的距离感，但是它也有可能诱发出对方的恐惧，

---

① Thompson, A., & Bolger, N. (1999). Emotional transmission in couples under stress. *Journal of Marriage & Family*, *61* (1), 38-48.

② Pistrang, N., & Barker, C. (1995). The partner relationship in psychological response to breast cancer. *Social Science & Medicine*, *40* (6), 789-797.

③ Neuling, S. J., & Winefield, H. R. (1988). Social support and recovery after surgery for breast cancer: Frequency and correlates of supportive behaviours by family, friends and surgeon. *Social Science & Medicine*, *27* (4), 385-392.

④ Bodenmann, G. (2005). Dyadic coping and its significance for marital functioning. In T. A. Revenson, K. Kayser, & G. Bodenmann (Eds.), Couples Coping with Stress: Emerging Perspectives on Dyadic Coping (pp. 33-49). Washington, DC: American Psychological Association.

⑤ Larson, R. W., & Almeida, D. M. (1999). Emotional transmission in the daily lives of families: A new paradigm for studying family process. *Journal of Marriage & Family*, *61* (1), 5.

⑥ Keltner, D., & Haidt, J. (2001). Social functions of emotions. In T. J. Mayne & G. A. Bonanno (Eds.), *Emotions*: *Current Issues and Future Directions* (pp. 192-213). New York: The Guilford Press.

⑦ Fischer, A. H., & Manstead, A. S. R. (2008). Functions of emotion from an organizational perspective. *European Journal of Pharmacology*, *176* (1), 85-90.

进一步导致对方产生歉意，进而做出道歉行为。

其他学者则利用行为模型来解释情绪传递过程在亲密关系中的作用机制。[1]从行为模型的角度来看，个体会模仿或者回应另一个个体的言语或非言语的情绪线索（emotion cues）。这种模仿或者回应的行为产生之后，便可以反过来影响发出情绪线索的个体。在行为模型中，个体并不一定会意识到对另一个个体的影响。拉森和阿尔梅达补充说，社会功能模型也包含认知-行为因素。[2]他们认为亲密伴侣间可能会通过影响对方的情绪来影响彼此的思想、认知和行为，即通过情绪传递，个体可以从他们的伴侣身上诱发出其需要的反应。

五、影响亲密关系情绪传递的因素

先前的研究重点是伴侣间存在的压力动力调整，而最近心理学研究开始关注伴侣间的情绪传递以及此过程中的潜在影响因素。理解影响情绪传递的因素对于深入理解亲密关系的适应性非常重要。已有研究证明，相关的人际因素和个体因素可能会对情绪协变和情绪传递产生影响。

（一）亲密关系的质量和亲密度

高质量的亲密关系可能使夫妻或恋人双方对彼此的情绪更加敏感，也可能减少消极情绪的传递，在某些情况下甚至会增强积极情绪的传递。较早的文献已经证明，个体对其所处的亲密关系的质量评价与日常焦虑和抑郁的情绪呈负相关。[3]该方面的研究还比较少，但是可以借助结构相关的研究来填补不足，例如，戈特曼（Gottman）观察到对亲密关系不满意的伴侣会更多地表达和回应消极情绪。[4]朱利安（Julien）等也得出了类似的结论[5]：个体如果报告出较高的亲密关系满意度，则会表现出更多积极的非言语交互行为，更愿意接受伴侣。克罗斯（Kouros）和

① Hatfield, E., Cacioppo, J. T., & Rapson, R. L. (1994). *Emotional Contagion*. New York: Cambridge University Press；Joiner, T. E., & Katz, J. (1999). Contagion of depressive symptoms and mood: Meta-analytic review and explanations from cognitive, behavioral, and interpersonal viewpoints. *Clinical Psychology: Science and Practice, 6*, 149-164.

② Larson, R. W., & Almeida, D. M. (1999). Emotional transmission in the daily lives of families: A new paradigm for studying family process. *Journal of Marriage & Family, 61* (1), 5.

③ Thompson, A., & Bolger, N. (1999). Emotional transmission in couples under stress. *Journal of Marriage & Family, 61* (1), 38-48.

④ Giles-Sims, J., & Gottman, J. M. (1994). What predicts divorce? The relationship between marital processes and marital outcomes. *Journal of Marriage & Family, 56* (3), 783.

⑤ Julien, D., Brault, M., Chartrand, É., & Bégin, J. (2000). Immediacy behaviours and synchrony in satisfied and dissatisfied couples. *Canadian Journal of Behavioural Science, 32* (2), 84-90.

卡明斯（Cummings）开展了一项纵向研究①，检测的是夫妻间抑郁症状的传递，研究发现，丈夫的抑郁症状可以预测妻子之后的抑郁症状的出现，并且婚姻压力、亲密关系质量下降会加强这种联系。

反过来，已有一些研究将注意力放在了情绪传递对亲密关系质量的影响上。一项纵向研究发现，伴侣双方回应压力性事件的方式可以预测其关系稳定性和质量的变化。另有研究者认为，正是由于情绪交换使得人们感到彼此亲近，而亲密关系更是个体分享积极和消极情绪经历的理想人际关系。②帕里什（Parrish）的研究揭示出了亲密关系质量和情绪传递的联系：分享积极情绪和亲密关系质量高相联系，而分享消极情绪和亲密关系质量低相联系。③但是，这些研究并没有说明情绪传递是否会对亲密关系质量产生直接作用。拉森和阿拉梅达认为，情绪传递可能有利于提升伴侣的合作行为，而这种合作过程可以预测亲密关系质量的变化。④但是目前来看相关文献较少，只能说个体觉知到的亲密关系质量会影响情绪传递，而情绪传递反过来影响亲密关系质量的肯定性还需要进一步研究来证实。

（二）亲密关系双方的工作状况

研究者认为，工作的疲乏可能导致个体对待自己伴侣的行为更加消极，这是因为个体首先得保证自己的身心健康，然后才有精力做出积极的、有利于亲密关系的行为。⑤巴克（Buck）和内夫（Neff）从自我调节耗竭理论出发，采用日记法研究了自我调节的消耗能否解释外部压力（如工作压力）与婚姻关系质量之间的联系，发现当来源于外界的压力过高时，个体会对伴侣展示出更多的消极行为，对婚姻关系给予较少的积极评价。⑥因为应对外部压力是一个耗费精力的过程，会消耗个体的自我调节资源，从而使个体无法有效地回应亲密关系之间的问题。这种自我调节的损耗可能导致个体对于他人的影响更加敏感，也更加易受感染。因

---

① Kouros, C. D., & Cummings, E. M. (2010). Longitudinal associations between husbands' and wives' depressive symptoms. *Journal of Marriage and Family*, 72 (1), 135–147.

② Berscheid, E, & Ammazzalorso, H. (2007). Emotional experience in close relationships. In G. J. O. Fletcher, & M. S. Clark (Eds.), *Handbook of Social Psychology*: *Interpersonal Processes* (pp. 308-330). Oxford: Blackwell.

③ Parrish, B. P. (2014). *Emotion transmission in couples coping with breast cancer*. Doctoral dissertations. University of Delaware.

④ Larson, R. W., & Almeida, D. M. (1999). Emotional transmission in the daily lives of families: A new paradigm for studying family process. *Journal of Marriage & Family*, 61 (1), 5.

⑤ Kilpatrick, S. D., Bissonnette, V. L., & Rusbult, C. E. (2002). Empathic accuracy among newly married couples. *Personal Relationships*, 9 (4), 369-393.

⑥ Buck, A. A., & Neff, L. A. (2012). Stress spillover in early marriage: The role of self-regulatory depletion. *Journal of Family Psychology*, 26 (5), 698-708.

此，在研究亲密关系中的双方的情绪传递时，考虑其雇用情况是十分有必要的。

已有工作交叉传递（work crossover）的相关研究确认，雇用情况会影响情绪传递。此类研究最早的关注点是女性群体。在许多婚姻中，妻子需要比丈夫扮演更多的角色（如家长、配偶和工作人员）。[1]当妻子是全职员工时，与其丈夫相比，她们可能没有足够的时间和精力来控制自身的情绪。进一步来讲，妻子的雇用程度可能会影响到她们受其丈夫情绪影响的程度。[2]里佩蒂（Repetti）和伍德（Wood）着眼于拥有工作的母亲和其子女，发现母亲调控自身情绪的时间越多，则其消极情绪传递给子女的可能性就越小。[3]

某些研究关注伴侣间情绪传递的方向性。有研究发现与工作相关的消极情绪（比如压力）可以从丈夫（工作环境）传递给妻子（家庭环境），反方向则不能。[4]但是，另一项研究却得出了相反的结论，该研究采用的是事件取样方法，在一周内每天 6 次对若干瑞士家庭成员的情绪进行测量，结果妻子在单独的环境下产生的愤怒、悲伤和抑郁的情绪会在其和丈夫共同相处时影响到丈夫。[5]

（三）亲密关系双方的事件分享

除了面对困境事件的谈论和合作行为，伴侣间的事件分享也是可以影响亲密关系中情绪传递的一个因素。[6]可以用日记法来研究伴侣双方的情绪传递和事件分享的关系。米根（Meegan）和戈德雷斯（Goedereis）采用纸笔日记法，控制了在研究之前被试的积极情绪，结果发现当伴侣双方共同合作试图完成某项任务（开垦花园、锻炼或者完成学业）时，双方的积极情绪水平都有所提升。[7]希克斯（Hicks）和戴蒙德（Diamond）也发现了类似的现象：分享有关积极事件的信息与伴侣双方的积极情绪的提升存在正相关。[8]

① Larson, R. W., & Almeida, D. M. (1999). Emotional transmission in the daily lives of families: A new paradigm for studying family process. *Journal of Marriage & Family, 61* (1), 5.

② Larson, R. W., & Almeida, D. M. (1999). Emotional transmission in the daily lives of families: A new paradigm for studying family process. *Journal of Marriage & Family, 61* (1), 5.

③ Repetti, R. L., & Wood, J. (1997). Effects of daily stress at work on mothers' interactions with preschoolers. *Journal of Family Psychology, 11* (1), 90-108.

④ Westman, M., & Vinokur, A. D. (1998). Unraveling the relationship of distress levels within couples: Common stressors, empathic reactions, or crossover via social interaction? *Human Relations, 51* (2), 137-156.

⑤ Schoebi, D. (2008). The coregulation of daily affect in marital relationships. *Journal of Family Psychology, 22* (4), 595-604.

⑥ Parkinson, B., & Simons, G. (2009). Affecting others: Social appraisal and emotion contagion in everyday decision making. *Personality and Social Psychology Bulletin, 35* (8), 1071-1084.

⑦ Meegan, S. P., & Goedereis, E. A. (2006). Life task appraisals, spouse involvement in strategies, and daily affect among short- and long-term married couples. *Journal of Family Psychology, 20* (2), 319-327.

⑧ Hicks, A. M., & Diamond, L. M. (2008). How was your day? Couples' affect when telling and hearing daily events. *Personal Relationships, 15* (2), 205-228.

布特纳（Butner）等发现，伴侣双方相处的时间长，对其积极情绪和消极情绪有增强、放大的作用。①之前研究的被试都是身心健康的、非临床的，贝尔赫（Berg）等以前列腺癌患者和其妻子为被试，得出了同上述研究相似的结论。②但是需要特别注意的是，研究还发现只有当夫妻双方付出时间共同讨论困境时，他们的消极情绪协变才会出现。基于以上研究可以认为，事件分享在伴侣双方的情绪传递中扮演了重要的角色。

（四）亲密关系双方的人格（神经质）

鉴于神经质和人际敏感相关联③，神经质可能使得个体的情绪易感性更强。因此，当个体的神经质水平较高时，是有可能会影响其情绪传递的。拉森和阿尔梅达就持这一观点④，他们认为焦虑性人格特征，尤其是神经质会影响情绪传递。这个观点得到了斯科比（Schoebi）的支持⑤，其通过一项日记法研究得出缺乏人际安全感的伴侣显现出更多愤怒情绪的传递。

（五）亲密关系双方的主动应对

神经质与潜在易感性相联系，而适应性策略对于处理压力性事件更加有效，因此神经质个体如果使用较多适应性的应对策略，比如主动应对策略，则对于消极情绪的易感性会降低。主动应对策略是伴侣双方积极情绪的调节因素。对于乳腺癌患者，主动应对策略是一种与适应正相关的处理策略。⑥帕里什发现乳腺癌症患者实施的主动应对策略越多，患者晚间的消极情绪就越少，其丈夫在第二天早间的消极情绪也越少。⑦

（六）双方的依恋

布特纳等进行了一项日记法研究，要求被试在研究期间报告其积极和消极情

① Butner, J., Diamond, L. M., & Hicks, A. M. (2007). Attachment style and two forms of affect coregulation between romantic partners. *Personal Relationships*, 14 (3), 431-455.
② Berg, C. A., Wiebe, D. J., & Butner, J. (2011). Affect covariation in marital couples dealing with stressors surrounding prostate cancer. *Gerontology*, 57 (2), 167-172.
③ Suls, J., Martin, R., & David, J. P. (1998). Person-environment fit and its limits: Agreeableness, neuroticism, and emotional reactivity to interpersonal conflict. *Personality and Social Psychology Bulletin*, 24 (1), 88.
④ Larson, R. W., & Almeida, D. M. (1999). Emotional transmission in the daily lives of families: A new paradigm for studying family process. *Journal of Marriage & Family*, 61 (1), 5.
⑤ Schoebi, D. (2008). The coregulation of daily affect in marital relationships. *Journal of Family Psychology*, 22 (4), 595-604.
⑥ Kershaw, T., Northouse, L., Kritpracha, C., Schafenacker, A., & Mood, D. (2004). Coping strategies and quality of life in women with advanced breast cancer and their family caregivers. *Psychology & Health*, 19 (2), 139-155.
⑦ Parrish, B. P. (2014). *Emotion transmission in couples coping with breast cancer*. Doctoral dissertation. University of Delaware.

绪经历，发现依恋因素可以调节伴侣的情绪。[1]结果显示，伴侣的积极和消极情绪水平存在共变现象，且与其依恋类型和水平有关。依恋焦虑影响消极情绪的同步模式如下：高焦虑水平的伴侣双方呈现出较低的消极情绪的同步性。这可能是因为依恋焦虑与警惕性特质等相联系。与此形成对比的是，积极情绪的同步性与依恋回避呈负相关关系，高依恋回避的个体较少受到其伴侣积极情绪的影响。

（七）亲密关系中的女性情绪

阿尔梅达等发现，夫妻关系紧张（比如日常压力性交往）可以预测这个家庭中之后会产生亲子关系紧张。[2]另外，父子间关系紧张可以预测子女之后的婚姻关系紧张，而母子关系紧张则不能预测子女之后的婚姻关系紧张。女性在婚姻中扮演了更多的角色（例如首要家长、配偶和工作人员），因此女性的情绪资源更容易耗竭，女性比男性更容易受到他人消极情绪的影响。凯斯勒（Kessler）和麦克劳德（McLeod）认为，女性比男性在亲密关系中更容易倾注更多的感情和时间，所以女性更容易身心耗竭而无法应对消极情绪的侵袭。[3]里佩蒂和伍德则进一步指出，女性更容易意识到社会对其的期望，因此会更加压抑自身的情绪表达。[4]

六、亲密关系中一方患癌的情绪传递

伴侣双方在共同面对某些严重的疾病（癌症）时经历的情绪过程对于揭示亲密关系中的情绪传递有很重要的价值，但尚未被充分研究。曼内（Manne）等发现，当乳腺癌患者的伴侣以一种回避、缺乏支持性的方式来回应患者时，乳腺癌患者会经历长期的压力，并且面对治疗时会存在非适应性的回避行为，甚至会影响到患者及其伴侣的长期健康。[5]

女性在被确诊患有乳腺癌后会面临一系列身心问题，其中情绪方面的问题特别明显。例如，乳腺癌患者在被确诊之后报告出高水平的、具有临床意义的情绪痛苦以及抑郁和焦虑情绪，并且身体外观上的变化也会导致额外的痛苦情

---

[1] Butner, J., Diamond, L. M., & Hicks, A. M. (2007). Attachment style and two forms of affect coregulation between romantic partners. *Personal Relationships*, 14, 431-455.

[2] Almeida, D. M. Wethington, E., Chandler, A. L. (1999). Daily transmission of tensions between marital dyads and parent-child dyads. *Journal of Marriage & Family*, 61 (1), 49.

[3] Kessler, R. C., & Mcleod, J. D. (1985). Social support and mental health in community samples. In S. Cohen & S. L. Syme (Eds.), *Social Support and Health* (pp. 219-240). New York: Academic Press.

[4] Repetti, R. L., & Wood, J. (1997). Effects of daily stress at work on mothers' interactions with preschoolers. *Journal of Family Psychology*, 11 (1), 90-108.

[5] Manne, S. L., Ostroff, J., Winkel, G., Grana, G., & Fox, K. (2005). Partner unsupportive responses, avoidant coping, and distress among women with early stage breast cancer: Patient and partner perspectives. *Health Psychology*, 24 (6), 635-641.

绪。①在莫耶（Moyer）的元分析研究中，切除乳房的患者比只切除乳腺肿瘤的患者的心理适应情况更差。②尤里克（Yurek）等通过研究发现切除乳房的患者会产生更多的消极侵入性想法以及与外相变化相关的回避反应，并且她们在未穿衣服时的不适感更加强烈。③卢奥马（Luoma）和哈卡米斯-布洛姆奎斯特（Hakamies-Blomqvist）指出，术后健康水平和角色功能的下降有可能导致患者焦虑情绪水平的上升，并且越来越依赖自己的伴侣。④甘兹（Ganz）等进一步指出，术后患者会经历一系列问题：生理疼痛、性功能失调和疲乏。⑤这些消极经历又可能导致不良的情绪后果，甚至会导致身心健康问题。⑥乳腺癌的治疗对于患者而言是非常痛苦的，因为治疗并不是一蹴而就的，而是包括若干个阶段——外科手术、放射疗法和化学疗法。有研究者指出，乳腺癌的治疗过程除了影响患者本人，还会影响到患者所处的社会关系网络中的成员，包括配偶、其他家庭成员和朋友。⑦其中，配偶所起的作用至关重要，因为配偶是患者在社会关系网络中首要的支持力量和资源。⑧伴侣对患者做出的支持是要付出个人代价的，未患病伴侣的健康水平也会随着患者的患病而有所下降。未患病的伴侣一方往往也会经历消极情绪、抑郁症状、焦虑情绪和不确定感。⑨这一系列痛苦会削弱伴侣为患者提供支持和照顾的能力。

　　鉴于诊断治疗之后会出现的生理、心理和社会等方面的问题，以及为了更好

① Gallagher, J., Parle, M., & Cairns, D. (2002). Appraisal and psychological distress six months after diagnosis of breast cancer. *British Journal of Health Psychology*, *7* (3), 365-376.

② Moyer, A. (1997). Psychosocial outcomes of breast-conserving surgery versus mastectomy: A meta-analytic review. *Health Psychology*, *16* (3), 284-298.

③ Yurek, D., Farrar, W., & Andersen, B. L. (2000). Breast cancer surgery: Comparing surgical groups and determining individual differences in postoperative sexuality and body change stress. *Journal of Consulting & Clinical Psychology*, *68* (4), 697-709.

④ Luoma, M. L., & Hakamiesblomqvist, L. (2004). The meaning of quality of life in patients being treated for advanced breast cancer: A qualitative study. *Psycho-Oncology*, *13* (10), 729-739.

⑤ Ganz, P. A., Greendale, G. A., Petersen, L., Kahn, B., & Bower, J. E. (2003). Breast cancer in younger women: Reproductive and late health effects of treatment. *Journal of Clinical Oncology*, *21* (22), 4184-4193.

⑥ Lovallo, W. R., Wilson, M. F., Vincent, A. S., Sung, B. H., Mckey, B. S., & Whitsett, T. L. (2004). Blood pressure response to caffeine shows incomplete tolerance after short-term regular consumption. *Hypertension, 43* (4), 760-765.

⑦ Edwards, B., & Clarke, V. (2004). The psychological impact of a cancer diagnosis on families: The influence of family functioning and patients' illness characteristics on depression and anxiety. *Psycho-Oncology*, *13* (8), 562-576.

⑧ Hagedoorn, M., Sanderman, R., Bolks, H. N., Tuinstra, J., & Coyne, J. C. (2008). Distress in couples coping with cancer: A meta-analysis and critical review of role and gender effects. *Psychological Bulletin*, *134* (1), 1-30；Weihs, K. L., Enright, T. M., & Simmens, S. J. (2008). Close relationships and emotional processing predict decreased mortality in women with breast cancer: Preliminary evidence. *Psychosomatic Medicine*, *70* (1), 117-124.

⑨ Segrin, C., Taylor, M. E., & Altman, J. (2005). Social cognitive mediators and relational outcomes associated with parental divorce. *Journal of Social and Personal Relationships*, *22* (3), 361-377.

地帮助乳腺癌患者，理解患乳腺癌会如何影响患者及其伴侣的情绪是十分重要的。因此，有必要研究清楚对乳腺癌患者而言，哪些因素会和日常情绪共变，或者哪些因素能预测情绪的变化。帮助癌患者和其家庭成员共同应对癌症也十分重要，因此可以尝试对患者家庭进行情绪焦点调试策略讲授，让家庭可以从中获益。

综上所述，情绪传递的定义强调一个个体的情绪传递到另外一个个体，也就是第一个个体的情绪经历对第二个个体情绪经历发生影响。值得注意的是，某种情绪的表达很可能诱发他人产生其他情绪，如愤怒情绪可能诱发他人的恐惧情绪。拉森和阿尔梅达在 1999 年发表的综述中就提出了情绪在传递的过程中可能会发生改变的观点。[①]这种情况是可能出现的，即一个个体表达了某种情绪，而第二个个体没有被传递，也没有体验这种情绪，而是用别的情绪来回应这种情绪。如果癌症患者表现出悲伤的情绪，他的伴侣可能会用试图减轻患者悲伤情绪的积极情绪行为来回应。未来的研究应该关注情绪传递是否可以指导伴侣双方以一种适应性的方式来回应对方。此外，还缺乏有关于积极情绪的研究，以及情绪传递对亲密关系质量影响的研究。

---

① Larson, R. W., & Almeida, D. M. (1999). Emotional transmission in the daily lives of families: A new paradigm for studying family process. *Journal of Marriage & Family*, *61* (1), 5.

附　　录

附录一　教师课堂情绪表达观察记录表及学生反应观察记录表

教师课堂情绪表达观察记录表

学校：		年级：		课程类型：			
教师职称、教龄：		学历：		职务：		性别：	
观察人：				观察时间：			
事件序号		总计		1	2	3	4
面部表情	愉快						
	愤怒						
眼部表情	环视						
	注视						
空间距离	扩大						
	缩小						
头部表情	点头						
手势表情	敲桌或拍背						
	辅助讲解						
	其他手势						
言语表情	停顿						
	加重语气						
	严肃愤怒						
	轻松愉快						
	拉长声音						
背景信息							

学生反应观察记录表

事件序号		总计	1	2	3	4
面部表情	愉快					
	愤怒					
眼部表情	注视相关事物					
	注视无关事物					
头部表情	点头					
手势表情	回答问题					
	回应要求					
	其他手势					
回应及时性	及时主动					
	停顿许久					
	不予回应					
	主动问答					
	被动问答					

附录二　情绪调查表

_____年___月___日　　星期_____　　　_____年_____班　　姓名_____

今天让我感受特别深刻的是_____课程老师因为_____
_____事情而产生了下面的表现（<u>请选择，并在相应的括号</u>
<u>中打"√"</u>。注意：可多选）：**愉快（ ）、自豪（ ）、放松（ ）、愤怒（ ）、焦虑（ ）、羞愧（ ）、
失望（ ）、厌烦（ ）、兴趣（ ）、轻蔑（ ）、委屈（ ）、悔恨（ ）、感激（ ）、内疚（ ）。**
如有其他的，可补充写在这里：_____

所以，我感到也很_____（请在下面表格中做出你的感受的选择，并在相应的位置上打
"√"。注意：可多选）

	有点	明显	较明显	很明显	特明显		有点	明显	较明显	很明显	特明显
	1	2	3	4	5		1	2	3	4	5
1. 愉快（H）						9. 兴趣（I）					
2. 自豪（P）						10. 轻蔑（CO）					
3. 放松（R）						11. 委屈（GR）					
4. 愤怒（A）						12. 悔恨（RE）					
5. 焦虑（AN）						13. 感激（GR）					
6. 羞愧（S）						14. 内疚					
7. 失望（D）						15.					
8. 厌烦（B）						16.					

附录三　教师可信度问卷

亲爱的同学：

　　您好！欢迎参加此次问卷调查。您的回答将为我们的研究提供宝贵的科学依据，也将对学生以后的学习提供重要的帮助。问卷无须署名，所得信息严格保密。答案无所谓对错，您不必在每个问题上考虑太多的时间，第一反应往往是最好的，恳请您仔细阅读每个题项，按照要求如实填写。结果会严格保密。为了避免再次填写的麻烦，在答完题目后请注意检查，不要漏题。谢谢您的真诚配合！

　　请先填写您的基本信息，请在符合您的情况的数字上打"√"。

　　性别：① 男　　② 女

　　年级：① 初一　　② 初二　　③ 初三　　④ 高一　　⑤ 高二

　　请您通过圈出以下各组形容词之间您认为合适的数字来表示您对本节课老师的印象。您圈出的数字离该形容词越近，就表示您越确定自己的评价。

有智慧的	1	2	3	4	5	6	7	缺乏才智的
没受过良好训练的	1	2	3	4	5	6	7	受过良好训练的
业余的	1	2	3	4	5	6	7	专业的
见多识广的	1	2	3	4	5	6	7	无知的
没有能力的	1	2	3	4	5	6	7	有能力的
聪明的	1	2	3	4	5	6	7	愚蠢的
喜欢我	1	2	3	4	5	6	7	不喜欢我
吸引我的兴趣	1	2	3	4	5	6	7	吸引不了我的兴趣
自私自利	1	2	3	4	5	6	7	不自私自利
关心我	1	2	3	4	5	6	7	不关心我
感觉迟钝	1	2	3	4	5	6	7	感觉灵敏
不善解人意	1	2	3	4	5	6	7	善解人意
诚实的	1	2	3	4	5	6	7	不诚实的
不值得信任	1	2	3	4	5	6	7	值得信任
受人尊敬的	1	2	3	4	5	6	7	不受人尊敬的
品德良好的	1	2	3	4	5	6	7	品德不良的
遵守道德准则	1	2	3	4	5	6	7	不遵守道德准则
爱欺骗他人	1	2	3	4	5	6	7	真诚的

后　记

　　我自硕士研究生毕业走上大学讲台有 30 余年。对于做教师的我来说，这 30 余学年共 60 余学期，除其中 4 年脱产攻读博士学位，其他时间均有课堂教学，我都在与我的学生互动交流。回望来时的路，无不感慨万千！从初上讲台被焦虑、紧张情绪控制的故作严肃表情，到逐渐情绪平静的自然表情，再到与教学内容契合的喜怒哀惧的应有课堂情绪，教学过程中无时不携带着情绪。特别是从 1996 年与我的第一届硕士研究生近距离、频繁接触开始，我的情绪色彩愈加明显，有不少学生在毕业后告诉我他们在读三年（或两年）的情绪感受。我想对他们说：孩子们，无论我表达了什么情绪，对你们的爱都是我最核心的情绪。

　　教师真是一个幸福的职业，因为做教师，让我拥有了虽无血缘关系但却有了胜似血缘关系之情愫的一大群小朋友。可以说，本书的内容主要是客观研究的结果，而在本书的写作过程中，我时常沉浸在相应的情绪中。感谢教过我的老师！感谢和我情同亲人的学生！

　　特别感谢我的学生薛杨、宋英杰、宫然、张记洁、刘静、李慧、郝梦阳、李霄晗等在调查、实验、访谈中所做的具体工作，感谢研究生翟永芳、李慧云、刘军芳、黎浩钦、黄欣、张艳炬等在本书格式编排与整理，特别是在初稿的校对和参考文献的查验等方面所做的复杂而琐碎的工作。

　　感谢天津师范大学心理学部的领导和老师的支持！特别感谢白学军副校长（心理学部部长）一直以来对我的支持与鼓励！

　　本书参阅了大量国内外同行的研究成果，在此表示诚挚的感谢！同时，感谢科学出版社孙文影、高丽丽等编辑的大力支持。

　　由于笔者能力所限，书中难免存在疏漏和不足，敬请同行专家和读者朋友批评指正！